KB140891

워런 버핏 머니 마인드

워런 버핏
머니 마인드

당신을 부의 길로 인도할 버핏의 80년 투자 인사이트

WARREN BUFFETT
Inside the Ultimate Money Mind

로버트 해그스트롬 지음 | 오은미 옮김 | 이상건 감수

흐름출판

일러두기

- 단행본이나 잡지는《 》, 논문은〈 〉으로 표기했다.
- 한국에 출간된 도서는 원제를 병기하지 않고 미출간 도서만 원제를 병기하였다.
- 버크셔 해서웨이 주주총회에서 워런 버핏과 찰리 멍거가 기자들과 나눈 이야기가 다수 인용되어 있다.
- 워런 버핏이 직접적으로 투자에 가담하여온 기간은 약 65년이다. 하지만 워런 버핏이 머니 마인드 에 대한 초기 아이디어들의 밑바탕이 되는 책을 접한 시점부터 헤아리면 약 80년이다. 이러한 이유 로 본문에서는 두 가지가 같이 쓰이고 있다.

워런 버핏은 투자를 위해 필요한 건 뛰어난 지능이나 통찰이 아니라, 건전하고 지적인 원칙, 그리고 그 원칙을 지키기 위한 마인드라고 말한다. 대단한 성과를 내기 위해서 반드시 대단한 일을 해야만 하는 것은 아니다. 하지만 누구나 쉽게 할 수 있는 평범한 일을 오랜 시간 흔들리지 않고 지속할 수 있다는 것은 아주 적은 수의 사람들만 가능한 대단한 일임에 틀림없다. 그런 면에서 이 책이야말로 실로 최고의 투자 지침서가 될 것이다.

— 이채원 | 라이프자산운용 이사회 의장

로버트 해그스트롬은 워런 버핏의 투자에 대해 체계적으로 설명할 수 있는 몇 안 되는 저자 중 한 명이다. 그의 전작들이 버핏의 '투자기법'에 집중했다면, 이번 책은 전반적인 '사고체계'를 탐구한다. 버핏

5

은 "투자는 생각보다 쉽지만 보기보다 어렵다."라고 했다. 투자가 생각보다 쉬운 이유는 복잡한 공식에 머리를 싸맬 필요도, 매일 새로이 나타나는 정보에 일희일비할 필요도 없기 때문이다. 반면 투자가 보기보다 어려운 이유는 이런 여유로운 마음을 갖추는 데 필요한 '사고체계'를 익히기가 쉽지 않기 때문이다. 이 책에서 저자는 스토아 학파와 랄프 왈도 에머슨, 윌리엄 제임스 등의 철학자를 비롯하여, 버핏의 아버지부터 벤저민 그레이엄, 찰리 멍거, 필립 피셔 등 그의 세계관을 형성하는 데 영향을 준 스승들을 집약하며 버핏의 '사고체계'를 탐구한다. 투자가 보기보다 어렵다고 느껴진다면 이 책을 읽어보자. 생각보다 쉽다는 것을 깨닫게 될 것이다.

— 홍진채 | 라쿤자산운용 대표, 《거인의 어깨》 저자

그동안 수많은 글을 읽고 시험해왔지만 이 책을 읽고 나서야 '드디어 조금' 버핏의 투자에 다가섰다. 워런 버핏의 투자를 이렇게 철학적, 경제학적으로 입증할 수 있다니! 내가 20년간 헤맨 길에서 찾은 이정표보다, 많은 투자계 거장들이 믿고 읽는 '워런 버핏 전문가' 로버트 해그스트롬이 정리한 이 책이 더 지름길에 가깝다.

— 김현준 | 더퍼블릭자산운용 대표, 《에이블》 저자

워런 버핏을 지적으로 평가한 걸작이다! 로버트 해그스트롬은 깊게 사고하고, 이를 명쾌하게 써 내려갈 줄 아는 아주 귀한 작가다. 그는 우리 시대 가장 현명한 투자자인 워런 버핏의 철학과 사고를 설명하는 데 있어 탁월한 기술을 가졌다. 특히 주주들이 새로이 추구할

수 있는 특별한 가치에 대해 기술한 장은 역작이다.

— 로렌스 커닝험 | 조지워싱턴대학교 터커 리서치 교수,

《워런 버핏의 주주 서한》 저술

로버트 해그스트롬의 전작 《워런 버핏의 완벽투자기법》은 세계
최고 투자자에 대해 알고 싶은 이들에게 매우 귀중한 안내서 역할을
해왔다. 그의 새 책 《워런 버핏 머니 마인드》는 단순히 워런 버핏이 무
엇을 하느냐가 아니라, 어떻게 생각하느냐를 이야기해준다. 우리는 이
책을 통해 버핏이 말하는 '머니 마인드'가 왜 중요한지, 투자자가 어떻
게 이 마인드를 얻을 수 있는지 알 수 있다. 이 책은 《워런 버핏의 완벽
투자기법》에 이은 또 하나의 필독서로 자리 잡을 것이다.

— 베서니 맥린 | 《베니티 페어》 편집자 및 저널리스트,

《눈먼 자들의 경제》 공저자

로버트 해그스트롬은 천재다! 《워런 버핏 머니 마인드》는 워런
버핏의 예술적인 사고체계가 만들어내는 조합과 그 고유한 경쟁력에
주목한 최초의 책이다. 과거 어느 누구도 이 위대한 투자자의 마인드
가 어떤 특성들을 지니는지 분석하려는 시도조차 하지 않았다. 세계
최고의 워런 버핏 전문가인 해그스트롬이 또 한 번 해냈다. 이 책은 투
자 서적의 게임 체인저가 될 것이다.

— 로버트 마일스 | 《워런 버핏이 선택한 CEO들》 저자

한 명의 사람에 대해, 특히나 워런 버핏처럼 뛰어나고, 많은 것을

이 책에 쏟아진 찬사

이루었으며, 복합적인 사람에 대해 기술한다는 것은 너무도 어려운 일이다. 이 책의 진수는 워런 버핏의 삶과 일을 열정적이면서도 깊이 있게 분석해낸 데 있다. 로버트 해그스트롬의 고차원적인 접근이 아니고서는 워런 버핏에 대한 진지한 연구는 이루어지기 어렵다.

— 톰 게이너 | 마켈 코퍼레이션Markel Corporation 공동 대표

해그스트롬의 책은 언제나 독자들이 세상을 새로운 방식으로 바라보도록 도와준다. 워런 버핏의 투자 과정을 설명해내는 그의 능력은 놀라운 수준이다. 이 책은 그 계보를 잇고 있으며, 읽기에도 아주 재미있다.

— 트렌 그리핀 |《워런 버핏의 위대한 동업자, 찰리 멍거》 저자

길고 긴 투자라는 여행길에 버핏이 동행하기를 원하는가

2017년 5월 6일, 버크셔 해서웨이 주주총회에서 워런 버핏은 처음으로 '머니 마인드Money Mind'라는 말을 사용했다. 버핏의 열렬한 팬이자 추종자였던 로버트 해그스트롬은 버핏이 머니 마인드라는 단어를 사용하는 것을 듣자, 오랜 시간을 지켜봐왔지만, 자신이 버핏을 제대로 이해하고 있던 것이 아니었음을 깨달았다고 한다. 저자는 이때부터 머니 마인드가 의미하는 바를 찾아 탐색의 여정에 들어갔다.

한 사람은 하나의 우주다. 그래서 한 사람을 온전히, 완벽히 이해하는 것은 결코 쉽지 않다. 오래 보아온 가까운 친구라 해도 때로는 낯설게 느껴지는 경험을 누구나 한번쯤 해봤을 것이다. 이처럼 한 사람은 하나의 우주와도 같기에 우리가 아는 것은 빙산의 일각일 뿐이다. 그렇다고 깊게 이해하려는 시도를 포기해서는 안 된다. 첫사랑의 열병에 빠진 사람이 상대방의 모든 것을 알고자 하듯이 더 깊숙이, 더 집요하게 파고들어야 한다. 전념과 분석 그리고 그것을 넘어서는 사랑과 존경이 있을 때, 비로소 한 사람을 깊이 이해하는 여정의 첫발을 뗄 수 있다. 나아가 그의 신념, 인간이라는 우주의 정점에 자리한 철학은 무엇이고 가치관은 무엇인지 궁구해야 한다. 그리고 그것이 현실에서 어떻게 발현되는지도 추적하고 관찰해야 한다.

그를 둘러싼 사람들도 알아야 한다. 사람은 누군가로부터 배우는 존재이기에 그가 누구로부터 배웠고 누구를 롤모델로 삼았고 더 나아가 롤모델이 가진 한계를 넘어서는 과정까지 살펴야 한다. 당연히 그가 살던 시대적 환경도 따져봐야겠다. 인간은 환경의 동물이라는 진부한 표현처럼, 하나의 인간은 끊임없이 환경에 부딪치면서 피드백을 받아 발전하기 때문이다. 유전적 요인을 결정하는 가족을 살피는 노력도 해야 한다. 이 모든 작업을 힘겹게 거친 후에야 비로소 우리는 한 사람을 구성하는 편린들을 모아 퍼즐을 조립할 수 있다.

《워런 버핏 머니 마인드》는 워런 버핏이라는 우주를 추적하는 책이다. 단순히 그가 산 종목이나 매매 방법에 집중하는 것이 아니다. 오늘날의 워런 버핏이 만들어지기까지 모든 과정을 철학이라는 프레임을 통해 분석하고 있다. 철학은 추상적이다. 그리고 추상은 인간의 지적 행위 중 가장 고도한 것이다. 버핏이라는 인물을 추상으로서의 철학으로 바라본다면 그는 어떤 사람일까.

《워런 버핏의 완벽투자기법》이라는 버핏 분석서를 집필한 저자로 유명한 로버트 해그스트롬은 버핏의 투자 철학을 찾아 멀리, 그의 어린 시절부터 여정을 시작한다. 돈에 관심이 많았던 유년 시절을 지나 고등학교를 다닐 무렵에는 스스로가 벌어들인 돈으로 임대사업을 할 정도로 부유해진 버핏의 출발점은 다름 아닌 '복리'였다. 복리는 가치투자자들에게는 신앙과도 같다. 단순히 재산을 불려나가는 것뿐만 아니라 기업을 평가할 때도 복리 마인드를 가진다. 벌어들인 돈으로 어떻게 자본을 재배치하느냐는 기업 성장의 열쇠이다. 버핏은 버크셔 헤서웨이라는 복리 기계를 통해 오늘날의 막대한 부를 일구어냈다. 복리가 부를 축적하는 비기祕器라는 것을 깨우친 10대 소년을 생각해 보라. 대략 80년의 세월을 복리의 힘을 믿고 투자한 사람이 바로 버핏이다.

버핏은 엄청난 다독가로도 유명하다. 독서라는 행위는 사상가와 단 둘이 조우하는 일이다. 그에게는 스승 벤저민 그레이엄이 있었고, 실용주의 철학의 창시자 윌리엄 제임스가 있었고, 개인의 신념과 자유를 주창한 에머슨이 있었고, 미국식 자수성가의 전형이자 자기계발의 중요성을 그 누구보다 일찍 간파한 벤저민 프랭클린이 있었다.

아버지 하워드 호만 버핏의 사상도 그에게 많은 영향을 미쳤다. 지금도 자신의 아버지 사진을 사무실에 걸어두고 있는 버핏에게 하워드는 삶의 철학적 뿌리이다. 하워드는 자유주의자였고, 극단적인 시장주의자이면서 개인의 절대적 자유를 옹호한 오스트리아학파 경제학의 거두 머레이 로스바드와도 절친했다고 한다. 개인의 신념, 다수와 반대로 갈 수 있는 힘, 자유정신 등은 그의 아버지와 미국의 위대한 철학자들에게서 물려받은 것이다.

버핏은 천재적인 투자 능력을 가지고 있었음에도 끊임없이 누군가로부터 배우려고 노력한다. 처음에는 아버지로부터, 성인이 되어서는 벤저민 그레이엄과 필립 피셔로부터, 그리고 파트너 찰리 멍거가 가장 존경하는 인물인 벤저민 프랭클린으로부터 배우려고 노력했다. 물론 자신의 파트너 찰리 멍거를 만나 투자의 지평을 절대적 가치투자에서 기업의 프랜차이즈(독점력)를 중시하는 철학으로 진화한 것도 유명한 일화이다.

하지만 만일 이 책이 여기서 멈춘다면 기존에 출간된 버핏 관련 책보다 조금 나은 정도에 그칠 것이다. 《워런 버핏 머니 마인드》는 투자 철학이 어떻게 다음 세대로 진화해 나갔는지도 치밀하게 분석한다. 가치투자의 영역을 네트워크형 기업인 아마존, AOL, 델컴퓨터 등의 투자로 확대한 윌리엄 밀러의 이야기부터 현대 재무이론의 표준모델인 효율적 시장 가설과 리스크와 변동성에 대한 대목까지 지적 즐거움을 선사한다. 한마디로 이 책은 벤저민 그레이엄에서 시작해 버핏이 꽃을 피운 가치투자 철학의 진화 과정을 한 편의 드라마처럼 펼쳐보여준다. 이 과정의 끝에 우리는 다시 이야기해볼 수 있다.

'정확히 머니 마인드가 무엇인가?' '머니 마인드는 어디서 온 것인가?' '머니 마인드를 구성하는 요인들은 무엇이 있는가?' '이 요인들은 배울 수 있는 것인가?' '그렇다면 어디서 배울 수 있는가?' 이 질문들에 대한 답을 찾는다면 자신과 자신의 삶을 개선할 수 있을 것이다. 이 책과 함께 머니 마인드를 찾아가는 여행길에 동행해보는 것은 당신에게 큰 의미가 될 것이다.

이상건, 미래에셋투자와연금센터 대표

65년 성공 투자 공식, 머니 마인드

2017년 5월 6일, 네브래스카주 오마하. 이날은 5월의 첫 번째 토요일로, 워런 버핏 추종자들에게는 단 하나의 의미만을 가지는 하루였다. 바로 버크셔 해서웨이의 주주총회가 열리는 날. 투자 세계에서 이보다 더 큰 의미를 지니는 사건은 많지 않다.

버크셔 해서웨이의 회장 워런 버핏과 부회장 찰리 멍거는 (통상 점심시간 한 시간을 제외한) 다섯 시간 동안 객석에 앉아있는 주주들, 독자들을 대신해 참석한 재무기자, 증권 기업 분석가들이 던지는 질문을 듣고 답변한다. 이 두 사람은 사전에 검토되지 않은 질문에 정성껏, 솔직하게, 애정을 담아 자신들의 특기인 부드러운 위트로 생각을 전한다. 연단의 메인테이블 위에는 물이 담긴 유리잔과 코카콜라 캔, 씨즈 캔디와 피넛 브리틀[1] 그리고 마이크 두 개가 놓여있을 뿐 노트도 요약보고 자료도 없다. 그저 기꺼이 질문에 답하고 자신들의 생각을 이야기하고 싶어 하는 남자 두 명이 테이블 너머에 앉아있을 뿐이다. 대략 3만 명에 이르는 사람들이 그들의 입에서 나오는 단어 하나하나에 귀를 기울이고 있으며 물론 나도 그중 하나다.

아침 일찍 호텔에서 나와 행사 장소인 오마하 시내 센트럴 링크 센터로 차를 몰았는데도 주차장은 이미 만차였고 메인 원형 행사장 내 2만 개 좌석 역시 대부분 버크셔 해서웨이 주주들이 자리 잡은 상태였다. 그럼에도 여전히 수천 명의 인원이 메인 행사장을 둘러싼 부속 연회장으로 들어서고 있었다. 이처럼 적지 않은 사람들이 새벽 4시부터 줄을 서서 오전 7시 입장을 기다리고, 이들 가운데 상당수는 입장하자마자 행사장 곳곳에 배치되어 있는 11개의 마이크 스테이션 앞좌석으로 달려간다. 운이 좋다면 자신이 궁금해했던 질문을 던질 기회를 잡을 수 있기 때문이다.

나도 이들처럼 아침 일찍 줄을 섰던 시절이 있었다. 하지만 몇 년 전부터 새벽녘에 일어나기를 그만뒀다. 그랜드 볼룸을 질주하고 에스컬레이터를 타고 올라가, 모두가 탐내는 자리를 차지하려고 행사장으로 달음박질하기엔 너무 나이가 들었기 때문이다. 이제 나의 버크셔 해서웨이 주주총회 루틴은 보다 여유 있는 편이다.

나는 행사장 안에 들어서면 거대한 전시장 안을 거닐며 시간을 보낸다. 각각의 부스들에는 버크셔 해서웨이가 소유하고 있는 모든

---

1   씨즈 캔디에서 생산하는 땅콩 과자. '코카콜라'와 '씨즈 캔디'는 버크셔 해서웨이가 소유한 회사로 버크셔 해서웨이 주주총회의 단골 간식으로 꼽힌다.

사업이 전시되어 있어 흡사 실내 쇼핑몰 같은 풍경이다. 씨즈 캔디나 다이어리 퀸Dairy Queen 아이스크림, 혹은 코카콜라와 같은 간식들을 한 움큼씩 사들고 올 수 있으며 모듈식 주택이나 보트, 레저용 차량 등을 둘러볼 수도 있다. 또 벤자민 무어Benjamin Moore 페인트사가 새롭게 선보이는 색상이나 컬비Kurby 청소기의 최신 모델을 구경할 수도 있다. 심지어 즉석에서 가이코GEICO 보험에 가입도 가능하다.

나는 오전 8시 30분쯤 2층으로 향했고 습관적으로 자리를 잡던 그랜드 볼룸 B로 들어섰다. 볼룸 안 수천 개의 좌석들은 두 섹션으로 나누어져 있었는데, 각 섹션의 앞에는 대형 모니터가 설치되어 있었다. 화면에는 옆 방에 있는 워런 버핏과 찰리 멍거가 답변하는 모습이 실시간으로 송출될 예정이고 그 전까지는 버크셔 해서웨이의 기업 홍보 영상이 상영될 것이었다. 나는 오른쪽 섹션의 마지막 줄에 앉아서 편안하게 기지개를 한번 펴고 미소를 짓는다. 여기까지 모든 것이 지극히 일상적이었다. 오늘 주주 총회에서 특별한 일이 생길 것이라고는 생각지도 않았다.

질의응답에 필요한 것은 모두 준비된 상태였다. 워런 버핏과 찰리 멍거가 앉아있는 메인테이블의 한쪽 편에는《포춘》의 선임기자 캐롤 루미스, CNBC의 베키 퀵,《뉴욕 타임스》의 앤드류 로스 소르킨이 앉아있었고 이들은 자사 독자들을 대신해서 질문할 예정이었다. 테이블을 기준으로 그 맞은편에는 루안, 컨니프 앤 골드 파브Ruane, Cunniff & Goldfarb의 리서치 기업 분석가인 조나단 브랜트, 바클레이즈Barclays의 제이 갤브, 모닝스타Morningstar의 선임 기업 분석가 그래그 워런이 자리 잡고 있었다. 그리고 앞서 언급한 11개의 마이크 스테이션에는 수십 명의 열성 주주들이 자신이 할 질문을 연습하며 긴장된 모습으로 앉아있었다.

워런 버핏은 첫 번째로 저널리스트 그룹, 그 다음은 기업 분석가 그룹, 마지막으로 관객석 순으로 각각에 자리한 한 명씩을 지명해 질문을 듣고 이에 답변했다. 그리고 다시 저널리스트 그룹에 있는 사람을 지목해 새로운 질의응답 주기를 시작했다.

오전 세션은 평소처럼 진행되었다. 무인 트럭이 BNSF 철도와 가이코 보험사에 어떤 위협들을 가할지에 대한 질문이 있었고, AIG가 버크셔 해서웨이 계열 재보험사를 인수한 건에 대한 질문도 나왔다. IBM과 애플, 구글, 아마존을 포함한 기술주들에 대한 논의도 있었다. 워런 버핏은 항공 산업의 경쟁력과 코카콜라에 대한 생각, 계속되는 크래프트 하인즈의 고전에 대한 질문들을 받았다.

오전 세션이 막바지에 이를 때, 9번 스테이션에 있던 주주 한 명이 워런 버핏과 찰리 멍거 모두에게 답을 듣고자 한다며 스물여덟 번째 질문을 던졌다. "두 분은 지금까지 의견을 나누면서 자본 배분에 관련된 큰 실수들을 피해오셨습니다. 하지만 앞으로 버크셔 해서웨이를 운영할 때도 이 안전망이 지속될 수 있을까요?" 표면적으로는 자본 배분에 대한 내용이었지만 질문이 의도하는 바는 명확하게 승계, 보다 구체적으로는 과연 누가 미래에 버크셔 해서웨이의 자본 배분을 결정할 것인가,였다.

워런 버핏이 먼저 마이크를 잡았다. "버크셔에 잘 자리 잡은, 자본 배분 능력을 보유한 후계자가 맡게 되겠지요. 입증된 자본 배분 능력은 분명 이사회가 최우선적으로 생각하는 후계자의 자질입니다."

그는 여러 훌륭한 기업의 CEO들이 영업, 법률, 제조업 등 다양한 배경을 바탕으로 최고의 자리까지 올랐다는 점을 언급했다. 하지만 리더의 자리에 오르게 되면, 그때에는 반드시 자본 배분에 대한 결정을 내릴 수 있는 능력을 갖춰야 한다고 덧붙였다. "여러 방면에서 뛰어난 기술을 보유했더라도 자본을 배분하는 능력이 없는 사람이 리더의 자리에 앉았더라면 지금의 버크셔 해서웨이는 없었을 겁니다."

그가 다음에 한 말을 듣고 나는 자리에서 벌떡 일어날 수밖에 없었다.

"저는 이러한 능력을 머니 마인드Money Mind라고 이야기했었습니다. IQ가 120, 140, 혹은 그 이상인 영리한 사람들이 있습니다. 그들 가운데 어떤 사람들은 특정 분야에, 또 다른 사람들은 그와는 다른 분야에 뛰어난 능력을 보입니다. 이런 사람들은 대부분의 평범한 사람들이 하지 못하는 여러 가지 일들을 해낼 수 있습니다. 하지만 저는 몹시 영리하지만 머니 마인드를 가지고 있지 못하고, 그래서 아주 현명하지 못한 결정을 내리는 이들도 알고 있습니다. 이 자본 배분의 기술은 그들의 영감이 작동하는 분야가 아닌 거죠. 우리는 '누군가'가 필요하고 그에게 많은 재능이 있기를 바라지만 만약 그 누군가에게 머니 마인드가 부족하다면, 그는 결코 우리가 원하는 사람이 아닙니다."

머니 마인드. 워런 버핏의 입에서 이 단어가 언급되는 것을 처음 들었다. 바로 그 순간이었다. 그토록 오랜 기간 워런 버핏에 대해 공부해왔음에도 그에 대해 아는 것이 절반 정도에 불과했다는 사실을 깨달은 것은.

—

워런 버핏을 처음 알게 된 것은 1984년 7월이었다. 당시 미국 동부 연안의 증권 회사에서 주식 트레이닝 프로그램을 듣던 중이었고 교육 과정 가운데 하나가 바로 버크셔 해서웨이의 연례 보고서를 읽는 것이었다. 많은 사람들과 마찬가지로 나는 워런 버핏이 쓴 연례 보고서를 읽은 순간 그 명료함에 매료되었다.

정확히는 그가 '주식을 보유하는 것은 기업을 보유하는 것과 같다.'라는 주장을 논리정연하게 펼친 데에 큰 감명을 받았다. 대학에서 인문학을 전공하고 재무나 회계 분야를 공부한 적이 없었던 내게 재무상태표와 손익계산서상의 수치들로 주식을 이해한다는 것은 그렇게 쉬운 일이 아니었다. 하지만 주식을 고객들에게 제품을 판매하는, 경영진들이 운영하는 회사로 생각해야 한다는 워런 버핏의 설명을 듣는 순간, 모든 것이 단번에 이해됐다.

주식 브로커 자격을 얻고 사업을 시작했을 때 나는 내가 해야 할 바를 정확하게 알고 있었다. 고객들의 돈을 버크셔 해서웨이와 버크셔 해서웨이가 투자하고 있는 주식들에 투자했다. 증권거래위원회에 버크셔 해서웨이가 발표한 연례 보고서 전부와 버크셔 해서웨이가 보유했던 상장 기업들의 연례 보고서를 요청했다. 그리고 몇 년에 걸쳐 워런 버핏과 버크셔 해서웨이에 관련된 모든 신문 및 잡지 기사들을 수집했다. 마치 야구 선수에 열광하여 쫓아다니는 어린 아이 같았다.

나는 이제껏 워런 버핏의 투자 원칙에 동의하지 않는 사람을 본 적이 없다. 그의 투자 원칙들을 내 책《워런 버핏의 완벽투자기법》에 투자 신조Investment Tenets라는 이름으로 정리해둔 바 있다. 고객들에게 이러한 원칙에 근거해 투자하고 싶은지를 물었을 때, 대부분은 "그럼요. 당연하죠!"라고 답변했다. 하지만 시간이 지나면서 워런 버핏의 방식을 따르기로 결정한 투자자들 가운데 일부는 힘겨운 시간을 보냈다. 많은 경우, 주식을 보유하는 이유를 아는 것과 시장의 부침을 견디는 감정적 기술을 보유하는 것 사이에는 상당한 간극이 존재하기 때문이다. 이 경험으로 나는 길을 아는 것과 그 길을 걷는 것 사이에는 큰 차이가 있음을 깨달았다.

이로부터 30여 년이 지난 토요일. 버크셔 해서웨이의 주주총회가 열렸던 2017년 5월의 바로 그날, 투자에 성공하고자 하는 사람들에게는 투자 신조보다는 올바른 사고 방식mindset이 필요하다는 사실을 깨달았다. 벤저민 그레이엄과 워런 버핏 모두 오랜 기간 기질의 중요성에 대해 주장해왔지만, 나는 주식의 가치를 밝히는 데에만 집중하느라 그 주장들에 큰 관심을 기울이지 않았었다. 사람들이 주식시장에 투자하기 어려워할수록 더 열심히 주식의 가치를 측정하는 법에 대해 연구했을 뿐이다. 그리고 그 토요일 오전, 마침내 내가 그동안 가장 중요한 투자 조언을 놓치고 있었음을 깨달았다.

—

머니 마인드를 가지고 있다는 것은 무슨 뜻인가? 이 질문과 이 질문이 미칠 모든 영향들을 탐구하는 것이 이 책의 목적이다. 우리는 초기 워런 버핏에게 영향력을 행사했던, 당신을 깜짝 놀라게 할 인물들을 살펴보며 이 여정을 시작할 예정이다. 한 예로 워런 버핏이 《현명한 투자자》라는 책을 읽기 10여 년 전쯤, 즉 11살의 어린 워런 버핏은 동네 도서관에서 흥미를 끄는 책 한 권을 발견했다. 바로 F.C 미네커가 지은 《백만장자가 되는 1,000가지 비밀》이다. 이 책은 그가 머니 마인드에 대한 초기 아이디어들을 형성하는 밑바탕이 되었다. 또 다른 예는 워런 버핏의 아버지다. 투자 철학의 근간을 마련하는 데 그의 아버지가 어떤 역할을 했으며 어떤 영향을 주었는지는 잘 알려져 있지 않다. 뿐만 아니라 우리는 젊은 워런 버핏이 닥치는 대로 재무와 투자에 관한 모든 것을 공부했다고 알고 있지만 그게 전부는 아니다. 그는 당시 진정한 투자 마인드의 두 축인 합리주의와 실용주의 원칙들을 하나로 통합하는 작업을 시작하고 있었다.

머니 마인드의 핵심 구성 요소들을 갖추고 난 뒤, 워런 버핏은 어떻게 이를 이용해 65년 동안 투자에 성공할 수 있었을까? 우리는 다른 사람들이 이 머니 마인드의 기본 요소들을 자신의 사고체계 안에 통합하고, 그래서 궁극적으로 현재 우리가 머니 마인드라고 부를 수 있는 인물이 될 수 있었던 방법에 대해 탐구해볼 것이다. 더 중요하게는, 새롭고 빠르게 변하며, 미디어로 소란스러운 세상에서 어떻게 포트폴리오를 잘 운용할 수 있는지도 확인해볼 것이다. 마지막으로 이러한 지식들을 바탕으로 머니 마인드를 얻고자 노력하는 투자자들이 결국 성공한 투자자가 될 가능성이 훨씬 높다는 주장을 펼쳐보고자 한다.

이에 앞서 명확히 짚고 싶은 것이 있다. 이 책은 완전히 새로운 책이다. 과거 출간했던 《워런 버핏의 완벽투자기법》의 신판도 아니고, 《워런 버핏의 완벽투자기법》에 《워런 버핏 포트폴리오》의 포트폴리오 운용 전략을 더한《워런 버핏의 완벽투자기법》의 두 번째 개정판도 아니다. 워런 버핏의 투자 방식을 이해했는지를 평가하기 위한 질문, 답, 해설이 담긴 여덟 챕터 분량의 투자 워크북이 포함된 세 번째 개정판과도 성격이 다르다. 이 책은 방법에 대한 책이 아니다. 사고에 대한 책이다.

—

'머니 마인드.' 그의 꼼꼼한 성격답게, 워런 버핏은 복잡한 개념에는 쉽게 기억할 만한 이름을 붙인다. 이 명칭은 1차원적으로는 자본배분과 같은 주요 재무적 이슈를 이렇게 생각해야 하는지 그 방법을 대변해주고 다른 차원에서는 현대 비즈니스 세계에서 가져야 할 전반적인 태도를 압축해서 보여준다. 또한 배우고 확장하고 상관없는 소음들을 끊어내기로 결심한 사람들을 지칭하기도 한다. 한 차원 더 깊게 들여다보면 이 머니 마인드의 철학적이고 윤리적인 속성은 본질적으로 우리가 머니 마인드를 갖췄다고 보는 사람, 즉 투자를 포함해 삶의 많은 영역에서 성공적일 가능성이 높은 사람에 대해 많은 것들을 이야기해준다. 이 머니 마인드는 아주 강력한 아이디어다. 우리는 이 머니 마인드에 대해 더 알아야 한다.

- 목차 -

지금의 버핏을 있게 한
돈의 감각

인생에서 무언가 특별한 것을 이룬 사람들에게는 전설이라 할 만한 남다른 일화들이 전해진다. 특히 우리는 성공의 단서를 찾을 수 있을지도 모른다는 생각에 이들의 유년 시절 일화들에 매료되곤 한다. 명실공히 전 세계 최고의 투자자로 손꼽히는 워런 버핏을 둘러싼 유명 일화들 역시 상당한데, 아마 대부분 당신도 잘 알고 있는 이야기들일 것이다.

어떻게 워런 버핏은 6살의 어린 나이에 가판대에서 캔디와 껌, 탄산음료를 팔 생각을 했을까? 그는 할아버지의 식료품점에서 25센트를 주고 6개가 묶인 코카콜라 한 팩을 샀고 개당 5센트에 나눠 팔았다. 20%의 수익을 남긴 셈이다. 다음 해, 7살의 버핏은 산타 할아버지에게 채권을 다룬 책을 선물해달라고 빌었다. 하지만 이것으로는 부족했다. 또 다음 해, 그는 결국 아버지가 가지고 있던 주식시장에 대한

　　　　　　　　　　　　제1부 지금의 버핏을 있게 한 돈의 감각

책들을 읽기 시작했다. 그리고 11살, 그는 생애 첫 주식투자를 시작한다. 17살이 되자 워런 버핏은 친구 한 명과 25달러에 중고 핀볼기[2] 한 대를 구입해 동네 이발소에 설치한다. 여기서 벌어들인 수익으로 이들은 핀볼기 두 대를 구입했고 1년 뒤 핀볼 사업을 1,200달러에 매각한다.

여기에는 당신이 모르는, 가장 중요한 이야기 하나가 숨어있다.

복리의 미스터리를 깨치다

1941년 벤슨 오마하 공공 도서관 안을 돌아다니던 11살의 워런 버핏은 유난히 눈에 띄던 반짝이는 은색 표지의 책 한 권을 발견한다. F.C 미네커가 쓰고 1936년 다트넬 코퍼레이션에서 출간한 이 책의 제목은 바로《백만장자가 되는 1,000가지 비밀》이다. 당시 유행에 따라, 프랜시스 메리 코완 미네커는 그녀의 성별이 드러나지 않도록 F.C라는 이니셜을 사용했다.

1940년대 네브래스카주 오마하에 살고 있는 어린 소년을 상상해보자. 텔레비전도, 비디오 게임도, 컴퓨터도, 스마트폰도 없던 시절이다. 물론 라디오 프로그램이 있었고, 토요일 오후에 드물게 도심 극장

2　동전으로 작동하는 아케이드 게임의 하나로, 유리로 덮힌 케이스 안에서 금속 공을 이용해 점수를 얻는 게임기이다.

에서 영화가 상영되기도 했지만 워런 버핏을 포함한 대부분의 사람들에게 즐길 거리란 신문, 잡지, 그리고 책 따위였다.

자, 다시 떠올려보자. 도서관에서 돌아온 어린 버핏은 새롭게 발견한 보물을 가슴에 꼭 끌어안고 집안으로 달려들어가 털썩 소리를 내며 소파에 앉을 것이다. 그러고는 이내 책장을 넘겨 돈 버는 방법이 담긴 새로운 세계로 뛰어들 것이다. 어린 버핏이 아직 완전히 이해하거나 헤아리지 못하고 있던 바로 그 세계로 말이다.

미네커의 책은 408페이지 분량이었으며 종합적인 내용들을 다루고 있었다. 새로운 사업에 대한 수백 가지 구체적인 제안이 있었고 좋은 영업, 광고, 판매, 고객 관리 등이 무엇인지 설명하는 명쾌하고 분명한 교훈들을 담고 있었다. 좋은 생각을 좋은 사업으로 때로는 눈부신 성공을 이룬 사람들의 이야기들도 가득 차 있었다.

이 중 몇몇 성공 사례들은 오늘날에도 잘 알려져 있는데 가령 첫 직장에서 2.27달러의 쥐꼬리만 한 월급을 받았던 제임스 C. 페니의 고무적인 이야기도 실려 있다. 사업 자본이 넉넉지 않았던 페니는 파트너 두 명과 손잡고 1902년 4월 14일 J.C 페니 1호점의 문을 열었고 첫해 28,891달러의 매출을 올렸다. 1,000달러가 조금 넘는 돈이 제임스 페니의 몫으로 돌아왔다.

워런 버핏이 넘긴 다른 페이지에는 매형 나단 브라운을 설득해 적은 자본으로 자신들의 고향인 필라델피아에서 신사복 소매점을 오픈한 23세의 존 워너메이커의 이야기도 소개되어 있다. 당시 미국은 남북전쟁의 전운이 짙게 드리워져 있던 상황이었고 대량 실업과 제조업 및 도매업체들의 대규모 파산을 초래했던 1857년 은행발 대공황의 상처가 아직 아물지 않은 시기였다. 하지만 이에 굴하지 않고 워너메이커와 나단 브라운은 1861년 4월 27일 사업의 첫발을 내디뎠고 8년 후 워너메이커 앤 브라운Wanamaker & Brown은 미국에서 가장 큰 남성복 소매점으로 성장했다.

책장을 넘길수록 워런 버핏의 머릿속에는 점점 더 큰 꿈이 그려졌다. 153페이지에 이르렀을 때 그는 분명 입가에 큰 미소를 머금었을 것이다. 6장에는 가판 사업을 시작하는 데 필요한 모든 내용들이 담겨 있었다. 가판 사업은 저자인 미네커가 이미 5년 이상 직접 경험해보았던 사업 분야였다. 10장에는 지역 상점이나 술집에 코인 당구대를 설치하는 아이디어를 포함해 서비스 사업에 대한 여러 아이디어들이 소개되어 있다. 지금 우리는 이 책의 10장을 읽고 있는 어린 워런 버핏의 모습을 보며 6년 후 실제 핀볼 사업을 시작하는 워런 버핏의 모습을 자동으로 연상하게 된다.

10장 〈당신의 서비스를 팔아라Selling Your Services〉에서는 워런 버핏의 아이디어에 더 큰 영향을 미친 다른 사례 하나를 찾아볼 수 있다. 구체적인 이야기는 다음과 같다.

1933년 해리 라르슨이라는 이름의 사내가 식료품점에서 쇼핑을 하고 있었다. 그때 (정확히 알려지지 않은) 누군가가 그에게 몸무게를 물었고 주변을 둘러보던 그의 눈에는 코인 체중계가 들어왔다. 그는 1센트짜리 동전을 넣고 몸무게를 잰 다음 담배 판매대로 향했다. 그런데 그가 담배를 사려고 줄을 서있는 몇 분 사이에 7명의 손님이 더 이 코인 체중계를 사용했다. 해리는 여기에 주목했고 더 자세히 알 필요가 있다고 판단했다. 가게 주인의 설명에 따르면 이 체중계는 임대한 것이고 수익의 25% 정도, 대략적으로 한 달에 20달러 가량(현재 달러 가치로 환산하면 384달러가 된다.)을 자신이 가져간다고 했다. 75%는 체중계를 소유한 회사의 몫이었다.

해리는 이것이 모든 것의 시작이라고 회상했다. 그는 175달러를 투자해 체중계 3대를 구매했고 머지 않아 매월 98달러씩을 벌어들이기 시작했다. 그는 "상당히 훌륭한 수익률이었다."라고 설명했다. 하지만 워런 버핏의 관심을 끌었던 것은 해리가 그 다음 한 행동이었다. "나는 운영하는 코인 체중계를 일시에 70대로 늘렸다. 체중계 67대를 추가로 구매할 때 든 비용은 최초에 구입한 체중계 3대로 벌어들인 돈으로 충당했다. 결과적으로 체중계를 사는 데 쓴 비용을 모두 회수했을 뿐아니라, 상당한 돈을 모았다."

매번 1페니씩one penny at a time. 이것이 복리의 핵심이다. 우리는 복리를 이자에만 적용해 생각하곤 한다. "복리는 세계 8대 불가사의다. 이를 이해한 사람은 돈을 벌 것이고 이해하지 못하는 사람들은 그 대가를 치르게 될 것이다." 당신은 아마도 알버트 아인슈타인이 했다는 이 유명한 말을 이미 어디선가 들어봤을 것이다.

하지만 본질적으로 복리는 '수익을 이용해 추가적인 수익을 창출한다.'라는 더 포괄적이면서도 막강한 개념이다. 해리 라르슨은 본능적으로 이를 이해하고 있었던 사람이다. 어린 버핏도 마찬가지였다.

몇 년 후 워런 버핏은 자신의 생각을 설명하면서 이 체중계를 예로 들었다. "코인 체중계 비유는 이해하기 쉽습니다."라면서 "저는 코인 체중계를 구매하고 그 수익으로 더 많은 체중계를 사들일 것입니다. 그렇게 하면 짧은 기간 내에 체중계 20대를 보유하게 됩니다. 생각해보세요. 사람들은 하루에 50번씩 몸무게를 재고 여기서 돈이 벌리고 복리효과가 발생합니다. 이보다 더 좋은 사업 모델이 어디 있겠습니까?"라고 말했다. 이것이 바로 훗날 버크셔 해서웨이를 이루는 근간이자 뼈대가 되는 정신모형mental model이다.

자, 이제 크게 한 바퀴를 돌아 다시 미네커의 책과 그 책이 워런 버핏에게 미친 영향에 대한 이야기를 해보자. 《백만장자가 되는 1,000가지 비밀》은 제목처럼 1,000가지 방법을 소개하고 있지는 않지만, 그 정신은 충실히 담고 있다. 이 책에는 총 476개의 새로운 사업 아이디어들이 제시되어 있는데 일부 아이디어들은 오늘 같은 기술 혁신 시대와는 맞지 않는 시대착오적 발상으로 비춰지기도 한다. 하지만 다른 많은 아이디어에서 시대를 앞서간 상당한 통찰들을 발견할 수 있다.

오늘날 이 책이 주는 진정한 가치는 각 사례들 너머 그 기저에 깔린 근본 원칙들에 있다. 미네커는 명쾌하면서도 교육적인 방식으로 돈에 대한 중요하고도 기본적인 개념들을 서술했다. 특히 그녀는 독자들이 자신의 재무적 목표를 달성하기 위해 필요한 마음가짐, 핵심적 기질들을 이해하길 원했다. 결과적으로 돈을 버는 핵심을 다루고 있는 이 이야기들은 워런 버핏의 머니 마인드를 형성하는 근간이 되었다.

미네커는 "자신의 사업을 시작하는 첫 번째 단계는 그것에 대해 아는 것입니다. 그러니 당신이 시작하고자 하는 사업과 관련된 시중에 나와있는 모든 자료를 읽고 다른 사람들의 종합적 경험을 배우세요. 그리고 그들이 멈춘 그곳에서부터 당신의 계획을 시작하세요"라고 이야기한다. 이것이 '어떻게 성공하는가' 그리고 '어떻게 실패하지 않는가'라는 양쪽의 질문에서 배울 수 있는 모든 것이며, 사업과 관련된 자료를 읽는 것은 마치 그 사업가의 응접실에 앉아 당신이 처한 문제를 그와 논의하는 것과 같다고 역설한다. 그녀는 "이러한 아이디어 교환을 멍청한 짓이라고 생각하는 것은 자신이 알아야 할 모든 것(혹은 그 이상)을 이미 알고 있다고 생각하는 이들 뿐입니다."라고 말한다. 결국 미네커가 생각하는 진정 멍청한 짓은 당신에게 '그것이 정확히 어떤 이유에서 좋은 생각이 아닌지'를 이미 경험하여 이야기해줄 수 있는 이들이 있음에도, 자신의 아이디어가 통하지 않는다는 사실을 몸소 확인하는 데 수백 달러(오늘날의 가치로 따지면 수십만, 아마도 수백만 달러에 이를 것이다.)를 허비하는 것이다.

미네커는 성공할 기회를 찾고 있는 독자들을 위해 부록에 사업을 시작하거나 운영할 때 도움이 될 책, 잡지, 정기 간행물, 소책자, 정부 발간 자료들을 35페이지 분량의 리스트로 정리해 두었다. 또 사업을 어떻게 성공시킬 수 있을지에 대한 총 859개의 참고자료도 첨부했다.

워런 버핏은 여기서도 교훈을 놓치지 않았다. 오마하에 있는 버크셔 해서웨이 본사 귀빈층 내 가장 넓은 공간은 버핏의 집무실이 아니라 홀 안쪽에 위치한 도서관이다. 도서관 안에는 서가들이 줄지어 서있는데 각각의 서가에는 온갖 사업 관련 서류들이 가득 꽂혀있다. 구체적으로는 과거와 현재 상장돼 있는 모든 주요 기업들의 연례 보고서가 보관되어 있다. 워런 버핏은 이 보고서를 전부 읽었고 이를 바탕으로 어떤 사업 전략들이 성과가 좋아 수익을 낳았는지뿐만 아니라, 어떤 전략들이 실패해 돈을 잃게 되었는지를 배웠다.

머니 마인드를 개발하는 두 번째 단계는 말은 쉽지만 대부분 사람들이 실천하기는 어려운 것이다. 이 단계를 아주 간단히 말하자면 '행동을 취하라Take Action!' 혹은 미네커가 책에서 열정적으로 설명했듯이 "돈을 벌기 시작하는 방법은, 시작하는 것"이다. 그녀는 수십만 명의 사람들이 자신의 사업을 시작하는 꿈을 꾸지만 어딘가에 꽉 막혀서 실제로는 이를 실현하지 못하고 있다는 점에 주목했다. 이들은 경기景氣가 좋아지기를 기다리거나 자신이 예의 주시하는 사업의 전망이 더 좋아지기를 기다린다. 또는 그저 단순히 적절한 타이밍을 기다리기도 한다.

미네커는 사람들이 자주 시작을 미루는 이유를 "앞을 분명히 내다볼 수 없기 때문"이라고 지적한다. 여기서 핵심은 완벽한 순간을 미리 알기란 불가능하고, 그 순간을 마냥 기다리는 것은 단순히 아무것도 하지 않는 데서 오는 안전함 뒤로 숨는 행위임을 깨닫는 것이다.

그녀는 시작을 미루는 또 다른 유형으로 다른 사람들의 조언을 얻는 데 너무 많은 시간을 쓰느라 결국 한 발자국도 나아가지 못하는 이들을 지목했다. 그리고 "만약 당신이 충분히 많은 사람들에게서 조언을 구했다면, 이제 행동에 나서도 좋다."라고 조언한다. 언뜻 보기에 이 조언은 '가능한 한 모든 것을 배우라.'라는 첫 번째 투자 조언과 상충되는 것처럼 보이지만 실제로는 상식과 균형의 문제이다. 배우는 것과 언제 행동을 취할 것인가 사이에서 스스로 적절한 균형을 찾는 것이 머니 마인드의 핵심 요소이다.

워런 버핏을 연구한 사람들은 그의 투자 행보를 보며 버핏이 미네커의 조언을 잘 실천하고 있음을 쉽게 알아차릴 수 있을 것이다. 그렇다. 워런 버핏은 오랜 동업자인 찰리 멍거와 거시적인 투자 아이디어들을 두고 논의하지만 만약 버크셔 해서웨이가 좋은 매수 기회를 잡았다고 판단되면 분명 하루종일 전화통을 붙들고 시간을 허비하지는 않을 것이다. 그는 주식시장이 오르거나 내리기 때문에, 회사가 성장하고 있거나 축소되고 있기 때문에, 경제가 살아나고 있거나 침체되고 있기 때문에, 혹은 금리가 오르거나 내릴 것으로 전망되기 때문에 최종 결정을 망설이지 않는다. 좋은 기업을 합리적인 가격으로 매수할 수 있는 기회가 온다면, 바로 행동에 나선다.

미네커는 돈을 버는 방법뿐만 아니라 투자나 사업을 할 때에 염두에 두면 좋을 영감도 전한다. 그녀는 "(당신의 새로운 사업과 함께) 항구를 떠난다는 것은 당신이 그 배의 선장이 된다는 이야기입니다. 자신의 판단력과 능력에 의지해야 합니다."라고 설명했다. 또 그것이 사업을 영위할 때 가장 큰 만족을 얻을 수 있는 부분이라고 덧붙였다.

이 진리를 깨달은 어린 버핏을 어렵지 않게 연상할 수 있다. 6살의 나이에 캔디와 탄산음료를 팔기 시작한 그 순간부터 워런 버핏은 이미 자기 자신의 보스였다. 그는 한결같이 스스로를 신뢰했고 자신의 자립성을 사랑했다. 고등학교를 졸업할 때 즈음, 그는 이미 오마하의 16살 가운데 가장 부자였고 아마도 전 세계에서 자수성가한 십 대 가운데서도 가장 부자였을 것이다. 하지만 그는 아직 한때 자신이 되고 말리라 선언했던 백만장자의 반열에 오른 것은 아니었다. 그는 아직 학교에 머물러있어야 했다.

주식의 가치를 따지기 시작하다

1947년, 워런 버핏은 펜실베이니아대학교 와튼스쿨 경영학부에 등록했다. 사실 대학 진학을 권유한 것은 워런 버핏의 아버지였는데 워런 버핏은 그럴 필요를 느끼지 못했다. 자신은 이미 잘하고 있으며 대학을 가는 것은 시간 낭비일 수 있다는 사실을 간파하고 있었기 때문이다. 이미 사업과 투자에 대한 책 수백 권을 읽은 상태인데 대학에서 무엇을 더 배울 수 있겠는가?

워런 버핏이 옳았다. 그는 와튼스쿨에서 아무런 수확 없이 2년의 시간을 보내면서 자신이 교수님들보다 회계와 비즈니스를 더 잘 알고 있다는 사실을 분명히 깨달았다. 오히려 수업을 듣기보다 필라델피아에 있는 증권 회사들을 찾아가 주식시장을 공부하는 데 더 많은 시간을 보냈고 1949년 가을 학기가 시작될 무렵, 버핏은 더 이상 학교를 나가지 않았다.

오마하로 돌아온 워런 버핏은 네브래스카대학에 등록했고, 2학기 동안 14과목을 수강하며 1년 만에 학사학위를 취득했다. 이 1년 동안, 심지어 졸업 이후에도 거의 매일 도서관에서 시간을 보낸 그는 손에 닿는 모든 사업과 투자 관련 책들을 섭렵했다.

오마하로 돌아온 1950년 여름, 워런 버핏은 벤저민 그레이엄과 데이비드 도드가 새롭게 출간한《현명한 투자자》를 발견하게 된다. 앞서 읽은 수백 권의 책을 제치고 그는 이 책을 '자신의 인생을 바꿔놓은 책'으로 꼽는다.

이 책을 읽은 후 그는 경영대학원을 알아보기 시작했고, 같은 해

여름이 끝나갈 무렵 벤저민 그레이엄과 데이비드 도드가 컬럼비아대학교의 교수진이라는 사실을 알게 되었다. 이 둘은 투자의 고전으로 손꼽히는 책《증권분석》의 공동 저자이기도 했는데 워런 버핏은 훗날 "저는 사실 이들이 오래전에 죽은 사람들인 줄 알았습니다."라고 회상했다. 그는 서둘러 컬럼비아대학교에 입학 원서를 제출했고 입학 허가를 얻었다. 그렇게 워런 버핏은 1950년 9월, 오마하로부터 1,200마일 떨어진 컬럼비아대학교의 뉴욕 시티 교정을 거닐고 있었다.

워런 버핏이 들었던 첫 수업은 '재무학 111-112, 투자 운용 및 증권분석'으로 데이비드 도드 교수가 맡았다. 버핏은 뉴욕으로 향하기 전《증권분석》을 집어들었고, 컬럼비아대학교에 도착할 즈음에는 내용을 거의 외울 정도가 되었다. "저는 수업 교재인《증권분석》의 내용을 숙지하고 있었습니다. 말 그대로 거의 700~800페이지에 달하는 분량에 소개된 사례를 전부 알고 있었죠. 컬럼비아대학교로 향하던 그 시간 동안 책을 그냥 흡수해 버렸습니다."

1951년 봄 학기 첫날 버핏은 마음을 가라앉히기 어려웠다. 바로 다음 시간이 벤저민 그레이엄 교수가 진행하는 세미나 수업이었기 때문이다. 이 세미나에서는《증권분석》의 내용과《현명한 투자자》를 당시 시장에서 실제 거래되고 있던 주식들에 적용한 사례들을 종합적으로 다루었다.

그레이엄의 메시지는 이해하기는 쉬웠지만 이를 실행에 옮기는 것은 다른 문제였다. 그레이엄 방식의 투자를 실천하는 것은 혁신에 가까운 일이었다. 왜냐하면《증권분석》이전, 당시 월가에서 주식을 고르는 방식은 우선 '당신이 그 주식을 좋아하는가 아닌가'를 정하고,

그 다음으로 '다른 사람들이 해당 주식을 살 것인가 팔 것인가'를 판단하는 식이었다. 이 과정에서 재무적인 요인은 거의 고려 대상이 아니었는데, 벤저민 그레이엄은 이러한 흐름을 뒤집었다.

그는 왜 투자자들이 전적으로 시장의 지배적인 의견에 의존하고, 어떤 종목에 투자하기에 앞서 먼저 주식의 가치를 따져보지 않는지 의문을 제기했다. 애초에 그레이엄이 이야기하는 방법은 명료했다. 기업의 현재 자산(매출채권, 현금, 증권)을 모두 합산하고 여기서 모든 부채를 뺀다. 이것이 기업의 순가치이다. 이 순가치가 도출되면 그 후에 주가를 살펴야 한다. 만약 주식 가격이 순자산 이하라면, 이는 투자가치가 있고 잠재적으로 수익이 나는 매수일 가능성이 높다. 하지만 주식 가격이 기업의 순자산보다 높다면 투자가치가 없다. 이런 접근법은 워런 버핏이 지닌 수적 감각에도 잘 들어맞는 것이었다. 벤저민 그레이엄은 워런 버핏이 몇 년 동안이나 찾아 헤매던 문제에 답을 주었다. 바로 투자에 대한 체계적 접근법, '1달러 가치를 지닌 주식을 50센트에 매수하라.'였다.

워런 버핏이 컬럼비아대학에서 공부한 것은 마치 어떤 사람이 평생토록 머물던 동굴에서 벗어나 난생처음 눈부신 태양 빛을 마주하며 진실과 현실을 알게 되는 일련의 과정과 상당히 유사하다. 그는 경험하는 모든 순간을 즐겼다. 강의가 없을 때면 컬럼비아대학교 도서관에 앉아 신문기사를 읽으며 지난 20년간 주식시장에 무슨 일들이 있었는지를 살폈으며 일주일에 7일, 이른 아침부터 늦은 저녁까지 절대로 이 일과를 멈추는 법이 없었다. 사람들은 과연 워런 버핏이 잠은 제대로 잤을까 궁금해한다.

학기가 끝나고 워런 버핏이 받은 점수는 A+였다. 워런 버핏은 그레이엄 교수가 컬럼비아대학교에서 학생들을 가르친 22년을 통틀어 최초로 A+를 받은 학생이었다. 학사 과정이 끝나자, 워런 버핏은 그레이엄이 컬럼비아대학에서 교수로 재직하며 운영해온 투자 합자회사 그레이엄-뉴먼Graham-Newman에서 일하게 해달라고 부탁하지만 그레이엄 교수는 그 제안을 거절했다. 이에 무보수로 일하겠다는 각오까지 비쳤지만 돌아온 답변은 또 한 번의 정중한 거절이었다. 결국 본인 스스로 어떤 일들을 할 수 있는지 확인해보기로 결심하며 워런 버핏은 고향인 오마하로 돌아간다.

그가 막 21세가 되는 시점이었다.

전설의 시작

1951년 여름 오마하로 돌아왔을 때 워런 버핏의 마음과 열정은 온전히 투자에 쏠려 있었다. 그는 더 이상 부가수입을 얻기 위한 시간제 일자리 따위에는 관심을 두지 않았다. 벤저민 그레이엄과 워런 버핏의 아버지 모두 지금은 주식시장에 투자할 때가 아니며 조정은 이미 한참 전에 진행됐어야 했다고 조언했다. 하지만 워런 버핏은 "돈을 벌기 시작하는 방법은, 시작하는 것이다."라는 미네커의 말을 따랐다.

오마하 은행에서 일자리를 제안하기도 했지만 워런 버핏은 이를 거절했다. 아버지 회사인 버핏 포크사Buffett-Falk & Company에서 보다 편안하게 일하는 것이 낫겠다고 생각했기 때문이다. 이 결정에 아버지인 하워드 버핏의 친구 중 한 명이 회사 이름이 곧 버핏 앤 썬Buffett & Son으로 바뀌는 거냐고 묻자 워런 버핏은 이렇게 답변했다. "아마도 버핏 앤 파더Buffett & Father로 바뀌게 되겠죠."

워런 버핏은 열과 성을 다해 아버지 회사의 운영을 도왔다. 그는 대중 강연을 배우기 위해 데일 카네기 과정에 등록했고, 곧 오마하대학교에서 벤저민 그레이엄의 책《현명한 투자자》를 바탕으로 '투자 원칙'에 대한 강의를 했다. 또 '내가 가장 좋아하는 종목'이라는 주제로 《커머셜 앤 파이낸셜 크로니클》잡지에 칼럼을 게재하기도 했다. 이 칼럼에서 벤저민 그레이엄이 가장 좋아한 투자 종목이면서 그때까지 잘 알려져 있지 않던 보험회사, 가이코GEICO에 대해 언급하기도 했다. 이 기간에도 워런 버핏은 벤저민 그레이엄과 관계를 유지하며 때때로 주식 종목에 대한 자신의 생각을 전하기도 했다.

1954년의 어느 날, 벤저민 그레이엄은 일자리를 제안했고 워런 버핏은 바로 다음 편 비행기에 몸을 싣고 뉴욕으로 날아갔다. 그렇게 그레이엄-뉴먼에서 보낸 2년은 워런 버핏에게 희열과 동시에 좌절을 안겨준 시간이었다. 직원 6명 가운데 한 명이었던 워런 버핏은 전설적 투자자들인 월터 슐로스 그리고 톰 냅과 함께 근무했다. 그들은 하루 종일 스탠다드 푸어스의《주식 투자 가이드Stock Guide》책자에 코를 박고 그레이엄-뉴먼 뮤추얼펀드를 위한 투자 아이디어를 찾았다.

벤저민 그레이엄과 그의 파트너였던 제리 뉴먼은 이들이 제시하는 투자 아이디어들에 대부분 퇴짜를 놓았다. 1955년 다우존스산업평균지수가 420포인트를 찍었을 때, 그레이엄-뉴먼 뮤추얼펀드의 자산 규모는 약 4백만 달러에 이를 정도로 성장해 있었다. 워런 버핏이 선정한 종목이 얼마나 매력적이었는가와 무관하게 그의 생각은 그레이엄-뉴먼 펀드 운용에 반영되지 못했다. 투자 아이디어가 반영될 수 있는 유일한 곳은 자기 자신의 포트폴리오뿐이었다. 이듬해인 1956년, 이제 사업 경영은 충분히 했다고 판단한 그레이엄은 은퇴했고 캘리포니아 비벌리 힐스로 거처를 옮겼다. 이곳에서 82세의 나이로 사망할 때까지 계속해서 글을 쓰고 UCLA에서 학생들을 가르쳤다.

워런 버핏은 다시 오마하로 돌아왔다. 물론 5년 전 대학교를 갓 졸업한 젊은 워런 버핏과는 상당히 달라진 모습이었다. 그는 나이가 들었고 많은 경험이 쌓였으며 더 지혜로운 투자자가 되었다. 또 더 부유해졌다. 그리고 한 가지 분명한 사실을 깨달은 상태였다. 워런 버핏은 다시는 다른 사람 밑에서 일하지 않을 것이었다. 그는 이미 자신이 항해할 배의 선장이 될 준비를 마쳤다.

《백만장자가 되는 1,000가지 비밀》10장의 제목은 〈당신의 서비스를 팔아라〉이다. 이 장은 독자들에게 개인 재고 목록을 만들어보라고 요청하며 이야기를 시작한다. 미네커는 당신이 어떤 재능을 가지고 있는지 생각해보라고 조언한다. 당신이 다른 사람들보다 잘할 수 있는 것은 무엇인가? 그렇다면 당신의 도움이 필요한 사람은 누구이고, 그들에게 접근할 수 있는 최선의 방법은 어떤 것인가?

오마하대학 강의와 투자 칼럼이 유명해진 덕분에 워런 버핏은 이미 오마하 내에서 어느 정도 평판을 얻은 상태였다. 그리고 그레이엄-뉴먼에서 근무했던 경력은 사람들의 신뢰를 높였다. 이러한 상황에 워런 버핏이 오마하로 돌아오자 가족들과 친구들은 앞다투어 그를 찾았다. 자신들의 돈을 맡기기 위해서였다. 누나였던 도리스와 매형, 사랑하는 고모 앨리스, 장인어른, 전 룸메이트였던 척 피터슨, 그리고 오마하 지역 변호사였던 댄 모넨까지 모두 돈을 맡기고자 했다.

1956년 봄, 워런 버핏에게 총 10만 5,000달러에 달하는 금액이 맡겨졌다. 이렇게 해서 태어난 것이 투자 합자회사인 버핏 어소시에이츠Buffett Associates이며 그는 무한책임 조합원general partner[3]을 맡았다.

오마하의 한 레스토랑에서 투자자들과 첫 만남을 가졌을 때 워런 버핏은 이 합자회사의 기본 규정을 공표했다. 그는 자리에 모인 각각의 사람들에게 공식 계약서를 건네며 이것이 법적인 측면에서도 아무 문제가 없는 계약임을 확인시키고자 했다. 계약 내용을 분명히 명시하고 공유함으로써 이 투자회사의 기본 원칙들을 확고하게 정립했다.

기본 원칙의 수익 측면을 보면, 유한책임 조합원limited partner은 매년 투자금의 6%를 지급받는다. 그리고 이를 제외한 수익의 75%를 추가로 지급받는데, 나머지 25%는 운용자인 워런 버핏의 몫으로 돌아간다. 연 목표 수익률이 달성되지 못했다면 부족분은 다음 해에 보전된다. 다시 말해, 유한책임 조합원이 특정 해에 투자금 대비 연 6%를 받지 못했다면 해당 금액은 그 다음 해로 이월돼 지급된다. 조합원들에게 약속한 수익금을 전부 지급할 때까지 워런 버핏은 운용 보수를 가져가지 않는다.

또 워런 버핏은 조합원들에게 투자성과를 보장할 수는 없지만 자

---

3   투자자를 유치해 펀드 재원을 확보하고 펀드의 수익성을 관리하여 가장 최적의 시점에 투자한 지분을 매각하고 확보된 수익을 투자자들에게 배분하는 역할을 말한다.

신이 하는 투자는 벤저민 그레이엄에게서 배운 가치투자 원칙에 따라 이루어질 것임을 분명히 약속했다. 더불어 투자자들이 연수익과 손실을 대할 때 어떤 마음가짐을 가져야 하는지에 대해서도 명시했다. 투자자들은 운용하는 이가 통제할 수 없는 주식시장의 하루, 한 주, 또 한 달 단위의 부침에 휩쓸리지 않아야 한다는 내용도 포함되어 있었다. 그리고 특정 한 해 성과가 얼마나 좋았는지 나빴는지에 너무 집착하지 말라고 조언했다. 최소 3년 이상 지켜보며 성과를 평가하는 것이 더 낫다는 것이 그의 생각이었다. 평가 기간이 5년이라면 훨씬 좋을 것이었다.

마지막으로 워런 버핏은 조합원들에게 자신은 주식시장이나 경기흐름을 예언하는 사람이 아니라고 했다. 자신의 펀드가 무엇을 사고, 팔고, 보유할지를 의논하거나 공개하지 않겠다는 의미였다.

그날 저녁, 그 자리에 참석한 사람들은 전부 계약서에 서명했다. 해가 지나면서 더 많은 조합원들이 생겨났고 이들에게도 같은 규정이 적용됐다. 워런 버핏은 조합원들이 이 규정을 기억하도록 매해 보내는 투자성과보고서에 이것을 동봉했다. 조합원들에게 연 6% 성과를 돌려줄 수 있을지에 대한 걱정은 있었지만, 조합원들이 더 큰 시장 지수인 다우존스산업평균 지수를 비교대상으로 삼을 경우 자신의 투자성과를 더 잘 파악할 수 있을 것이라고 생각했다. 첫 5년 동안의 투자성과는 인상적이었다. 1957년부터 1961년까지 다우존스가 74% 오르는 동안, 버핏 합자회사는 누적 251%의 투자 성과를 거두었다.

워런 버핏의 투자가 성공적이었다는 소식이 전해지며 더 많은 투자자들이 몰려들었다. 1961년 버핏 합자회사의 투자금 규모는 720만 달러에 이르렀다. 이는 그레이엄-뉴먼의 수탁고가 최대치일 때보다 더 많은 금액이었다. 1961년 말에는 100만 달러 가량이 버핏의 몫으로 돌아갔다. 당시 버핏의 나이는 31세에 불과했다.

워런 버핏은 그레이엄의 투자 전략을 버핏 합자회사 펀드 운용의 원칙으로 삼았고 눈부신 성공을 거두었다. 그는 계속해서 다우존스산업평균지수를 상회하는 성과를 만들어냈고 10년 후, 버핏 합자회사의 자산은 5300만 달러 이상으로 증가했다. 워런 버핏의 몫은 1000만 달러 가량이 되었다. 1968년 다우존스산업평균지수가 8% 오르고 그친 데 비해, 버핏 합자회사는 59%의 성과를 올렸다. 단일 연도 기준으로 워런 버핏 합자회사가 거둔 최고의 성과였다. 하지만 냉철한 현실주의자였던 워런 버핏은 조합원들에게 보내는 서한에 그해 성과는 "브릿지 게임에서 스페이드 카드 13장이 나오는 경우처럼 특별히 운이 좋았던 케이스로 여겨야 합니다."라고 설명했다.

합자회사의 놀라운 성과에도 불구하고 어려움은 쌓여만 갔다. 주식시장을 샅샅이 뒤져도 워런 버핏은 가치를 찾아낼 수 없었다. 투자 아이디어의 고갈 그리고 지난 12년간 운용해온 피로감으로 그는 1969년, 합자회사 청산을 선언하기에 이른다. 조합원들에게 보내는 서한에 자신은 더 이상 현재의 주식시장과 발맞추기가 힘들어졌다고 고백했다. 그렇지만 이런 말을 덧붙였다. "하지만 분명히 말하고 싶습니다. 과거보다 실행이 어려워지긴 했지만, 제가 이해하고 있는 이전의 투자 방식을 포기하지 않을 것입니다. 이 말은 제가 이해하지 못하고 신중하게 실천해보지 못한 방식으로 얻을 수 있는, 대규모의 손쉬운 수익들을 포기한다는 뜻이기도 합니다. 하지만 이런 수익들은 결국 상당한 영구적 자본 손실을 초래할 수도 있습니다."

1957년 워런 버핏은 매년 다우존스산업평균지수보다 10% 높은 수익률을 거두는 것을 자신의 목표로 세웠었다. 그로부터 13년간, 즉 1957년부터 1969년까지, 버핏 합자회사는 연 평균 29.5%(파트너들에게 는 23.8%가 배분됐다.), 다우존스는 연 평균 7.4%의 수익률을 기록했다. 설립 당시 약속했던 다우존스산업평균지수 대비 10%를 넘어서 22% 더 높은 수익을 투자자들에게 돌려주었다. 초기 투자자본 10만 5,000 달러로 시작한 워런 버핏 합자회사는 자산규모가 1억 400만 달러까지 성장했고 워런 버핏의 몫으로는 2500만 달러가 돌아갔다.

워런 버핏은 투자조합을 청산하면서 조합원들이 취할 수 있는 다음 단계를 알리는 데에 각별히 신경 썼다. 그는 세 가지 선택지를 제시 했는데 우선 계속해서 주식에 투자하고 싶은 사람에게는 컬럼비아대학 동기인 빌 루안을 소개해주었다. 이렇게 기존 버핏 합자회사 자금 가운데 2000만 달러 가량이 루안 커니프Ruane, Cunniff & Stires사로 흘러 들어갔고, 이것이 그 유명한 세콰이어 펀드Sequoia Mutual Fund의 모태가 되었다.

투자자들에게 제안한 두 번째 선택지는 지방채에 투자하는 것이었다. 향후 10년간 주식 투자는 리스크가 낮고 세금을 걱정할 필요가 없는 채권 투자와 수익률이 비슷할 것으로 판단했기 때문이다. 뛰어난 교육자적 기질을 가지고 있기도 했던 워런 버핏은 조합원들에게 비과세 채권 투자의 구조를 설명하는 100페이지 분량의 안내서도 제공했다. 세 번째로 투자자들은 버핏 펀드의 주요 보유 종목 가운데 하나였던 버크셔 해서웨이의 보통주에 투자할 수도 있었다.

늘 그렇듯, 워런 버핏은 솔직하고 꾸밈없이 입장을 밝혔다. 그는 조합원들에게 버핏 합자회사에서 버크셔 해서웨이로 옮겨 투자를 이어갈 것이라고 이야기했다. 초기 버핏 합자회사의 열렬한 지지자 가운데 한 명이었던 도크 앤젤의 말처럼 이는 "생각이 있는 사람이라면 누구든 주목했어야 할 이야기"였다.

버크셔 해서웨이, 낡고 오래된 방직회사를 복합 기업으로

버핏 합자회사 운영 초기, 워런 버핏은 버크셔 코튼 매뉴팩처링Berkshire Cotton Manufacturing과 해서웨이 매뉴팩처링Hathaway Manufacturing이 합작한 뉴 잉글랜드 방직회사 버크셔 해서웨이의 주식을 매수했다. 전형적인 벤저민 그레이엄식 투자였다. 당시 버크셔 해서웨이의 주가는 7.50달러였고 1주당 운전 자본은 10.25달러, 장부가치는 20.20달러 수준이었다.

워런 버핏은 당시 미국 방직회사들이 해외에서 수입되는, 훨씬 저렴한 의류 제품들과 경쟁하면서 겪던 어려움들을 아주 잘 알고 있었다. 그럼에도 '아직 한 모금 남아있는 버려진 담배꽁초 주식을 줍고 싶은' 유혹을 뿌리칠 수 없었다. 이 '담배꽁초 주식' 이론은 경제적 수명이 거의 남아있지 않은 자산이라 할지라도 저렴한 값이면 이를 매수하라고 강조했던 그레이엄의 투자법에 붙여진 이름이다. 버크셔 해서웨이는 향후 한계가 있긴 하지만 사업적으로 수익을 창출할 잠재력이 있었으며 재무상태표상으로 확인되는 현금 및 증권이 있었다. 버핏은 버크셔 해서웨이에 더 큰 하락 리스크는 없다고 판단했고 아직 돈을 벌 합리적 가능성도 존재한다고 보았다.

1965년 버핏 합자회사는 버크셔 해서웨이가 발행한 보통주 가운데 39%를 보유하게 되었다. 당시 워런 버핏은 회사를 인수하기 위해 버크셔 해서웨이 이사회와 위임장 쟁탈전을 치르는 중이었다. 또 미숙한 운영진들을 해고하고 실력 좋은 자본 배분가들로 그 자리를 교체하는 작업을 진행하고 있었다. 일련의 소동이 정리되고 그는 결국 승리했다. 하지만 이후 그 과정에서 버핏 합자회사의 자산 25%를 출구 전략도 없이 경제적으로 가라앉고 있는 이 기업에 쏟아부었다는 사실을 깨달았다. "저는 분명 차를 따라 잡은 개꼴⁴이었습니다."라고 그는 당시를 회상했다.

워런 버핏은 역사적으로 가장 훌륭했던 투자 합자회사를 운영하면서 번 돈을 죽어가는 제조업체 하나를 매수하는 데 사용했다. 그리스 비극의 모든 요소들이 고스란히 녹아있는 스토리다. 워런 버핏은 무슨 생각을 했던 것일까?

다른 건 차치하고 그가 무엇을 생각하지 않았는지는 명확하다. 그는 거시적인 관점에서 극적인 기업 회생 계획 같은 걸 생각하고 있지 않았다. 그리고 벤저민 그레이엄이 귓가에 속삭인다 하더라도 이 제조 기업을 더 멍청한 바보에게 팔아넘길 생각도 전혀 없었다. 누가 75년 된, 저마진의, 자본 집약적이고, 노동력 중심인 19세기 뉴 잉글랜

---

4   무엇인가를 달성했지만 다음 단계가 무엇인지 전혀 알 수 없는 상황을 말한다.

드 남성복 생산업체를 사고 싶어 하겠는가? 하지만 워런 버핏은 보다 더 강력한 원칙, 바로 그의 투자 철학 중심에 있는 원칙에 따라 다음 걸음을 내디뎠다. 그 원칙은 바로 장기 복리효과였다.

알다시피 워런 버핏은 아주 어릴 때부터 복리 이자의 혜택을 알고 있었다. 더 중요한 사실은 그가 과거 여러 가지 일들을 하며 돈을 벌었고 그 돈을 다시 소규모 사업 등에 투자하면서 복리 구조가 주는 이득을 직접 체득했다는 점이다. 한 동네 신문배달이 돈이 된다면, 두 동네 신문배달은 더 큰 돈벌이가 된다. 만약 핀볼 머신이 수익 창출에 도움이 된다면 3대를 보유할 경우 더 많은 수익이 창출될 것이었다. 이렇듯 어린 시절을 보더라도, 워런 버핏은 번 돈을 모두 즉각 써버리는 성향의 아이는 아니었다.

여러 모로 워런 버핏이 유년 시절 영위했던 사업들은 복합 기업과 사업 방식이 유사했다. 그는 벌어들인 돈을 쓰지 않고 이 사업에서 저 사업으로 재투자하거나 가장 수익성이 좋은 사업에 투자를 늘려 돈을 불렸다. 그로부터 20년 후, 알아차리는 사람은 거의 없겠지만 그가 버크셔 해서웨이를 통해 이룬 것들은 복합 기업 활동의 전형이다.

사람들은 대부분 워런 버핏이 무너져가는 방직회사에 베팅을 했다고만 판단한다. 하지만 이들이 놓치고 있는 것은 그 이후 워런 버핏이 내린 과감한 결정이었다. 결과적으로 그는 방직 사업'도' 영위하는 버크셔 해서웨이라는 기업을 보유하게 되었다. 과감한 결정이란 바로 버크셔 해서웨이 방직회사를 통해 얻을 수 있는 현금을 끌어모아 더 수익성이 좋은 산업에 재배치하는 것이었다. 다행히 버크셔 해서웨이 산하에 있던 직조사들은 워런 버핏이 다른 산업을 매수할 수 있을 만큼의 충분한 수익을 창출해냈다. 이는 우리가 알고 있듯이 이후 훨씬 더 아름다운 이야기들로 이어진다. 단일 품목을 생산하던 직조사에서 다각화된 사업 포트폴리오를 지닌 복합 기업으로, 버크셔 해서웨이가 변신을 완성하기까지는 그리 오랜 시간이 걸리지 않았다.

2014년 버크셔 해서웨이 연례 보고서에서 워런 버핏은 복합 기업을 보유하는 것의 이점에 대해 짧게 언급한 적이 있다. 그는 "복합 기업의 구조가 사업에 분별력 있게 활용된다면, 이는 장기 수익을 극대화할 수 있는 최적의 조건이 됩니다."라고 설명했다. 복합 기업은 자본을 합리적으로 또 최소한의 비용으로 배치하기에 완벽한 구조라는 주장이었다. 심지어 다른 분야의 사업들을 보유하고 있는 복합 기업이라면 이상적인 포지션을 가진 셈이다. 그의 설명에 따르면 복합 기업들은 세금이나 다른 비용들이 발생하는 것을 막으면서 투자 기회가 증가할 가능성이 적은 사업들에서 창출된 부를 더 큰 성장성을 가진 부문으로 옮길 수 있다.

버크셔 해서웨이를 운영하면서 워런 버핏이 내린 일련의 결정들을 보며, 당신은 아마도 워런 버핏이 벤저민 그레이엄의 가르침에서 벗어났다는 사실을 알아차렸을 것이다. 장기 수익을 극대화하는 것은 벤저민 그레이엄의 전략이 아니었다. 그는 철저하게 하방 리스크가 제한적인, 저가의 실물자산 중심의 주식들을 매수했다. 그러다 주식 가격이 다시 적정가치에 근접하면 그 주식을 매도하고 다음 투자를 찾아 떠났다. 현재 보유하고 있는 주식을 몇 년간 보유하면서 복리 효과를 만들어내는 것은 그레이엄의 투자 방식이 아니었다. 사실 복리라는 단어는《증권분석》이나《현명한 투자자》그 어디에도 등장하지 않는다.

이와는 대조적으로 투자 합자회사 운용 초기부터 워런 버핏은 '복리의 즐거움'에 대해 언급했다. 1963년 조합원들에게 보낸 버핏 합자회사 서한을 통해 워런 버핏은 크리스토퍼 콜럼버스의 항해에 3만 달러를 투자한 이자벨라 여왕의 이야기를 언급하고 있다. 그는 만약 그 3만 달러가 4% 복리로 투자되었다면 500년 뒤 2조 달러가 되어있었을 것이라고 언급했다. 버핏은 매년 조합원들에게 복리 이자의 경이로움에 대해 교육했다. 10만 달러가 4% 복리로 운용되면 30년 뒤 22만 4,000달러가 될 것이다. 하지만 그가 강조한 것은 수익률이 16%일 경우 그 금액은 848만 4,940달러가 된다는 점이었다. 그의 조언은 이렇게 정리된다. '오래 사십시오. 그리고 돈도 높은 이자율로 큰 복리 효과를 누리게 하십시오.'

그럼에도 우리는 워런 버핏에 대해 이야기를 할 때, 합자회사 운영과 더불어 그 근간이 된 벤저민 그레이엄의 영향력을 잊어서는 안 된다. 워런 버핏은 그레이엄의 핵심적 투자 방법들을 완벽하게 실천함으로써 버핏 합자회사를 성공적으로 운용했고 회사의 자산도 크게 키워냈다. 자연스레 버핏의 순자산도 크게 불어났고 특히 매년 들어오는 성과 보수로 그는 재정적 안정성을 더욱 확고히하며 가족을 위한 기반도 단단히 다질 수 있었다. 재정적으로 안정된 미래가 확보됐다면, 질문은 이제 '그래서 다음 단계는?'으로 넘어간다.

한 가지 선택지는 합자회사 투자를 계속 이어가는 것이었다. 매년 주식을 사고 팔고 그 과정에서 생기는 수수료와 세금을 지불하고 이미 고평가된 험난한 시장을 계속해서 항해해 가는 것. 또 다른 선택지는 배를 갈아타고 새로운 항로를 찾는 것이었다.

2021년 현재, 버크셔 해서웨이는 자산규모 기준 전 세계 6위 기업에 랭크되어 있다. 워런 버핏이 1962년 7.50달러에 매수한 버크셔 해서웨이 주식은 오늘날 그 거래가가 33만 4,000달러에 이른다. 놀라운 것은 버크셔 해서웨이는 블록버스터급 신약이나 신기술을 개발해서가 아닌, 재무적 복리효과라는 17세기의 개념, 즉 보다 오래된 기적을 통해 이러한 기념비적 성취를 이루어냈다는 점이다.

제2부

워런 버핏의 머니 마인드는
어디서 왔는가

투자는 사고 게임이다. 단순히 몸을 쓰는 도전 과제가 아니다. 당신이 얼마나 힘이 센지, 얼마나 빠르고, 멀리 달릴 수 있는지의 승부가 아닌 것이다. 투자에 있어서는 세상과 세상 속 당신의 역할을 어떻게 개념화하는지가 아주 중요하다.

이는 다른 표현으로 '당신의 세계관'으로 부를 수도 있다. 즉 이것은 당신의 태생적 기질과 삶의 경험들 그리고 그에 대한 반응들, 살아오면서 받았던 교육, 독서, 생애 지대한 영향을 끼친 사람들에게서 흡수한 생각들이 복잡하고 매력적인 방식으로 혼합된 결정체이다. 이 모든 요소들은 삶의 철학이나 생의 모든 순간 무수한 형태로 드러나는 근본적인 그 무엇, 바로 정신적 모자이크mental mosaic를 형성한다.

하지만 여기서 우리는 구체적으로 한 가지 관점에 초점을 맞추어 이야기를 풀어보고자 한다. 당신의 투자 철학은 무엇인가? 그리고 그 투자 철학은 당신의 결정에 어떤 영향을 미치는가? 그리고 당신은 그 결정들에 의해 어떤 영향을 받는가?

존 미나한과 소티스 1세 마하나마는 2017년 〈투자 저널*The Journal of Investing*〉에서 '투자 철학'을 "금융 시장이 어떻게 작동하는지, 그리고 그런 시장의 움직임을 이용해 투자 목적을 달성하기 위해서는 어떻게 해야 하는지에 대한 일련의 믿음과 통찰"이라고 정의했다.

이 정의는 다른 좋은 정의들처럼 압축적이고 간결하다. 때문에 의미를 온전히 이해하기 위해서는 정의를 해체하고 각각의 단면들을 면밀히 들여다봐야 한다.

우선 '일련의 믿음과 통찰' 부분을 살펴보자. 여기서는 금융 시장이 어떻게 작동하는지에 관해 당신이 가지고 있는 전반적인 관점, 일련의 믿음, 그 관점과 믿음은 어디서 생겨난 것이고 그것들을 통해 당신이 무엇을 배웠는지 묻고 있다. 워런 버핏의 경우 주식시장은 대체로 효율적이지만 항상 그런 것은 아니라고 이야기하는데 이것이 금융 시장에 대한 그의 관점이다.

두 번째 '시장을 이용하기 위해서는 어떻게 해야 하는가?' 이 질문은 '방법'과 '개인적 특성'이라는 두 가지 다른 요소가 맞물려 있기 때문에 조금 더 복잡하다. 이 부분 역시 우리는 워런 버핏을 참고할 수 있다. 그는 종목들이 집중되고 회전율은 낮은 포트폴리오를 운용해야 한다고 믿는다. 또 포트폴리오는 기업 중심 원칙에 충실한 종목들로 구성하고 미래 잉여현금흐름의 현재할인가치를 사용하여 기업들을 평가해야 한다고 이야기한다. 이것이 그가 시장을 이기기 위해 사용하는 절차이자 '방법'이다. 두 번째 요인인 '개인적 특성'에 관련해 워런 버핏은 자신이 투자자들의 '기질'이라고 부르는 요인의 중요성을 여러 차례 언급한 바 있다.

이러한 각각의 요인들, 즉 당신이 지닌 시장에 대한 관점, 투자 방법, 투자자로서의 기질이 합쳐져 당신이 지닌 투자 철학의 총체를 이룬다. 이 세 가지 요인이 조화를 이루는 사람을 만났을 때 우리는 그를 '머니 마인드를 가진 이'라고 표현할 수 있다.

인간에게 한 가지 다행스러운 점은 바로 학습 능력이 있다는 것이다. 만약 당신이 가진 시장에 대한 일련의 믿음들이 원하는 만큼 잘 작동하지 않는다 해도 당신은 이를 바꿀 수 있는 능력을 지니고 있다. 새로운 생각을 시도해보고 그렇게 해서 자신의 머니 마인드를 강화해 나갈 수 있다. 그리고 이에 관련해서 궁극의 머니 마인드를 가진 워런 버핏보다 더 적합한 인물을 떠올리기 힘들다.

워런 버핏에 관련한 정보는 무궁무진하다. 하지만 우리는 대체로 그의 방법론을 분석하는 데에만 지나치게 골몰하고 있다고 생각한다. 워런 버핏이 그러한 방법들을 성공적으로 실행할 수 있도록 해준, 오랜 경험으로 얻은 철학적 기초에 대해서는 거의 관심을 기울이지 않는다. 이번 장의 목표는 당신이 워런 버핏과 동일한 방식으로 투자 세계를 더 잘 개념화하도록 돕는 데 있다.

우리는 이번 장에서 워런 버핏의 투자 철학을 형성하는 데 기여한 주요 요인들을 깊이 들여다보고자 한다. 우선 버핏에게 상당한 영향력을 미쳤음에도 그 영향력이 생각보다 잘 알려져 있지 않은 사람, 바로 그의 아버지로 이야기를 시작해보자. 버핏의 아버지가 워런 버핏에게 얼마나 많은 영향을 미쳤는가를 이해하면 그의 철학적 뿌리를 보다 잘 이해할 수 있을 것이다. 그 철학은 워런 버핏의 개인적 삶뿐 아니라 어떻게 투자 세계를 대해야 하는지에도 안내서 역할을 해주었다.

철학적 뿌리가 되어준 아버지, 하워드 호만 버핏

워런 버핏은 자신이 성공할 수 있었던 중요한 이유가 자신이 적절한 시기에 적절한 나라에서 태어났기 때문이라고 주저 없이 이야기한다. 그는 이를 '난소 복권'이라고 불렀다. 자신은 "참 좋은 복권에 당첨된 셈"이라는 게 그의 설명이다. "제가 1930년에 미국에서 태어날 확률은 50:1에 불과했습니다. 어머니 자궁에서 나와, 성공의 가능성이 훨씬 적었을 다른 나라가 아닌, 미국이라는 나라에 태어난 그날이 바로 복권에 당첨된 날이었던 거죠." 덧붙이자면 워런 버핏은 네브래스카 오마하에서, 버핏 가문의 일원으로 태어났다. 이 역시 미국판 로또, 파워볼에 당첨된 것과 진배없었다.

버핏 가문의 뿌리를 거슬러 올라가면 1696년 뉴욕, 롱 아일랜드 북쪽 해안가에 살고 있던 한나 티터스와 결혼한 존 버핏을 만날 수 있다. 1867년으로 빨리 감기를 해보자. 그의 자손인 시드니 호만 버핏은 서부로부터의 부름을 듣고 뉴욕을 떠난다. 이후 그는 오마하까지 역마차를 운전하며 돈을 벌었는데 오마하를 오가면서 그곳에 새 터전을 잡기로 결심한다. 그러고는 1869년 S.H 버핏 상점을 연다. 오늘날까지 존속하고 있는 오마하의 버핏 왕국이 태동하는 순간이었다.

당시는 사업을 시작하기에 적절했다. 도시는 활기를 띠었고 인근 카운실블러프스, 아이오와에서 모여든 토지 개척자들이 무개발 토지를 무상으로 불하받기 위해 론 트리 페리(1804년 루이스와 클락 원정대가 탐험을 시작한 바로 그 지점이다.)로 미주리 강을 건넌 것이 불과 15년 전일이었다. 우리가 현재 오마하 개척시대로 알고 있는 바로 그 시기의 시작이다. 원주민들과 연이은 26개의 개별 조약을 맺은 후 오마하 땅은 오늘날 네브래스카 중앙 동부로 이양됐다. 이후 1862년 에이브러햄 링컨 대통령은 오마하를 대륙횡단열차를 연결하는 유니온 퍼시픽 철도의 중앙 터미널로 지정했다. 미국의 서부 개척은 계속 진행됐고 오마하는 금세 새로운 경제 중심지로 부상했다.

대체로 우리는 이 시기의 미국 역사에 대해서 기본적인 윤곽만 파악하고 있을 뿐이다. 하지만 이번 장의 목적을 달성하기 위해서는 개척자들의 삶이 어떠했을지 잠시 생각해볼 필요가 있다. 지불되는 대가나 고용에 대한 보장도 없이 그들은 미지의 세계를 찾아 고향을 떠났다. 그 여정에서 타오르는 폭염과 쏟아지는 폭우, 진흙 웅덩이, 익사의 위험을 견뎌야 했고 곰, 늑대 무리, 방울뱀의 공격으로 사랑하는 이들을 잃어야 했을 것이다. 수없이 많은 개척자들이 당시 치료제가 없는 질병으로 목숨을 잃기도 했다. 한시도 쉬지 못하고 언제 들이닥칠지 모르는 인디언들의 공격에도 대비해야 했다.

왜 이들은 이러한 수고를 무릅썼는가. 무엇이 이들을 서쪽으로 움직이게 했는가. 모든 면에서 볼 때 그 답은 '자유'였다. 특히 이들이 원한 것은 가족들이 재정적으로 더 안정된 미래를 누릴 수 있도록 자기 사업을 꾸릴 수 있는 '자유'였다.

전미경제연구소National Bureau of Economic Research에 따르면, 1854년에서 1913년 사이 미국은 15번의 경기침체를 겪었다. 즉 4년을 주기로 경기둔화의 부침이 있었는데 1873년부터 1879년까지 이어졌던 경기침체를 포함해 이들 가운데 다수는 상당히 심각한 것들이었다. 날씨, 미래에 대한 불확실성, 현대 사회의 혁신, 노동자들을 대체하는 새로운 산업 기계들의 발명, 축적된 저축에서 대규모 과잉 생산으로의 순환, 은행의 실패, 그리고 거대기업들의 비윤리적 행동 등이 침체의 주요 원인으로 작용해왔다. 하지만 이 모든 원인들을 아우르는 하나의, 보다 근본적인 원인이 있었다. 바로 정치적 기득권층이었다. 뉴욕 시티와 정치적 유착관계를 유지해온 워싱턴 DC는 여러 해 동안 미국 경제를 엉망으로 운영해오고 있었다. 서부로 향했던 개척자들은 정부가 내린 잘못된 결정들로부터 해방되기를 간절히 바랐다. 이들은 새로운 출발을 원했다.

1900년경, 오마하에는 높은 빌딩들과 케이블카들이 자리 잡았고 인구는 14만 명으로 늘어났다. 시드니 버핏이 상점 사업을 확장하자 곧 그의 두 아들이 사업에 참여했다. 막내였던 언스트는 아버지가 운영하던 시내 지점을 떠나 도시 외곽에 새로운 식품점을 차렸다. 그리고 가게 이름을 야심차게 '언스트 버핏, 식료품 상점Ernest Buffett, Grocer and Master Merchant'이라고 붙였다. 언스트 버핏에게는 세 명의 아들이 있었고 그중 하나가 워런 버핏의 아버지인 하워드 버핏이었다.

하지만 하워드 버핏은 상점 사업에 큰 관심이 없었다. 그는 저널리스트를 꿈꿨고 네브래스카대학의 교내 신문인《데일리 네브라스칸》의 편집장을 맡기도 했다. 그러다 3학년 재학 중 훗날 하워드 버핏

여사가 되는 레일라 스탈과 만나면서 그의 인생은 완전히 달라진다. 레일라의 마음을 얻고 그녀의 아버지로부터 교제 허락을 받기 위해 하워드 버핏은 언론 관련 직업을 포기하고 보험을 판매하는, 보다 안정적인 직업을 택하게 된다. 훗날 그는 증권 영업을 할 때 이 보험판매 경험을 활용했고 이는 신생 증권사인 버핏, 스켈린카Buffett, Skelincka & Company의 설립으로 이어진다.

하워드 버핏은 가족을 위해 열심히 일했고 사업도 성공적이었다. 하지만 그는 더 많은 돈을 버는 데서 동기부여를 받지는 못했다. 그는 정치와 종교에 열정을 품고 있었다. 그는 오마하 학교 이사회에서 직책을 맡았으며 성인 대상 주일 학교 성경공부반을 지도했다. 또 여부없이 진실하고 솔직한 사람이었다. 그는 술을 마시거나 담배를 피우지도 않았다. 고객들의 투자성과가 저조하면 너무 괴로운 마음에 종종 자신의 계좌를 활용해 해당 종목들을 재매수하는 식으로 고객들의 성과를 보전하기도 했다. 그는 워런 버핏과 누이인 도리스와 버티 모두에게 각자에겐 하나님뿐 아니라 이웃 공동체에 대해서도 맡겨진 의무가 있다는 사실을 늘 일깨우며 "너희한테 모든 짐을 짊어지라고 요구하지는 않을 거다. 하지만 너희들 각자가 지닌 몫의 짐을 내려놓아서도 안 돼."라고 이야기했다.

1942년 하워드 버핏은 네브래스카의 하원의원 제2선거구 공화당 후보로 출마했다. 그의 정치적 구호는 "여러분의 자녀들이 자유롭기를 원하십니까?"였다. 자신의 아내와 아이들의 사진을 활용한 신문 지면 광고에서 그는 "만약 이기적인 정치인들이 우리 정부를 망치는 행태에 진절머리 난다면, 만약 정치가 전쟁 물자 지원 세력에 헛되

이 휩쓸리지 않기를 원한다면… 그렇다면 함께 도전합시다. 뼛속까지 미국인인 당신과 내가 힘을 모아 우리 아이들에게 자유로운 미국을 물려줍시다!"라고 역설했다. 출마 당시 하워드 버핏은 현실적으로 승산이 거의 없었다. 하지만 그는 유명인사였고 오마하의 저변에 깔린 개척자 정신이 그의 메시지에 반응하면서 큰 반향을 일으켰다. 그는 1942년 선거에서 승리했고 1944년, 1946년, 1950년 당선되었다.

오늘날 하워드 버핏은 정치적으로 공화당의 '올드 라이트Old Right' 파인 자유지상주의론자libertarian로 기억된다. 올드 라이트는 미국 보수주의 공식 분파 가운데 하나로 해외 파병, 화폐 통화 제도 시행을 위한 금본위제 폐지, 특히 루즈벨트 대통령의 뉴딜 정책을 한목소리로 반대하는 공화당과 민주당원 모두가 소속되어 있었다. 하워드 버핏은 정부, 특히 루즈벨트 정부의 정책들이 인간의 독창성을 훼손하고 미국을 파멸의 길로 이끌고 있다고 굳게 믿었다. 그는 정부의 모든 정책들은 민간 부문에 맡길 경우 더 효과적으로 진행될 수 있다는 신념하에 자유시장론을 옹호하던 미국 경제학자, 머레이 로스바드와 막역한 사이이기도 했다.

정치인이 된 이후, 하워드 버핏은 저널리스트의 꿈을 되살려 다작의 정치 작가가 되었다. 그는 1944년 잡지《오마하 월드 헤럴드》에 〈정부는 인간의 에너지 사용에 수갑을 채우고 있다〉는 제목으로 칼럼을 기고했다. 그는 여기서 전기, 자동차, 설파제나 페니실린 같은 약들 그리고 오늘날 우리가 누리고 있는 모든 좋은 것들을 발견하고 개발해낸 것은 바로 인간들의 에너지였음을 역설했다. 칼럼에서 그는 "인간의 역사는 대략 6,000년 전으로 거슬러 올라간다. 그중 정부는

5,800년간이나 인간 에너지의 자유로운 사용을 억압해왔다. 미국 혁명에 이르러서야, 인간들은 역사상 처음으로 에너지를 자유롭게 쓸 수 있게 되었다. 그 결과 오늘날은 일용직 노동자들도 100년 전 왕들조차 경험하지 못했던 편리함과 편안함을 누릴 수 있게 되었다."라고 덧붙였다.

자유지상주의는 그 중심에 자유가 있는 정치 철학이다. 여기서 자유란 정치적 자유뿐 아니라 선택의 자유도 포함한다. 자유지상주의의 핵심은 '자신'이다. 국가의 권위에 회의를 품고 개인을 국가를 넘어선 존재로 여기는 것이다. 미국 역사에서 자유지상주의의 기원은 존 로크까지 거슬러 올라갈 수 있다. 존 로크는 1689년에 지은 《인간 이해에 관한 에세이*An Essay Concerning Human Understanding*》에서 자유정치론의 근본을 확립했다. 토머스 페인도 1776년 정치 소평론 《상식론》에서 식민지의 독립을 주창하며 자유지상주의적 이상을 옹호한 바 있다. 시인이자 자유주의자였던 헨리 데이비드 소로 역시 초기 이 자유지상주의적 이상에 영향을 준 인물이다. 그는 1854년에 쓴 《월든》을 통해 검소한 삶과 자족하는 삶을 강조했다. 하지만 자유지상주의적 이상에 관련해서는 미국의 철학자이자 작가, 그리고 시인인 랄프 왈도 에머슨보다 위대한 인물은 찾아보기 힘들다. 저명한 문학 평론가 헤롤드 블룸은 "에머슨의 마음은 미국의 마음이다."라고 했다.

랄프 왈도 에머슨과 하워드 버핏, 그리고 워런 버핏 사이의 연결고리는 로저 로웬스타인이 심도 있게 저술한 《버핏: 21세기 위대한 투자 신화의 탄생》에서 처음 언급된 바 있다. 로웬스타인은 '버핏의 트레이드 마크인 자기신뢰*self-reliance*'가 '워런 버핏이 아버지에게 배운 에머습식의 자립성에서 오는 미덕'의 결과물이라고 평가했다.

에머슨은 개인주의의 선봉이자, 개인의 생각을 폄하하는 사회 세력들을 비판하던 인물이었다. 1841년 출간된《자기신뢰》는 에머슨의 가장 유명한 수필집으로 손꼽힌다. 이 책을 통해 에머슨은 세 가지 주제에 대해 이야기하는데 첫 번째는 '고독과 공동체'이다. 에머슨은 공동체가 자기 성장에는 방해가 되는 요소라고 경고하며 사람들이 조용한 명상에 더 많은 시간을 쏟아야 한다고 말했다. 두 번째는 '불순응'이다. "누구든지 사람이라면 불순응자가 되어야 한다."라고 주장했다. 개인들은 다른 사람들이 어떻게 생각하는지와 상관없이 자신이 옳다고 믿는 바를 행해야 한다고 이야기한다. 또 에머슨은 세 번째 주제, '영성'을 특히 중요한 주제로 다루고 있다. 그는 진실은 개인의 마음속에 있으며 전체의 생각에 의존하는 것은 개인이 정신적으로 성장하는 데 있어 방해가 된다고 역설했다.

에머슨의《자기신뢰》를 읽은 사람은 어렵지 않게 에머슨의 철학과 워런 버핏의 투자 사이의 연관성을 발견할 수 있다. 우리는 워런 버핏을 불순응주의자라고 말할 수 있을까? 널리 알려진 그의 투자 방식을 오늘날 자산운용업계를 지배하고 있는 현대 포트폴리오 이론의 표준 관행들과 한번 나란히 놓고 비교해보라. 그러면 답을 얻을 수 있을 것이다. 에머슨은 "내가 하는 행위들은 전부 내가 관심을 가지는 것에서 비롯된다. 다른 사람들이 어떻게 생각하는가와는 무관하다."라고 했다. 워런 버핏은 늘 사람들이 왜 그토록 주식시장에 대해 이야기하고 싶어하는지 이해할 수가 없었다. 이는 투자나 주식시장에 관심이 없기 때문이 아니라, 다른 사람과 계속해서 주식시장에 대해 이야기하는 이유를 납득하지 못했기 때문이다. 그는 "저는 다른 사람들이 어떻게 생각하는지 듣고 싶지 않습니다. 그저 여러 가지 사실을 원할 뿐이죠. 저는 제 돈을 다른 사람들의 근거 없는 이야기에 맡기지 않을 겁니다."라고 말했다.

에머슨은 고독 속에 머무는 것은 쉽지 않은 일이라고 다음과 같이 조심스럽게 경고했다. "이는 생각보다 어려운 일이다. 당신은 언제나 당신이 해야 할 바가 무엇인지 당신보다 더 잘 안다고 말하는 이들을 만날 것이기 때문이다. 세상의 의견을 따라 사는 것은 쉬운 일이고 당신 자신의 의견을 따라 사는 것도 쉽다. 하지만 진정 위대한 사람은 무리 한가운데 섞여서도 고독한 자기신뢰가 주는 온전한 아름다움을 누리며 사는 사람이다."

투자자가 직면한 보다 어려운 도전 과제는 한시도 쉬지 않고 우리의 시선을 빼앗는 미디어 환경에서 어떻게 홀로 서서 고독을 유지할 것인가,이다. 하지만 머니 마인드를 지닌 사람은 고독한 사유에서 오는 '아름다운 독립성'을 보호하고 유지하는 것이 얼마나 중요한지를 알고 있다.

그러나 이러한 고독한 사유에는 대가가 필요하다. 정의상, 고독한 사람은 불순응주의자일 확률이 높다. 에머슨이 우리에게 "사회 도처에는 사회 구성원 한 사람 한 사람이 가진 인간다움을 빼앗기 위한 음모가 숨겨져 있다."라고 이야기하고 있으며 이는 특히 불순응주의자들에게 적용되는 말이다. 또 "사회는 동의하에, 주주들이 각각 더 많은 몫을 차지하기 위해 자신의 자유와 문화를 누릴 권리를 운영자에게 넘겨주기로 한 주식회사와도 같다."라고 말한다. 보다 분명한 의미

전달을 위해 에머슨은 "사회가 크게 요구하는 덕목은 바로 순응이다. 사회는 자기신뢰를 혐오한다."라고 부연한다.

자기신뢰란 머니 마인드의 뚜렷한 특성이며 고독과 명상이라는 쌍방의 자양분을 필요로 한다. 하지만 이게 다가 아니다. 머니 마인드는 무리가 독립적인 사고와 행동을 하는 이들에게 보내는 비웃음을 견딜 정신적 강인함이 있어야 한다. "세상에 순응하지 아니하는 자들이여, 세상은 그대들에게 노여움을 벌로 내릴 것이다."라고 에머슨은 말했다. 따라서 "그 못마땅한 표정들을 어떻게 받아들여야 하는지 알고 있어야 한다." 그리고 그렇게 약해질 것 같은 순간, 에머슨의 가장 유명한 명언 "어리석은 일관성은 소인배들의 우둔한 고집이다. 위대하다는 것은 오해받는 것이다."라는 말을 떠올려라. 머니 마인드는 더 단단해질 것이다.

어떤 종목을 매수하거나 매도하기 전, 투자자들은 결국 혼자서 최종 결정을 내려야 한다. 기억하라. 성공적 투자는 자기신뢰와 연관되어 있고 자기신뢰는 머니 마인드의 핵심 자질이다. 자기신뢰를 가진 사람들은 해내고 그렇지 않은 사람들은 고통받는다. 에머슨도 이를 지지하며 말했다. "우리는 반드시 홀로 가야 한다. 진정한 사회 구성원이 되기 위해서는 반드시 홀로 있는 과정이 선행되어야 한다." 그리고 그는 자신이 늘 (설교보다) 예배가 시작되기 전 고요하던 교회를 얼마나 좋아했는지 반추했다. 성스러운 예배당을 돌아보며 에머슨은 "왜 우리는 우리와 같은 피를 나누고 있다는 이유로 친구들의 잘못을 끌어안아야 하는가? 인류는 나와 혈통을 나누고 있고 내 속에도 모든 이들의 피가 흐른다. 하지만 그 이유만으로 나는 그들의 무례함이나 어리석음을 부끄러울 지경에 이를 때까지 끌어안을 생각은 없다."라고 생각했다. 버크셔 해서웨이 본사는 뉴욕 시티에서 1,200마일 거리에 떨어져 있는 오마하에 위치하고 있다. 여러모로 버크셔 해서웨이는 월가에 요란하게 쏟아지는 설교들로부터 아주 멀리 떨어진, 평화롭고 조용한 교회의 모습을 연상시킨다.

에머슨은 나아가 "우리의 홀로 있는 과정이 기계적인 것이 되어서는 안 된다. 오히려 정신적인 것, 그래서 마음을 드높이는 것이 되어야 한다. 때때로 전 세계가 작당하여 너무도 사소한 것들로 당신을 들들 볶는 것처럼 보일 것이다. 전 세계가 동시에 당신의 벽장 문을 두드리며 '우리와 함께하자!'라고 외치는 꼴이다."라고 말하며 "하지만 당신의 영혼을 쏟아서는 안 된다. 절대 내려와서는 안 된다. 당신의 고적한 상태를 유지하고 당신의 천국인 그 자리에 머물러야 한다. 그들이 하는 이야기나 말도 안 되는 왁자지껄함에 한순간도 넘어가서는 안 된다."라고 당부한다. 에머슨의 이러한 사상은 하워드 버핏에 이어 워런 버핏까지 세대를 넘어 그 생명력을 이어가고 있다.

—

워런 버핏이 아버지와 끈끈한 유대감을 형성하고 있었다는 것은 이미 잘 알려진 사실이다. 하워드 버핏은 어린 아들을 파이어볼fireball이라고 불렀고 어린 시절 버핏은 언제나 아버지 곁에 머무르며 아버지처럼 되기를 간절히 원했다. 언젠가 그는 아버지가 구두 판매원이었다면, "저 역시 지금 구두 판매원이 되어있었을 것입니다."라고 고백하기도 했다.

워런 버핏은 그의 인생에서 최고의 스승이자 자신에게 책에 대한 사랑을 알게 해준 사람이 바로 아버지였다고 고백했다. 우리 모두는 워런 버핏이 일과 가운데 가장 많은 시간을 조용한 고독 속에서 읽고 배우는 데 할애했다는 사실을 알고 있다. 이 점은 에머슨도 인정할 것이다.

잠시, 어린 워런 버핏에게 고향 오마하에서 사랑하는 아버지와 함께 성장한다는 게 과연 어떤 의미였을지 생각해보자. 매일매일, 워런 버핏은 아버지가 최근의 이슈들에 대해 이야기하는 것을 들었을 것이다. 물론 이야기는 언제나 자유주의자적 관점에서 전달됐을 가능성이 크다. 저녁 즈음이 되면 식탁 위에서 나누는 대화들은 종종 정치적 주제들로 귀결되고 언제나 결론은 '이건 인간의 자유를 향상시킬 거야.' 혹은 '이건 인간의 자유를 저하할 거야.' 중 하나로 마무리됐을 것이다. 여부없이 워런 버핏은 아버지의 애국심을 물려받았고 또 아버지에게 정직, 진실함, 그리고 도덕적 행동의 중요성을 배웠다. 그는 과거 "제 인생 최고의 조언은 아버지에게서 얻었습니다. 아버지는 평판을 쌓는 데는 20년이 걸리지만 그 평판을 잃는 데는 20분이면 충분하다고 말씀하셨죠. 이 사실을 기억한다면, 당신의 행동은 달라질 것입니다."라고 이야기했다.

정치인이었던 하워드 호만 버핏은 1964년 4월 30일에 사망했다. 그의 유언장에 남겨진 유산은 56만 3,292달러였는데 이 중 33만 5,000달러는 버핏 합자회사에 투자되었다. 그는 아내 레일라와 두 딸 도리스, 버티 명의로 신탁재산을 남겼고 워런 버핏을 수탁인으로 지정했다. 정서적으로 의미를 지니는 몇몇 개인 물품들 외에, 워런 버핏 앞으로는 어떠한 재산도 유산으로 남겨지지 않았다. 하워드 버핏은 "나는 내 아들 워런 버핏 앞으로 더 이상 아무것도 남겨주지 않겠다. 이는 내 아들에 대한 사랑이 부족해서가 아니라 이미 본인이 상당한 자산을 가지고 있기 때문이다. 또 워런 스스로가 본인 앞으로는 더 이상 어떠한 재산도 남기지 말 것을 부탁했다."라는 입장을 밝힌 바 있다.

비록 아버지로부터 많은 금전적 재산을 물려받지는 않았지만, 워런 버핏이 아버지로부터 물려받은, 눈에 보이지 않는 자산들은 분명 그보다 큰 가치를 지니는 것들이었다. 에머슨은 "당신 자신 외에 그 어떤 것도 당신 마음에 평화를 가져다줄 수 없다."라고 했다. "신념을 지키는 것 외에, 그 어떤 것도 너의 마음에 평화를 가져다줄 수 없다." 이것이 아버지 하워드 버핏이 아들 워런 버핏에게 남긴 최고의 선물이었다.

한번은 워런 버핏이 과거로 돌아가 역사상 실존했던 누군가를 만나볼 수 있다면 어떤 사람을 선택하겠느냐는 질문을 받은 적이 있다. 당시 그는 한 치의 망설임도 없이 답변했다. '나의 아버지'를 만나고 싶노라고.

가치투자의 스승, 벤저민 그레이엄

벤저민 그레이엄은 1894년 런던의 한 유대인 상인 집안에서 태어났다. 그의 가족은 오스트리아와 독일에서 도자기와 골동품을 수입해 팔았는데 그레이엄의 아버지는 사업을 확장하기 위해 1895년 가족들과 함께 뉴욕으로 이주했다. 하지만 이후 그레이엄의 아버지는 아내에게 그레이엄과 두 형제를 맡긴 채 35세라는 젊은 나이에 세상을 떠났다.

재정적으로 궁핍했지만 그레이엄의 어머니는 가족들을 건사했다. 벤저민 그레이엄은 브루클린에 있는 명문 남자 고등학교에서 공부했고 이후 컬럼비아대학교에 진학했다. 명석한 학생이었던 그레이엄은 그리스어와 라틴어로 된 주요 고전 작품들을 공부했고 동시에 수학과 철학 과목들을 섭렵했다. 그의 오랜 친구인 어빙 칸은 "그레이엄은 생각하는 속도가 너무나 빨랐다. 대부분의 사람들은 그가 어떻게 복잡한 질문을 듣는 즉시 답을 말할 수 있는지 놀라곤 했다."라고 회상하며 "벤저민 그레이엄은 기억의 범위나 깊이가 남달랐다."라고 덧붙였다. 그는 그리스어, 라틴어, 독일어, 스페인어를 읽을 줄 알았다. 정식으로 배운 적이 없었음에도, 스페인 소설을 완벽한 문학체 영어로 번역해내기도 했다. 이 번역본은 미국의 한 출판사에 의해 상업출판 되기도 했다.

그레이엄은 두 번째 높은 성적으로 컬럼비아대학을 졸업했고 졸업과 동시에 철학, 수학, 그리고 영문학부에서 교수직을 제안받았다. 하지만 학계의 초봉이 낮다는 점이 마음에 걸렸던 그레이엄은 당시 컬럼비아대학의 학장이었던 프레데릭 케펠에게 조언을 구했다. 케펠 학장은 자신의 제자를 잘 파악하고 있었던 것이 분명했다. 그는 그레이엄에게 월스트리트로 갈 것을 권했고 벤저민 그레이엄은 1914년 채권 운용 부서 사환으로 뉴버거 핸더슨 앤 로브Newburger, Henderson & Loeb에 합류하게 된다. 당시 그의 임금은 주급 12달러였다.

벤저민 그레이엄은 역사상 위대했던 투자 사상가 가운데 한 명으로 꼽히는 인물이다. 1934년 데이비드 도드와 공동 집필한《증권분석》으로 그는 재무분석에 있어 그 누구도 반박할 수 없는 대가로 자리 잡았다. 그레이엄은 15년 후 명저《현명한 투자자》를 세상에 선보인다. 이 책은 워런 버핏이 1950년에 발견하고 '투자에 관한 현존하는 최고의 책'이라고 묘사한 바 있다. 저명한 금융 저널리스트이자《현명한 투자자》의 개정판을 펴낸 제이슨 츠바이크에 따르면 이 책은 "성공적 투자를 위해 꼭 필요한 감정적 틀과 분석 도구들을 개인투자자들의 입장에서 기술한 최초의 책"이다. 우리는 3부〈진화하는 가치투자〉에서 그레이엄이 가치를 발견하기 위해 사용했던 분석 방법들을 더 깊이 탐색해볼 예정이다. 하지만 이번 장에서는 그레이엄의 철학적 토대와 이것이 어떻게 투자자의 '기질'과 '머니 마인드'의 근간을 형성하는 밑바탕이 되는지에 초점을 맞추고자 한다.

앞서 언급했지만 워런 버핏의 투자 방식을 하워드 버핏의 에머슨주의와 처음으로 연결지었던 사람은 로저 로웬스타인이었다. 그는 에머슨 철학이 그레이엄의 사상에 얼마나 뚜렷하게 스며들어 있는지를 입증하기도 했었다.《현명한 투자자》의 결론 부분에서 그레이엄은 우리에게 "당신의 지식과 경험에 용기를 가져라. 만약 당신이 알고 있는 사실로부터 결론을 내리고 그 판단이 합리적이라고 믿는다면, 다른 사람들이 주저하거나 반대하더라도 실행하라. 다른 사람들과 의견이 일치하는지에 따라 당신의 옳고 그름이 결정되지는 않는다. 당신의 정보와 추론이 옳다면 당신은 옳은 것이다."라고 이야기한다. 에머슨 철학의 정수精髓이다.

워런 버핏이 성공적인 투자를 하는 데에 가장 도움이 된 그레이엄의 가르침이 무엇이었느냐는 질문을 받았을 때 "그레이엄은 다른 사람들이 어떻게 생각하는지, 전 세계가 그날 어떤 흐름을 보였는지 같은 요인들에 휩쓸리지 않았습니다."라고 답변했다.

워런 버핏과 벤저민 그레이엄의 깊은 유대관계는 이미 잘 알려져 있다. 보통 우리는 그들의 관계를 비즈니스적, 특히 투자 방법의 관점에만 국한해 생각하곤 한다. 하지만 그들이 공유하고 있는 믿음이나 가치들을 철학적 관점에서 보다 면밀히 들여다보면 우리는 둘 사이의 분명한 연관성을 찾아볼 수 있다. 에머슨에서 하워드 버핏으로 또 다시 워런 버핏으로 전해진 그 사상은 동시에 에머슨에서 그레이엄에게도 전해졌다.

워런 버핏의 철학적 토대는 이미 그의 아버지에 의해 다져진 것이었지만 이후 자연스럽게 자신이 아버지로부터 배운 것과 그레이엄의 가르침 사이의 연결고리를 찾았다.

로웬스타인은 "벤저민 그레이엄은 워런 버핏에게 정식으로 주식에 입문할 수 있는 길을 열어주었다. 그레이엄은 버핏에게 시장의 여러 복잡한 가능성들을 탐험할 수 있는 도구들을 쥐어주었고 자기 학생의 기질에 맞는 방법들을 소개해 주었다. 그 결과 그레이엄의 기술들로 무장하고 그레이엄의 특성을 본보기 삼아, 버핏은 그의 트레이드 마크인 자기신뢰를 바탕으로 투자에 임할 수 있었다."라고 설명한다. 하지만 둘의 관계는 이보다 더 깊었다. 워런 버핏은 그레이엄의 투자 방법을 기꺼이 받아들이는 데서 더 나아가 그레이엄을 그의 아버지와 마찬가지로 '영웅'과도 같은 이상적 존재로 바라봤다. 실제로 워런 버핏은 과거 "벤저민 그레이엄은 저자나 스승을 훨씬 뛰어넘는 존재였습니다. 아버지 다음으로 그는 제 인생에 가장 큰 영향을 미친 인물입니다."라고 회상한 바 있다.

—

워런 버핏은 벤저민 그레이엄과 투자에 관한 이야기가 나오면 《현명한 투자자》의 두 개 장章에 소개된, 아주 가치 있는 투자 조언들에 주목하라고 권한다. 그 두 장은 바로 8장 〈투자와 시장 변동성〉과 20장 〈투자의 핵심 개념, 안전마진〉이다. 이 두 장에는 철학적 관점에서 아주 주옥 같은 명언들이 담겨져 있다. 워런 버핏은 "일생 동안 성공적인 투자를 하고 싶다고 해서 반드시 비상한 IQ가 필요한 것이 아닙니다. 우리에게는 결정을 내릴 때 필요한 건전한 지적 체계와 감정이 그 체계를 좀먹지 않게 통제할 수 있는 능력이 있으면 됩니다."라고 한다. 적절한 철학적 토대는 성공투자를 위한 필수조건이다.

우리가 살펴보았듯이 워런 버핏의 철학적 토대는 에머슨의 생각과 이상에 근거한 것이고 동시에 하워드 버핏과 벤저민 그레이엄과의 교류에 기반한다. 더불어 그레이엄이 세상을 보는 방식에 대해 논하자면, 또 하나의 중요한 철학적 통찰 이야기를 빼놓을 수 없다. 이 통찰은 우리가 생각하기에 뜻밖일 수도 있다. 실제 벤저민 그레이엄에 관련한 이야기들은 주로 그가 재무 및 투자 분야에 세운 업적들에만 집중되어 있기 때문이다. 그가 열정을 쏟았던 다른 영역, 즉 그리스 로마 고전 연구에 대해서는 거의 조명된 바가 없다.

고대 그리스 로마시대는 통상적으로 호머시대부터 로마제국의 몰락까지, 기원전 8세기부터 기원후 6세기까지를 의미한다. 이 시기에 놀랄 만큼 깊고 넓은 지적 성취가 이루어졌으며 역사학자들이 서구 문명의 기초라고 판단하는 토대가 만들어졌다. 고대 그리스와 로마의 위인들은 예술, 건축, 문학, 철학, 과학, 수학, 법 그리고 전쟁 등 우리가 현재까지도 학문적 토대로 삼고 있는 개념들을 정립했다.

수십 세기 전에 이 위인들이 개념화한 아이디어와 원칙들은 현재도 무수히 많은 영역에서 우리 사회를 굳건히 지탱해주는 뿌리가 되고 있다. 더불어 고대 작품들은 오늘날까지도 인간을 이해하는 정수로 평가받고 있으며 전인 교육의 주춧돌 역할을 하고 있다. 그 안에는 인간 경험의 보편성에 대한 고대 위인들의 통찰이 담겨있다. 지성 있는 현대 성인들은 이 고대 학자들의 작품들을 여러 번 반복해 읽는다. 책 속에 담긴 생각들의 명료함이나 언어적 아름다움을 통해 이 험난한 시대를 헤쳐나갈 길을 찾거나 의미 있는 삶을 살아가기 위한 영감을 얻을 수 있기 때문이다.

벤저민 그레이엄이 이를 체험했음은 분명하다. 그는 영웅이나 자신의 롤모델을 찾으면서 주요 고전문학들을 (상당수는 원어로) 섭렵했다. 그는 특히 로마 황제인 마르쿠스 아우렐리우스를 동경했다.

로마제국 16대 황제(기원후 161년~180년)였던 마르쿠스는 로마의 평화, 안정 그리고 번영의 시대라고 불리우는 팍스 로마나Pax Romana의 마지막 황제이며 그는 5명의 현제 가운데 한 명으로 평가받는다. 또 유일무이하게 로마의 황제이자 동시에 철학자이기도 했다. 마르쿠스 아우렐리우스는 오늘날 위대한 철학서로 인정받고 있는《명상록》의 저자로도 잘 알려져 있다.

어린 시절 마르쿠스는 스승으로부터 스토아 학파의 철학을 전수받았고 거기서 자신의 인생을 인도해줄 근본적 원칙들을 발견했다. 타고난 철학자였던 그는 아주 어릴 때부터 이 원칙들을 어떻게 하면 일상생활에서 마주하게 되는 어려움들을 해결하는 데 적용할 수 있을지 고민했고 이를 기록하기 시작했다. 마르쿠스는 전 생애에 걸쳐 이를 실천했고 스토아 철학을 추구하는 사람은 어떻게 살아야 하는지 스스로가 상기할 만한 메시지들을 남겼다. 대중에 알려질 것을 염두에 두지 않고 오롯이 자신만을 위해 적어 내려갔던 이 메시지들은 오늘날 그 유명한《명상록》이라는 이름으로 세상에 알려지게 되었다.

고전문학에 대한 애정이 깊었던 벤저민 그레이엄은 특히《명상록》에 매료됐고 책에 실려 있는 많은 생각들, 특히 앞으로 살펴보게 될 스토아 철학을 자신의 철학으로 수용했다.

스토아 철학의 기본 사상은 기원전 300년, 그리스 철학자인 시프로스의 제논에 의해 주창되었다. 하지만 기원후 21세기인 현재 그 기본 사상이 종종 잘못된 의미로 받아들여지고 있다. 오늘날 어떤 사람을 '스토아 학파적(금욕주의적)Stoic'이라고 할 때 우리는 그 사람이 어떠한 고통이나 비극적 소식에 아무런 반응을 보이지 않는다는 의미로 사용하곤 한다. 그들은 불행에서 오는 타격을 조용히 받아들이고 때로는 감정이 사라진 좀비들처럼 보이기도 한다. 하지만 이는 스토아 철학의 원래 주장에서 크게 벗어난 것이다. 스토아 철학에서는 인생에서 통제불가능한 사건들을 인식하는 것, 그리고 이러한 사건들에 대한 감정적 반응이 합리적 판단에 걸림돌이 되지 않도록 하는 것이 중요하다고 강조할 뿐이다.

과거 자신들을 '스토아 철학자(금욕주의자)Stoics'라고 칭했던 사람들은 부정적 감정으로 점철된 인생은 결코 행복할 수 없다는 사실을 깨달았던 이들이다. 이들의 목표는 부정적 감정들의 발현을 막고 안정적이고 평정한 마음 상태를 유지하도록 돕는 기술들을 개발하는 것이다. 이러한 마음의 상태를 아타락시아ataraxia라고 하는데 이 그리스어는 일반적으로 '동요하지 않음' 또는 '평온'으로 해석된다. 스토아 학파는 이 아타락시아를 잡념이나 근심에 사로잡히지 않는 '굳건한 평정'의 상태, 또 우리가 통제할 수 없는 삶의 여러 양상들에 대한 의도적인 무관심으로 정의했다.

우리는 벤저민 그레이엄을 스토아 철학의 계승자라고 이야기할 수 있을까? 재닛 로우는 그녀의 책《가치투자자 벤저민 그레이엄 Benjamin Graham on Value Investing》에서 벤저민 그레이엄은 "스토아 철학을 자신의 개인적 철학으로 받아들였다."라고 지적하고 있다. 물론 그레이엄은 한 번도 스토아 철학이라는 단어를 사용하지 않았다. 하지만 우리가 판단할 때, 스토아 철학의 근본 원칙들은 분명 그의 타고난 기질과 잘 맞아 떨어지며 개인으로서뿐만 아니라 전문가로서의 그의 삶 전체에 깊은 영향을 미친 것으로 보인다.

스토아 철학을 수용한 벤저민 그레이엄은 투자를 어떤 관점으로 바라보았을까? 이를 가장 잘 보여주는 것은 그가 사용했던 미스터 마켓 비유이다. 그레이엄은 우리가 개인 사업을 영위 중이고 미스터 마켓이라고 불리는 동업자와 함께 일하고 있다고 상상해보라고 한다. 미스터 마켓은 아주 협조적이고 날마다 당신의 사업 지분을 사거나 자신이 보유한 지분을 당신에게 팔겠다며 특정 가격을 제시한다. 하지만 미스터 마켓은 정서적으로 아주 불안정해 어떤 날은 상당히 흥분한 상태로 당신의 지분을 아주 비싼 값에 사겠다고 큰소리치지만, 또 어떤 날은 미래는 고난뿐일 거라며 크게 상심해 아주 싼값으로 시세를 매기기도 한다.

물론 여기서 미스터 마켓은 주식시장을 의미한다. 그리고 주식시장의 이러한 조울증적 움직임으로 인해 많은 투자자들이 그릇된 결정을 내리게 된다. 가치와 가격을 구분하지 못한 채, 투자자들은 오르는 가격은 탐욕과 부러움으로, 떨어지는 가격은 두려움과 근심으로 바라본다. 스토아 철학자들이 피하고자 했던 바로 그 감정적 동요에 지배당하는 것이다.

벤저민 그레이엄은 투자자들의 가장 큰 적은 투자자 자신이라고 말했다. 투자자들이 스스로 시장의 파란만장한 감정 변화와 거리를 둘 수 없다면, 필연적으로 시장 변화의 피해자가 될 수밖에 없으며 궁극적으로 자신들의 포트폴리오를 위험에 빠트릴 수밖에 없다는 것이다. 워런 버핏도 스승의 미스터 마켓 비유를 활용했다. "무도회장에 간 신데렐라처럼 한 가지 경고를 꼭 기억하고 있어야 합니다. 그렇지 않으면 모든 것이 순식간에 호박과 생쥐로 변해버릴 수도 있습니다. 당신에게 필요한 것은 미스터 마켓의 지혜가 아니라 그의 지갑입니다. 만약 어느 날 그가 유독 더 분별력을 잃은 모습을 보인다면 당신은 그를 무시하거나 역으로 이용해도 됩니다. 하지만 그에게 휩쓸린다면

제2부 워런 버핏의 머니 마인드는 어디서 왔는가

결과는 비극적일 수밖에 없습니다." 스토아 철학 계승자들은 투자자들에게 미스터 마켓을 대할 때 평정심을 가지라고 말할 것이다. 워런 버핏이 여기에 덧붙여 한 이야기는 평정심이 투자 철학을 만드는 것과 어떤 관계가 있는지를 더 잘 이해할 수 있게 해준다.

"만약 당신이 어떤 기업을 미스터 마켓보다 더 잘 이해하고 그 가치를 더 잘 측정할 수 있다고 확신하지 못한다면 이미 승산이 없는 셈입니다. 포커를 칠 때 게임을 시작한 지 30분이 지나도록 누가 봉인지 알아채지 못했다면, 바로 당신이 봉이기 때문이죠." 이 '봉'이라는 말은 모든 투자자들이 이해해야 하는 정말 중요한 단어이다. 만약 당신이 보유하고 있는 기업에 대한 가치평가를 끝냈다면, 그 기업의 주가에는 큰 관심을 가지지 않게 될 것이다. 주가는 더 이상 투자를 얼마나 잘하고 있는지에 대한 우선적 지표가 되지 못하기 때문이다. 재정적 행복은 시장의 일시적 의견에서 오는 것이 아니라 궁극적으로 당신이 거둘 성과에 의해 결정된다. 주식시장의 흥분 상태는 당신이 주식을 살지 또는 팔지를 결정하는 데 있어 도움이 될 수도, 되지 않을 수도 있는 부차적인 지표에 불과하다. 만약 투자에 대한 생각이 이 수준까지 도달했다면 어렵지 않게 주식시장에 내재한 가격 변동성에 대해 스토아 철학적 무관심을 유지할 수 있을 것이다.

실제로 우리는 워런 버핏의 투자에서 스토아 철학적 면모를 분명히 찾아볼 수 있다. 그는 적어도 단기적 주식시장 움직임에 대해 양가적인 감정을 가지고 있었다. 그는 "제 생각에 성공투자는 난해한 공식이나 컴퓨터 프로그램 혹은 주식 및 시장의 가격 변화 신호에 의해 만들어지는 것이 아닙니다. 그보다는 훌륭한 사업적 판단을 하는 동시에 자신의 생각과 행동을 주식시장의 소용돌이치는, 전염성 강한 감정들로부터 지켜낼 수 있을 때, 그때야 비로소 성공할 수 있습니다. 그런 소음들로부터 거리를 두고자 노력하면서 벤저민 그레이엄의 미스터 마켓 개념을 마음속에 확실히 새기는 것은 상당한 효과가 있었습니다."라고 이야기했다.

오랜 동반자, 찰리 토머스 멍거

워런 버핏은 아버지인 하워드 버핏이나 스승 벤저민 그레이엄과 보낸 것보다 훨씬 오랜 시간을 찰리 멍거와 함께했다. 두 사람이 처음 만난 1959년, 둘은 만남과 동시에 친구가 되었다. 1962년 찰리가 자신의 투자 합자회사인 휠러, 멍거사Wheeler, Munger & Co.를 설립하고 이후 둘은 투자 동반자가 된다. 그리고 1978년 찰리가 버크셔 해서웨이의 부회장이 되면서 워런 버핏과 찰리 멍거는 오늘날까지도 동업자 관계를 유지해오고 있다. 2021년을 기준으로 볼 때, 두 사람은 61년간 우정을 유지해왔고 그중 투자에 대한 열정을 나누었던 기간은 58년이나 된다. 또 이들은 지난 42년간 '기장-부기장'의 관계를 완벽하게 유지하면서 버크셔 해서웨이를 세계 최대의, 또한 가장 존경받는 기업으로 운행해왔다. 뒤돌아보면 워런 버핏과 찰리 멍거는 자신들의 인생 절반 이상을 함께해온 셈이다.

디즈니 주제가인 〈잇츠 어 스몰 월드It's a small world〉의 노랫말처럼 찰리 멍거도 1924년 1월 1일 네브래스카 오마하에서 태어났다. 그는 현재 워런 버핏이 살고 있는 곳에서 불과 200야드 떨어진 곳에서 성장기를 보냈다. 비록 어린 시절에 서로 만난 적은 없지만 찰리 멍거는 워런 버핏의 할아버지인 언스트 버핏의 식료품점에서 일을 하기도 했었다. 찰리 멍거는 오마하를 떠나 미시간대학 그리고 캘리포니아 공과대학에 진학했지만 제2차 세계대전이 발발하면서 학업이 중단됐다. 그는 공군에서 기상 장교로 복무했으며 전쟁이 끝난 후 대학원 학위가 없음에도 불구하고 하버드대학교 로스쿨에 입학 허가를 받아 1948년 졸업했다.

워런 버핏과 찰리 멍거가 1959년 오마하의 친구들 소개로 처음 만났을 때, 찰리는 아버지의 유산을 정리하고 있었고 워런 버핏은 버핏 합자회사 운영을 시작한 상황이었다. 워런 버핏은 부에 이르는 길은 법이 아닌 투자에 있다고 찰리 멍거를 설득했다.

워런 버핏이 처음 찰리 멍거에게 끌렸던 건 그가 상당히 강렬하게 벤저민 그레이엄을 떠올리게 했기 때문이라고 전해진다. 찰리 멍거와 벤저민 그레이엄은 모두 독립적인 사고가 중요하다는 신념을 가지고 있었고 진실로 객관성과 현실 감각을 가지고 살기 위해 헌신을 다했다. 더불어 이 둘은 역사, 문학, 그리고 과학에 깊은 관심을 가진 탐독가들이었다. 찰리 멍거가 수만 권의 전기傳記를 하나씩 정복해가는 스타일이었다면 우리가 살펴보았다시피 그레이엄은 고전문학을 더 선호하는 쪽이었다. 게다가 둘은 모두 벤저민 프랭클린의 신봉자였으며 프랭클린의 평생학습 개념을 온전히 받아들이고 있었다.

찰리 멍거는 박식한 사람이다. 그는 놀라울 만큼 다양한 분야의 지식들을 습득하고 있어서 모르는 것이 없는 사람처럼 보이기도 한다. 게다가 그레이엄과 마찬가지로 번개처럼 빠르게 결론에 도달하는 놀라운 능력을 가지고 있다. 워런 버핏은 과거 "찰리는 세계 최고의 '30초 마인드'를 가지고 있습니다. 단숨에 A에서 Z로 도달해 당신이 말을 끝내기도 전에 이야기의 본질을 꿰뚫어봅니다."라고 말한 바 있다. 찰리 멍거가 이룬 업적을 고려한다면 그를 다룬 책이 여러 권 나옴직하다. 그리고 다행스럽게도 그에 대한 책《가난한 찰리의 연감: 찰리 T 멍거의 재치와 지혜*Poor Charlie's Almanack: The Wit and Wisdom of Charles T. Munger*》외 다른 여러 명저들은 찰리 멍거의 마음속에 담긴 투자에 대한 정수들을 잘 담아내고 있다. 만약 찰리 멍거의 지식이라는 깊은 우물을 탐색하고자 한다면 우리에겐 '세상 사는 지혜의 추구', '실패에 대한 연구', '합리적으로 행동할 도덕적 의무'라는 3개의 양동이가 필요할 것이다.

1994년 4월, 서던캘리포니아대학 경영대학원 길포드 배브콕 박사가 주최한 학생 투자 세미나에서 찰리 멍거는 자신의 해박함을 보여주는 놀라운 강연을 한 적이 있다. 당시 학생들은 주식시장에 대한 멍거의 견해나 몇 가지 투자 팁 정도를 주워들을 생각으로 자리에 앉아있었다. 하지만 멍거는 학생들을 앞에 두고 시장, 그리고 주식에 대한 우스갯소리를 좀 해볼 생각이라며 운을 뗐다. 학생들과 직접적인 투자 이야기가 아니라 '세상 사는 지혜를 얻는 기술'로서 주식 투자에 관해 이야기하고자 했다. 그리고 이후 이어진 한 시간 반 동안, 그는 학생들에게 주식시장과 금융, 그리고 경제적 요소들을 각각의 개별적 주제가 아닌 물리학, 생물학, 사회학, 수학, 철학, 심리학을 포함하는 더 커다란 지식체계의 일부로 바라보라고 권했다. 찰리가 본받고자

제2부 워런 버핏의 머니 마인드는 어디서 왔는가

했던 인물 가운데 한 명이었던 벤저민 프랭클린의 생각이 찰리를 통해 학생들에게 고스란히 전달되는 순간이었다.

1749년 벤저민 프랭클린은 'B. 프랭클린 프린터'라는 필명하에 《펜실베이니아 청년 교육에 대한 제안*Proposals Relating to the Education of Youth in Pensilvania*》이라는 소책자를 발간했다. 그는 이 책을 통해 자신이 생각하는 고등 교육의 근본적 목적에 대해 피력했으며 이에 기반한 학문 기관 건립 등을 제안했다. 당시 고등교육기관은 성직자를 양성하기 위한 곳이었기 때문에 이는 굉장히 급진적인 주장이었다. 하지만 프랭클린의 꿈은 이보다 원대한 것이었다. 그는 상업 및 행정·정치 분야에서 리더를 키우기 위해서는 젊은이들을 교육하는 것이 중요하며 이를 위해서는 젊은이들에게 많은 훈련의 기회가 주어져야 한다고 생각했다. 또 이러한 교육 기회가 당시 대부분의 대학가를 장악하고 있던 상류층뿐 아니라 노동계급 출신의 학생들에게도 제공되어야 한다고 굳게 믿었다. 이를 실현하기 위해 그는 조심스럽게 필라델피아의 선구적 시민들에게서 지지를 모았고 1751년 펜실베이니아 공공 아카데미(펜실베이니아대학의 모태)의 문을 열었다.

당시 프랭클린의 생각이 얼마나 혁신적인 것이었는지는 두말할 필요가 없다. 펜실베이니아대학의 인문과학학부 학장인 리차드 비맨 박사는 그를 통합학문교육*Liberal Atrs*의 창시자라고 부른다. 벤저민 프랭클린은 학생들이 읽기, 쓰기, 연산, 신체 단련, 대중 연설과 같은 기본적 자질을 습득하고 나면, 반드시 보다 큰 지식의 범주에서 이들 사이의 연관성을 찾아내야 한다고 주장했다. 비맨 박사는 이를 두고 "프랭클린이 특정한 사고방식을 개척해냈다."라고 표현하기도 했다.

우리는 벤저민 프랭클린의 '사고방식'과 찰리 멍거가 집중하던 '세상 사는 지혜' 사이에서 분명한 상관관계를 찾아볼 수 있다. 찰리 멍거에 따르면 우리는 세상 사는 지혜를 얻기 위해 모든 학문을 통달할 필요는 없다. 그저 각각의 학문에 내재한 주요 정신모형들을 이해하면 된다. 그러고 나면 우리는 투자에 대한 통합학문적 교육도 효과적으로 시작할 수 있으며 세상 사는 지혜를 얻는 데 있어 멍거가 말한 롤라팔루자 효과ollapalooza[5]를 누릴 수 있게 된다.

그렇다면 통합학문교육 관점을 투자에는 정확히 어떻게 적용할 수 있을까?

물리학을 예로 들어 보자. 물리학을 공부할 때 뉴턴을 빼놓을 수 없다. 《자연철학의 수학적 원리Principia Mathematica》에서 뉴턴은 운동의 제3법칙에 대해 소개하고 있는데, 그중 2원칙 '모든 움직임은 그와 동일하게 반대로 작용하는 힘이 있다.'는 이미 입증된 경제학 이론, 즉 수요 공급 원리와 직접적으로 연결된다. 수요와 공급이 균등하게 이루어질 때 우리는 '경제가 균형 상태에 있다.'라고 표현한다. 하지만 생산이나 소비에 문제가 생겨 이 균형 상태가 깨지면 경제는 맞서는 힘을 통해 평형 상태를 되찾고자 한다. 즉 물리학 관점에서 본다면 불균형 상태는 그렇게 오래 지속되지 못한다. 뉴턴을 공부하는 것은 우리가 이같은 불변의 진리를 습득하는 데 도움이 된다.

하지만 경제와 주식시장을 물리학 관점에서 보지 않는 사람들도

---

5   다양한 정신모형이 서로 영향을 주고받으면서 최상의 결과를 이끄는 현상을 의미한다.

다수 존재한다. 이들은 자연스럽게 경제를 물리학보다는 생물학적 관점으로 보는 경향이 있고 이 관점을 지닌 사람들은 찰스 다윈을 공부한다. 찰스 다윈은 우리에게 살아있는 개체는 배우고 진화하고 적응하고 때로는 돌연 달라질 수 있다고 이야기한다. 주식시장이 살아 숨쉬는 개체임은 의심할 여지가 없다. 그렇기 때문에 예측할 수 있고 수천 번씩 아주 정확하게 같은 반응을 되풀이하는 물리적 개체와는 완전히 다른 양상을 보인다. 물리적 세계는 대체로 완벽한 균형 상태를 이루고자 하지만 생물학적 시스템은 큰 사건이 작은 영향을 미치는 데서 그치기도 하고 작은 사건이 큰 결과를 초래하는 등 불균형적 특성들이 발현되곤 한다. 물리학에서는 음의 피드백이 예상대로 시스템을 다시 평형 상태로 돌려놓지만 생물학에서는 양의 피드백 루프가 시스템 전체를 아예 새롭고, 과거와는 다른 방향으로 밀어붙이기도 한다. 주식시장에서도 바로 이런 양상들이 발견된다.

사회학 역시 우리에게 또 다른 정신모형을 제공해준다. 사회학에서는 다양성이 확보된 사회적 개체를 가장 최적이고 효율적이라고 본다. 다양성이 무너지면, 즉 구성원들이 모두 하나의 사고방식을 가지게 되면 시스템은 불안정해지고 결국 과열과 붕괴가 이어진다. 이 역시 주식시장과의 유사성을 발견할 수 있는 대목이다.

수학에서도 우리는 블레즈 파스칼과 피에르 페르마에 의해 정립된 확률 이론에 대해 배운다. 특히 18세기 장로교 목사였던 토머스 베이즈를 주목하게 되는데, 그는 새로운 경험을 통해 기존 신념들을 수정하고 관련된 확률을 재계산하는 수학적 절차에 대해 정리했다. 파스칼, 페르마, 그리고 베이즈가 남긴 이론들을 이용해 우리는 기업의 미래 잉여현금흐름을 적절하게 평가할 수 있고 투자의 내재가치를 결정할 수 있다.

철학은 어떠한가. 우리는 분명 고대 스토아 학파와 르네 데카르트, 프랜시스 베이컨, 데이비드 흄, 임마누엘 칸트(우리는 이 장의 후반부에 이러한 인물들을 다시 만나보겠다.)와 같은 현대 철학자들에 대해 접하게 될 것이다. 또 논리학, 수사학, 그리고 언어 철학 분야를 섭렵했던 오스트리아 태생의 철학자 루드비히 비트겐슈타인도 만날 수 있을 것이다. 비트겐슈타인은 우리가 말하는 '의미'는 기술description에 사용하는 낱말을 뜻한다고 주장한다. 그 기술을 통해 우리는 궁극적으로 사건을 설명explanation할 수 있다. 만일 우리가 설명하는 데 실패한다면 이는 많은 경우 적절한 기술에 실패했기 때문이다.

철학을 연구하는 데 랄프 왈도 에머슨과 윌리엄 제임스를 빼놓을 수는 없다. 앞서 에머슨에 영향을 받은 이들에 대한 이야기를 나누었으니 이제는 윌리엄 제임스에 대한 이야기들을 간단히 언급하고 넘어가보자. 윌리엄 제임스는 실용주의(이 장 후반부에서 좀 더 자세히 다룰 예정이다.)라는 미국의 독특한 철학 사상을 창시한 인물 가운데 한 명으로 알려져 있다. 그리고 우리가 다음 장에서 살펴보겠지만, 워런 버핏은 실용주의를 받아들임으로써, 그레이엄의 자산중심 가치평가에서 찰리 멍거가 이야기하는 우수한 기업의 미래 잉여현금흐름 평가로 투자 기준을 옮길 수 있었다.

더불어 심리학을 깊게 연구하지 않고서는 통합적 학문연구의 관점에서 투자를 이해하기 어렵다. 투자의 관점에서 심리학을 공부하면 우리는 찰리 멍거가 이야기한 '실패학'에 대해 알게 된다. 이 실패학은 우리가 찰리 멍거의 지식을 우물에 비유했을 때 언급했던 두 번째 양동이이기도 하다. 그는 어떤 것이 효과가 있는가를 공부하는 일은 중요하지만 어떤 것이 통하지 않는가에 대한 공부는 이보다 훨씬 중요하다고 생각했다. 또 실패의 근원을 알고자 한다면 심리학에서부터 시작해야 한다고 보았다. 우리의 실패, 실수들은 대부분 심리적 착오에 기반한 사고의 오류에서 시작되기 때문이다.

독일 태생의 철학자 디트리히 되르너는 명저로 평가받는 자신의 책《선택의 논리학: 복잡한 상황에서 최선을 얻는 결정의 기술》에서 현대인들을 괴롭게 하는 파괴적 사고 패턴에 대해 자세히 기술했다. 그는 현대인들은 전체 시스템에 대한 완전하고 정확한 이해가 부재한 상태로, 복잡하고 불확실하며 역동적인 시스템에 갇혀 계획하고 신중히 행동하고 문제를 해결할 것을 요구받는다고 한다. 되르너는 역부족이고 실패가 거의 불가피해 보이는 상황일지라도 실패란 본질적으로 불가피하다기보다 나쁜 습관, 즉 나쁜 사고 습관들의 결과라고 주장한다. 그는 인간들은 하나의 치명적 실수로 실패하기보다, 여기서 실수를 저지르고 저기서 잘못된 결정을 하며 어느 날 걷잡을 수없이 실패가 축적된 방식으로 점점 더 실패해간다고 말한다. 즉 "실패란 청천벽력처럼 어느 날 갑자기 우리를 찾아오는 것이 아니다. 그보다는 나름의 논리를 바탕으로 점진적으로 자란다."라는 것이다. 찰리 멍거라면 이 말을 '나름의 비논리를 바탕으로'라고 고쳐놓을 것이다.

찰리 멍거는 자신이 언제나 보편적인 사고 오류에 관심이 있었다고 이야기한다. 젊은 대학생일 때부터 그는 의사 결정의 심리학을 알고 싶어 했다. 하지만 그가 듣는 대학교 정규 과목을 통해서는 이에 대한 지식을 얻을 수 없었고 이에 찰리 멍거는 1948년 법학 학위를 받고 난 뒤, 자신이 'X에 대한 생각에 있어 가장 기능장애를 일으키는 부분을 제거하기 위한 긴 분투a long struggle to get rid of the most dysfunctional part of my idea of x'라고 이름 붙인 과정을 시작했다.

당시가 1948년이었던 점을 기억하자. 찰리가 의사 결정의 심리학을 파고들던 이 때는 심리학과 투자 간 상관관계를 밝히는 연구자료가 거의 없던 시기였다는 점이 중요하다. 1950년, 1960년, 1970년대는 오늘날 행동재무학으로 잘 알려진 연구 분야가 하나의 학문 영역으로 성립돼있지 않던 때였다. 행동재무학을 진지하게 다룬 최초의 책은 대니엘 카너먼과 아모스 트버스키가 집필한《불확실한 상황에서의 판단: 추단법과 편향》으로, 1982년에 이르러서야 세상에 선보였다. 심지어 출간 당시 이 책은 학계에서 아무런 주목을 받지 못했다. 이듬해 로버트 치알디니가 쓴《설득의 심리학》이 출간되었고 이 책은 찰리 멍거가 가장 아끼는 책으로 손꼽힌다. 거의 40년 가까이가 지난 지금도 우리는 여전히 사고 오류를 이해하기 위해 고군분투하고 있는데 찰리 멍거는 이미 70년쯤 전에 이 여정을 시작했다. 즉 찰리는 어떻게 하면 인지적 실패를 피할 수 있을 것인가에 대한 자신의 로드맵을 그려놓고 있었다. 본인을 제외한 전 세계가 그 문제를 인지하고 이름을 붙이기 한참 전에 말이다.

찰리 멍거는 더 나은 의사 결정을 위한 자신만의 로드맵을 보유하고 있었고 그로 인해 자신의 '심리적 무지를 제거하기 위한 투쟁'의 통제권을 쥐고 있었다. 1994년 마셜 경영대학원에서의 강의가 끝난 직후 그는 케임브리지 행동연구센터가 주최하는 토론회에서 1994년

제2부 워런 버핏의 머니 마인드는 어디서 왔는가

가을, 그리고 1995년 봄 연달아 두 차례의 강의를 했다. '오판의 심리학'이라는 제목의 강연에서 찰리는 '사람들을 실수에 빠지게 하는 심리학적 경향과 이를 줄일 수 있는 몇 가지 해결방안'이라고 이름 붙인 리스트를 제공했다. 그 리스트에는 보상과 처벌/과잉 반응 경향에서부터 롤라팔루자 경향에 이르기까지 25개의 심리적 경향들이 열거되어 있었다. 찰리 멍거는 각각의 경우에 대해, 사고과정에서 발생하는 착오에 대해 자세히 설명하고 미래의 실수를 피할 수 있는 해결방안들을 제시했다. 이 25개 심리적 경향과 해결방안 전체는 앞서 언급된 《가난한 찰리의 연감》에 수록되어 있다.

예시를 하나 보자면, 그는 책에서 열다섯 번째로 '사회적 증거를 따르는 경향'을 제시하고 있다. 이는 우리가 가치를 제대로 따져보지도 않은 채 주변 사람들의 믿음과 행동을 따르는, 일반적이고 인간적인 경향을 말한다. 본질적으로 이것은 자신감에 관계된 것이다. 찰리 멍거는 한 사람이 '자동적으로' 주변의 기대대로 생각하고 행동한다면 그 사람의 행동은 지나치게 단순화된다고 경고한다. 결국 우리는 다른 사람들의 행동을 따라하다 잘못된 행동을 저지르는 리스크를 떠안게 된다. 반대로, 정확히 특정 행동이 필요한 때에 아무런 행동도 하지 않는 것 역시 위험하다. 해결책은 간단하다. "다른 사람들이 잘못됐을 때 그들이 보여주는 것들을 무시하는 법을 배우세요. 우리가 습득해야 할 기술 중 이보다 더 의미 있는 것은 별로 없습니다." 찰리 멍거다운 생각이다.

지난 40년간 출간된 의사 결정 및 투자 관련 심리학 자료들을 보면서 아마도 투자자들이 그들의 사고 기술을 정교하게 다듬어왔다고 생각할 수도 있다. 하지만 실상은 그렇지 않다. 드히트리 되르너는 사고의 지름길을 택하는 사람들 때문에 문제가 생겨난다고 하면서 이를 '사고의 절약'이라고 표현했다. 그는 우리가 시스템 내 여러 변수들 간의 복잡한 상관관계를 명확히 하기보다 오직 한 가지 변수만 선택하는 경향이 있다고 지적한다. 이것은 경제적인 사고 방법이다. 왜냐하면 엄청난 양의 일거리가 추가적으로 발생하는 것을 막을 수 있기 때문이다. 하지만 바로 이것이 문제의 주범이 되는, 노력을 아끼는 유형의 사고방식이다.

찰리 멍거는 '오판의 심리학'에서 25개의 착오 유형을 정의했다. 그리고 각각에 해당하는 25개의 해결책들을 제시하면서 우리에게 계속해서 자신을 재검토하라고 조언한다. 그는 "현실에서 이러한 판단 착오 유형들을 살피는 것이 무슨 소용이 있을까요?"라고 우리에게 묻는다. 그리고 스스로 이렇게 답변한다. "올바르게 작동한다면, 심리적 사고체계는 지혜와 선한 행동을 퍼트리고 큰 재앙을 피할 수 있게 해줄 것입니다." 여기, 이 정갈한 문장 하나에 찰리 멍거의 주요 투자 아이디어들이 축약돼 담겨 있다. 세상 사는 지혜를 키우고 실패를 피하는 방법을 익히라. 그리고 스스로 현명하게 행동하라. 그는 이 마지막을 '선한 행동'이라고 이름 붙였고 우리는 자연스럽게 그의 지식을 탐색하기 위한 세 번째 양동이 '합리성의 포용'을 떠올리게 된다.

워런 버핏 평전을 썼던 로저 로웬스타인은 워런 버핏의 천재성은 상당 부분 인내, 통제, 그리고 합리성에서 온다고 보았다. 이는 여부없이 찰리 멍거에게도 동일하게 적용된다. 실제 버크셔 해서웨이 전체를 관통하는 하나의 단어가 있다면 이는 바로 합리성이다. 찰리 멍거는 스스로 "버크셔 해서웨이는 합리성을 추앙하는 성전과도 같습니다."라고 말하기도 했다. 그에게 합리성은 모든 것을 안내하는 도덕적 나침반이었다. 합리적이 되는 것은 한 사람이 응답할 수 있는 최고의 소명이었다. 합리성은 찰리의 사고 과정에서 가장 중요한 부분을 차지하며 우리에게 그 진정한 의미를 깊이 생각해보게 한다.

합리주의는 오랜 기간 그 실체에 접근하기 어려운, 막연한 용어로 치부되어 왔다. 하지만 그 철학적 본질을 살펴보면 합리주의라는 말은 우리가 어떻게 지식을 얻는가를 의미한다. (단순화해서 생각해보자.) 합리주의 이론에 따르면 합리주의자들은 사고하고 분석함으로써, 즉 사고의 힘과 연역적 추리를 통해 배운다. 이러한 종류의 지식을 가리켜 선험적 지식이라고 한다. 이와 대조되는 개념이 경험주의이고 경험주의는 오로지 우리 자신의 감각적 경험으로 직접 관찰한 것들을 통해서만 지식을 얻을 수 있다고 주장한다. 경험주의자들은 그들이 직접 볼 수 있고 들을 수 있고 맛볼 수 있는 것이 아니면 그 어떤 것도 사실로 받아들이지 않는다. 물론 현실에서 사람들은 자신들이 처한 상황에 따라 이 두 가지 방식을 모두 취할 수 있고, 일반적으로 모두 취하는 것이 사실이다. 이것 아니면 저것, 둘 중 하나를 선택해야 하는 게임은 아니다.

하지만 일상에서 우리는 합리적이라는 단어를 더 광범위하게 자주 사용하는 편이다. 가령 누군가 "넌 합리적이지 않아."라고 이야기할 경우 이는 종종 논리적이지 못하거나 무분별하거나 혹은 앞뒤가 맞지 않는다는 의미이다.

워런 버핏과 찰리 멍거는 종종 합리성의 개념에 대해 언급한다.

우리가 이제 살펴볼 것처럼 이 두 사람은 다른 모든 정신모형보다 이 합리성에 더 큰 가치를 두는 경향을 보인다. 따라서 이들이 합리적으로 생각하고 행동하는 것에 대한 중요성을 언급할 때마다, 우리는 이를 귀담아들을 필요가 있다. 하지만 이들이 이야기하는 '합리적'의 정확한 의미는 무엇일까? 두 사람은 이 '합리적'이라는 용어를, 보다 보편적이고 일반적인 의미의 '논리적' 혹은 '분별 있는'이라는 뜻으로 사용한 것은 아닐까? 그럴 수도 있다. 하지만 이들은 두 철학 학파들 간의 고전적 논쟁에 대해 깊이 읽고 고민했던 독서광들이 아닌가? 이들이 사용한 '합리적'이라는 단어는 더 깊은 의미를 지니고 있을 수도 있다.

내 생각에 답은 이 둘 모두일 가능성이 높다. 위런 버핏과 찰리 멍거는 오랜 기간 주요한 철학적 개념들을 다룬 책을 읽고 생각해왔으며 여러 원천들을 바탕으로 진실을 깨닫는 자신들만의 감각을 키워왔다. 그렇다면 우리 역시 버크셔 해서웨이의 합리성의 근간이 된, 여러 철학적 실타래들을 탐구하는 데 시간을 투자하는 게 옳을 것이다.

경험주의와 합리주의, 그리고 실용주의

현대 철학의 두 거장 프랜시스 베이컨과 르네 데카르트는 두 가지 상반된 관점을 제기한다. 이 두 철학자는 16세기 후반부터 17세기 중반까지 동시대를 살았던 인물들이자 자신들에게 주어졌던 중세 대학의 가르침을 거부했다는 공통점을 갖는다. 하지만 '그렇다면 그 자

제2부 워런 버핏의 머니 마인드는 어디서 왔는가

리에 무엇이 와야 하는가?'에 대한 답을 찾는 과정에서는 차이가 있었다.

경험주의자였던 프랜시스 베이컨은 모든 지식은 실제 경험에서 비롯되거나 경험을 통해 검증할 수 있어야 한다고 주장했다. 그는 건축가, 목수, 농부, 선원, 망원경이나 현미경을 든 과학자들에 의해 얻어진 실질적인 지식들의 가치를 믿었다. 베이컨의 생각에 이들은 사물이 어떻게 존재하는가를 상상하는 것이 아니라 철학적으로 탐구하는 집단이었다.

합리주의자인 데카르트는 정확히 반대되는 사상을 가지고 있었다. 그는 진정한 지식은 사유에 의해, '나는 생각한다. 고로 존재한다.'라는 제1원칙 또는 자명한 진리들에 근거한 추론에 의해 얻어진다고 주장했다. 경험주의자와 합리주의 간 분쟁은 상당히 치열했다. 하지만 개인적 철학을 통해 인생의 난제들을 헤쳐나가고자 했던 이들은 갈등 속에서 아무런 해답도 얻지 못했다.

그로부터 100년 뒤, 계몽 시대에 접어들면서 새로운 인물이 등장했다. 바로 역사상 가장 위대한 철학가로 손꼽히는 임마누엘 칸트였다. 그는 합리주의자들과 경험주의자들의 주장을 종합함으로써 둘 사이에 존재하던 간극을 없앤 인물로 평가받는다.

1755년부터 40년간 칸트는 당시 동 프러시아로 알려져 있던 지역에 위치하고 있던 쾨니히스베르크대학에서 학생들을 가르쳤다. 이 대학은 칸트 자신의 모교이기도 했다. 그는 물리학, 천문학, 수학, 지리학, 인류학, 그리고 심리학에 이르기까지 놀랍도록 다양한 과목들을 가르쳤다.(어느 누군가가 떠오르지 않는가?) 하지만 오늘날 우리는 그를 기억할 때, 그가 철학 분야에 쌓은 업적들을 먼저 떠올리게 된다. 이는 그를 명실공히 위대한 철학가 반열에 올려놓은 책《순수 이성 비판》을 비롯하여 여러 기념비적인 저서들의 영향이다.

합리주의자와 경험주의자들 간의 갈등을 해결해보고자 고군분투하던 칸트는 스코틀랜드의 철학자이자, 경제학자, 역사학자이던 데이비드 흄을 주목했다. 흄은 두 학파 간 이론적 논쟁을 피하고자 했고 어떻게 인간의 사고가 작동하는지를 이해하는 데 훨씬 더 흥미가 있었다. 그가 남긴 대표적인 저서《인간 본성에 관한 논고》는 몇 년후 데이비드 흄 본인에 의해《인간의 이해력에 관한 탐구》와《도덕 원리에 관한 탐구》, 두 권의 책으로 새롭게 쓰인다.《인간의 이해력에 관한 탐구》에서 그는 우리가 '생각들을 한데 묶는 사고 습관'을 가지고 있다고 주장한다. 가령 머리 속에 언제나 'X는 반드시 Y와 연결되어야 한다.' 라는 전제를 만들고 X에 대해 생각할 때면 언제나 자동적으로 그리고 즉각적으로 Y를 떠올리게 되는 식이다.

칸트는 흄을 통해 지식에 대한 경험주의자들과 합리주의자들의 각기 다른 접근법을 통합하는 메타이론을 성립하는 데 필요한 통찰을 얻을 수 있었다. 훗날 칸트주의로 불리는, 칸트의 새로운 관점에서 보면 양측 모두가 옳고 양측 모두가 틀렸다. 영국 철학자이면서 철학 역사가인 앤서니 그레일링은 이를 두고 다음과 같이 정리하기도 했다. "경험주의자들은 지식이 감각적 경험 없이 얻어질 수 없다는 주장에 있어서는 옳다. 하지만 인간의 정신이 새하얀 백지라는 주장은 틀렸다. 합리주의자들 역시 우리의 정신에 선험적 관념이 있다는 주장은 옳다. 하지만 이 세상의 지식을 파악하는 데 선험적 관념만 있으면 충분하다는 주장은 잘못됐다."

자, 그렇다면 이 이론들을 몇몇 유명한 인물들과 연결해 한번 살펴보도록 하자. 우리는 벤저민 그레이엄을 합리주의자로 간주할 수 있다. 그는 분명 르네 데카르트의 사상에 영향을 받은 것처럼 보인다. 그레이엄은 일련의 명확한 사고 단계를 통해 지식을 습득한다. 각 단계들은 연결되어 있으며 그 연결고리가 완성될 때까지 신중하게 검증된다. 명확한 진리에 근거한 수학적 방식이다. 가령 그는 기업의 가치를 자신이 매수한 기업을 직접 운영하는 감각적 경험에 의해서가 아닌, 선험적 추론에 근거해 평가한다. 그레이엄은 순이익률이 낮고 자본 집약도가 높아 현금을 거의 창출하지 못하는 저렴한 '담배 꽁초 주식'을 선호하는 경향을 보였다. 즉 직접적인 감각적 경험을 통해서라기보다 연구를 통해 수집된 정보들에 근거한 투자를 한다.

찰리 멍거는 프랜시스 베이컨 쪽 진영에 속한 사람이다. 그에게 있어 진실은 관찰가능한 사실과, 지식에 대한 증거를 제공하는 개인적 경험에 근거한다. 1952년 투자를 시작했을 때 찰리 멍거는 그레이엄의 가르침을 이해했지만 전적으로 확신하지는 않았다. 그는 단순히 싼 가격이 아니라 기업 운영의 전반을 관찰하고 분석하는 과정을 거친 후 좋은 비즈니스 모델을 찾아내는 방식을 선호했다.

찰리 멍거의 경험은 워런 버핏이 벤저민 그레이엄식 사고에서 탈피하는 데 일조했다. "담배 꽁초 주식들, 즉 비즈니스 모델은 별 볼 일 없지만 가격이 저렴한 주식들을 매수하던 방식을 버리고 큰 규모를 통해 만족스러운 수익을 얻는 기업을 만들기로 결심한 결정적인 계기는 찰리 멍거였습니다."라고 워런 버핏은 회상했다. "제 생각에 찰리의 건축학적 역량이 가장 뛰어나게 발휘된 것이 바로 버크셔 해서웨이의 설계였습니다. 그가 저에게 제시했던 청사진은 간단했습니다. '그저 그런 기업을 저렴하게 매수하는 것은 잊어라. 대신 훌륭한 기업을 적정한 가격에 사라.'라는 것입니다."

워런 버핏의 투자 철학에 대해 살펴보면서 우리는 그 안에 임마누엘 칸트의 사상이 살아있음을 확인할 수 있다. 한쪽 측면에서 생각해보자면 워런 버핏은 합리주의자다. 그는 그레이엄의 저가 매수 방법, 즉 주가가 기업의 내재가치보다 낮아 안전마진을 확보할 수 있을 때에만 매수를 한다는 원칙에 충성을 맹세한 인물이기 때문이다. 워런 버핏은 "저는 여전히 이 안전마진이 투자에 있어 옳은 말이라고 믿습니다."라고 말한 바 있다. 하지만 그는 회사 소유 경험을 통해서 얻은 교훈들도 높이 평가한다. 이런 측면에서는 그를 경험주의자로도 볼 수 있다. 실제로 회사를 소유하면서 얻은 직접적인 경험들은 워런 버핏이 투자를 이해하는 데 아주 큰 영향을 미쳤다. 그는 과거 "저는 사업가이기 때문에 투자자로서 더 큰 경쟁력을 가집니다. 또한 저는 투자자이기 때문에 더 경쟁력 있는 사업가이기도 합니다."라고 했다.

그렇다고 찰리 멍거를 합리성이 결여된 경험주의자라고 할 수 있을까? 어느 저녁 식사 자리에서 찰리 멍거는 오늘날 성공을 가능케 한 자신의 자질 가운데 한 가지를 뽑아달라는 질문을 받았다. 그는 "저는 합리적입니다."라고 답변했다. "이게 질문에 대한 답입니다. 저는 합리적이에요." 그리고 "자신이 합리적이라고 이야기하는 사람들은 반드시 대상이 어떻게 작동하는지, 어떤 것이 성공하고, 어떤 것은 성공하지 못하는지, 그 이유는 무엇인지 알고 있어야 합니다."라고 덧붙였다.

'합리적'이란 그에게 스쳐 지나가는 생각 같은 것이 아니다. 그에게는 근본 원칙과도 같은 것이다. "본인이 할 수 있는 한 최대한 합리적이 되는 것, 이것은 도덕적 의무입니다." 찰리 멍거의 말이다.

다행인 점은 합리성은 습득이 가능하다는 것이다. 찰리 멍거는 "보다 더 합리적이 되는 것은 당신이 선택하거나 선택하지 않을 수 있는 그 어떤 것이 아닙니다."라고 이야기한다. 이 말의 핵심은 분명하다. 반드시 합리성을 갖춰야 한다는 것이다. "더 합리적인 사람이 되기 위해서는 긴 시간이 필요합니다. 이는 서서히 습득할 수 있는 자질이며, 결과는 각기 다를 수 있습니다. 하지만, 이보다 더 중요한 자질은 찾기 힘듭니다."

—

2010년 버크셔 해서웨이 주주 총회 당시 한 주주가 워런 버핏과 찰리 멍거에게 자신들의 인생 지론이 무엇인지를 물었다. 내가 생각한 대답은 '합리성'이었다. 하지만 찰리 멍거의 답은 내 예상을 벗어났다. 그는 재빨리 마이크를 움켜잡더니 "실용주의죠!"라고 외쳤다. 나는 몸을 곧추세운 뒤, 앞으로 기울였다. 더 잘 듣기 위해서였다. "실용주의입니다. 당신의 기질에 맞는 것을 하세요. 되는 일을 하세요. 그리고 그걸 계속하세요." 찰리 멍거의 말이었다. "이것이 바로 삶의 근본적인 알고리즘입니다. 되는 걸 반복하는 겁니다." 워런 버핏과 찰리 멍거가 실용주의라는 단어를 사용한 최초의 순간이었다. 그리고 나는 이 실용주의가 더 연구할 가치가 있는 단어임을 직감했다.

실용주의는 정확히 무엇을 의미하는가? 그리고 이 실용주의는 어디에 사용되는가? 우리는 투자에 성공하기 위해 필요한 것이 합리주의라는 사실은 인지하고 있다. 하지만 여러 자료들을 공부하며 나는 지속적으로 성공하기 위해서는 실용주의가 필요하다는 결론에 도달했다.

우리가 이번 장에서 살펴보았던 다른 철학 사상들과 달리, 미국 실용주의는 상대적으로 새로운 흐름이라고 볼 수 있다. 미국 실용주의는 1898년 윌리엄 제임스가 캘리포니아대학교 버클리 캠퍼스에서 했던 강의에서 처음 소개된 개념이다. 그는 강의 제목을 '철학적 개념과 실제적 결과'라고 붙여 강의를 진행하면서 자신이 '퍼스Peirce의 원칙, 실용주의의 원칙'이라고 명명한 개념들을 소개했다. 이는 그의 친구이자 동료 철학가인 찰스 샌더스 퍼스에 대한 존경의 표시이기도 했다. 윌리엄 제임스는 20년 전 퍼스가 저술한 〈우리의 관념들을 명료히 하는 방법How to Make Our Ideas Clear〉이라는 논문에 아주 큰 영향을 받았다. 이 논문에서 퍼스는 "철학의 온전한 기능은 행동 습관을 만들어내는 것"이라고 했다. 실제 실용주의pragmatism라는 단어는 '행동'을 뜻하는 그리스어 프래그마pragma에서 유래되었는데, '실행practice', '실제적인practical'과 같은 단어들이 여기서 나왔다. 우리가 행동을 취하는 데 있어 믿음이 실질적인 원칙이 된다는 것이 퍼스의 주장이었다.

윌리엄 제임스가 처음부터 철학자였던 것은 아니다. 그는 1869년 의학 학위를 받았지만 의료 업계에 종사하는 대신 자신이 '영혼의 병'이라고 부르던 분야를 공부하면서 심리학에 관심을 쏟았다. 제임스는 로마의 스토아 학파인 마르쿠스 아우렐리우스를 공부했다.

마르쿠스 아우렐리우스는 벤저민 그레이엄에게도 큰 영향을 미친 철학가이다. 그리고 자신의 생각을 일기로 엮어 당시 여러 정신 질환에 시달리고 있던 친구들과 공유했다. 그리고 1890년 제임스는 그의 기념비적인 책《심리학의 원리》를 출간했다. 두 권으로 구성된 1,200페이지 분량의 책은 완성까지 12년 가까이 소요됐다. 책 출간과 동시에, 그는 즉각 심리학 분야의 선구자 반열에 올랐다.

그렇다면 오늘날 우리는 무슨 연유에서 윌리엄 제임스를 심리학자가 아닌 철학자로 기억하는 것일까? 사실상 심리학과 철학은 그렇게 동떨어진 분야가 아니다. 두 분야 모두 사람의 마음을 탐구한다. 다만 철학은 더 나은 의사결정을 위해 깊이 있게 성찰할 수 있는 방법을 찾는 반면 심리학은 정신적 결함을 탐구한다. 윌리엄 제임스의 철학은 본인이 소위 '건강한 정신'이라고 칭하고 현재 우리가 실용주의라고 부르는 그 개념에 잘 정립되어 있다.

윌리엄 제임스의 아버지 헨리 제임스는 미국의 신학자였다. 그는 학업 중 훗날 아들의 지적 대부代父가 되는 랄프 왈도 에머슨을 만나고 그와 친구가 된다. 1837년 에머슨은《미국 철학자_The American Scholar_》를 출판하며 새로운 사상가들의 출현을 알린다. 당시 그는 그것이 자신의 대자代子인 윌리엄 제임스에 대한 이야기가 될 것이라는 점을 미처 깨닫지 못했다. 윌리엄 제임스는 결국 에머슨으로부터 미국 철학의 선구자 지위를 물려받는다.

실용주의는 미국 고유의 철학으로 불렸지만 핵심을 들여다보면 철학이라기보다 철학을 실천하는 방식에 가깝다. 실용주의는 절대적인 기준과 추상적인 생각보다는 결과에 초점을 맞춘다. 즉 실제적으로 작용하고 목표에 도달하도록 돕는 것들을 중시한다. 실제로 윌리엄 제임스는 철학자들이 형이상학적 주제들에 관한 추상적 논리들을 따지는 데 너무 많은 시간을 허비한다고 생각했다. 그는 철학자들이 하나의 철학적 관점을 선택하고, 그 관점을 선택했을 때와 다른 관점을 택했을 때 각각 어떤 효과를 누릴 수 있는지 비교해야 한다고 주장했다. 보다 직접적으로, 자신의 유명한 말을 통해 우리에게 이렇게 묻는다. "한 사람의 실제적인 경험을 기준으로 볼 때, 특정 신조를 선택할 경우에 얻을 수 있는 현금 가치는 얼마인가?" 우리는 어떻게 기존 것을 버리고 새로운 철학적 신념으로 옮겨갈 수 있는가? 윌리엄 제임스에 따르면 이는 과학자들이 밟는 과정과 비슷하다. 《실용주의: 진실의 개념*Pragmatism: Conception of Truth*》이라는 에세이에서 그는 다음과 같이 이야기한다.

"각 개인들은 이미 기존 생각들로 이루어진 더미들을 가지고 있다. 하지만 각자는 이 생각 더미들과 갈등을 일으키는 새로운 경험들을 접하게 된다. 이런 상황에서 어떤 이들은 새로운 생각들을 반박하며 거부하고 또 다른 이들은 상황을 곱씹으며 그 두 가지 생각이 서로 상충된다는 사실을 발견한다. 양립이 불가능한 정보들을 듣기도 하고 또는 접어두었던 욕망들이 살아나기도 한다. 그 결과 이제껏 겪은 바 없던 고뇌가 생긴다. 그리고 각자는 자신이 가지고 있던 기존 생각 가운데 상당 부분을 조정하면서 갈등 상황에서 벗어나고자 한다. 하지만 기존 생각들 가운데 가능한 한 많은 부분을 손대지 않고자 한다. 신념과 관련해 우리 모두는 극단적인 보수주의자가 되는 경향이 있기 때문이다. 그래서 처음에는 새로

제2부 워런 버핏의 머니 마인드는 어디서 왔는가

들어온 생각들을 하나씩 바꿔보려고 한다(기존 생각들의 저항이 아주 맹렬하기 때문이다). 결국 기존의 생각들을 아주 최소한으로 조정하면서 새로운 경험들을 기존 생각에 합칠 수 있는 어떠한 아이디어들을 떠올린다. 기존 생각과 새로운 경험을 중재하고 이 둘을 가장 적절하게 통합할 수 있는 아이디어 말이다."

실용주의적 성향을 지닌 사람들은 기존의 진리들을 최대한 보존하면서 새로운 생각들도 순조롭게 받아들인다. 새로운 생각들은 기존 관점에서 다른 관점으로 옮겨가도록 돕는 일종의 중개자이자, 생각이 원활하게 전환할 수 있도록 돕는 도우미인 셈이다. 우리를 한곳에서 다른 곳으로 옮겨가게 돕는다면 그 신념은 진짜이고 '현금 가치'를 가진다. 진실은 명사가 아니다. 결국 동사가 된다.

따라서 실용주의는 사람들이 '절대주의'라는 무인도에 발이 묶이는 일 없이, 이 불확실한 세상을 항해할 수 있게 도와주는 일련의 과정이라고 할 수 있다. 실용주의는 편견도 절대적인 교리도 엄격한 규범도 없다. 어떠한 가설이라도 수용하고 어떠한 증거라도 진지하게 받아들일 것이다. 당신에게 사실이 필요하다면 사실을 취하면 된다. 윌리엄 제임스는 책에서 "요컨대 실용주의는 신에 대한 탐구 영역도 넓혀주었다. 진리를 판가름하는 실용주의의 유일한 잣대는 '무엇이 우리를 가장 효과적으로 이끌어줄 수 있을까?' 하는 문제이다."라고 덧붙이기도 했다.

그렇다면 우리는 어떻게 이 실용주의 철학과 찰리 멍거의 합리적으로 행동할 도덕적 의무를 연결 지을 수 있을까? 윌리엄 제임스도 이 문제를 두고 씨름했다. 로웰에 위치한 메사추세츠대학 철학과 존 캐그 교수는 실용주의가 경험주의와 합리주의 사이의 간극을 좁혔을 뿐 아니라, 합리주의와 실용주의 사이를 잇는 가교 역할도 했다고 주장한다.

캐그는 "미국 실용주의 철학은 이론을 두고 팽팽하게 싸우는 학파들, 나무에만 또는 숲에만 집착하는 사상가들을 중재하고자 한 철학적 타협점을 상징한다."라고 설명했다. 이러한 캐그가 보기에 윌리엄 제임스는 숲과 나무 모두를 보고자 했던 인물이다. 그는 윌리엄 제임스를 당시 대립 관계에 있던 두 개의 철학 사상, 즉 경험주의와 합리주의를 통합하고자 애쓰며 말년을 보냈던 임마누엘 칸트에 비유하기도 했다. 윌리엄 제임스는 기질적으로 이성주의자들을 '마음이 연약한 사람들'로, 경험주의자들을 '마음이 완고한 사람들'로 구분했다. 그러면서 양쪽 모두 윤리적이든 과학적이든 상대의 경험이 자신의 철학을 이해하는 데 있어 필수적인 요인임을 인식하지 못하고 있다고 지적했다.

즉 윌리엄 제임스의 실용주의는 마음이 완고한 경험주의자들과 마음이 연약한 이성주의자들 사이에 가교 역할을 하는 일종의 칸트주의에 가깝다. 이러한 관점에서 보면 캐그의 표현대로 "윌리엄 제임스는 칸트가 멈춘 곳에서 시작했다."

밀러 밸류 파트너스Miller Value Partners의 창업자이자 CIO이면서, 레그 메이슨 밸류 트러스트 Legg Mason Value Trust의 포트폴리오 매니저로도 일한 적 있는 빌 밀러는 합리주의와 경험주의에 대해 오랜 기간 그리고 심도 있게 고민했던 인물이다. 우리는 다음 장 〈진화하는 가치투자〉에서도 빌 밀러에 대해 이야기해볼 것이다. 그는 엄밀하게 정의 상으로만 따져볼 경우, 실용주의자가 아니면서 합리적이 되거나, 반드시 합리적이진 않으면서도 실용적인 사람이 되는 것은 가능하다고 인정한다. 하지만 실제적으로 이 두 철학적 접근은 불가분하게 얽혀있다고 확신한다. 그는 "되는 것을 하는 것, 즉 실용적인 것이 곧 합리적인 것이다."라고 설명한다. 그에 따르면 "'합리적'이라는 것은 이성이 요구하는 추상적 이론이 아닌, 현실에서 효과가 있는 것인가에 관계된 것이다."

다음 장에서 살펴보겠지만, 실용주의의 정수로 여겨지는 '생각의 현금가치'는 워런 버핏이 가치투자의 1.0단계에서 2.0단계로, 이후 3.0단계로 나아가게 하는 데 크게 이바지한 개념이다. 칸트주의식 실용주의를 합리주의에 접목한 철학적 관점 덕분에 워런 버핏은 65년에 걸친 투자 인생을 성공적으로 이끌어올 수 있었다. 스타급 펀드 매니저라 해도 그 명성을 10년 이상 유지하기란 현실적으로 쉽지 않은 금융업의 특성을 감안할 때, 65년에 이르는 워런 버핏의 성공 투자 역사는 우리가 앞서 살펴본 철학적 교훈들을 읽고 공부하고 습득해야 하는 분명한 이유이자 동기가 된다.

정리하며

머니 마인드의 복합적 성격을 이해하기 위해서는 가치 창출 기업들을 정의하고 매수하고 운용하는 데 필요한 일련의 투자 방법들을 전적으로 실행해보는 것이 중요하다. 우리는 4부에서 이러한 투자 방법들의 핵심 기능들에 대해 살펴볼 것이다. 하지만 이것만이 전부는 아니다. 이번 장에서 배웠듯이 투자 세계를 이해하는 데는 철학적 기초 역시 매우 중요하다.

그렇다면 머니 마인드는 어떠한 철학적 기반을 가졌는가?

머니 마인드를 지닌 사람은 랄프 왈도 에머슨이 이야기한 것처럼 자기를 신뢰하고 자신이 어떤 종목을 어떠한 이유로 보유하고 있는지를 알고 있다. 또 찰리 멍거가 이야기한 것처럼 각기 다른 영역들 속에 내재한 주요 정신모형들을 익히며 세상 사는 지혜를 축적하고자 한다. 그리고 다른 사람들이 저지른 실수를 되풀이하지 않기 위해 실패를 공부한다.

머니 마인드는 자신감을 높여줄 뿐 아니라 공포와 탐욕 등 주식시장에 내재한 부정적 감정들에 휩쓸리지 않고 더욱 온전히 스토아 철학적인 태도를 유지할 수 있도록 도와준다. 머니 마인드는 합리적인 정신으로 선험적 지식과 후천적 경험을 겸비했을 때 최대의 가치를 끌어낼 수 있다는 점을 온전히 이해하고 그 두 철학의 가치를 인정한다는 측면에서 합리적이다. 마지막으로 머니 마인드는 실용적이다. 지식의 가치를 인정하되 늘 더 배워야 할 것이 있다는 사실을 알기에 겸손하다.

제3부

진화하는
가치투자

벤저민 그레이엄은 1914년 뉴버거 핸더슨 앤 로브Newburger, Henderson & Loeb에 합류한 직후부터 끊임없이 성장했다. 그는 처음에는 사환으로 채용되었지만 곧이어 채권 부서로 이동했고 채권 판매 교육을 받았다. 하지만 그가 진정으로 하고 싶던 일은 채권 판매가 아니라 글쓰기였다. 경제나 회계 관련 정식 교육을 받은 적이 없음에도 불구하고 벤저민 그레이엄은 스스로 철도 회사들, 보다 구체적으로는 철도 회사 채권들에 대한 조사를 시작했고 이에 대한 평가 보고서를 쓰기 시작했다.

그 가운데 미주리 퍼시픽 철도에 대한 보고서가 뉴욕 증권 거래소에 상장되어 있던 유망 기업 J.S 배시J.S bache & Co의 한 관계자 눈에 띄었다. J.S 배시는 벤저민 그레이엄에게 현재 연봉의 50%를 더 지급하겠다는 조건으로 통계분석 자리를 제안했다. 이에 그레이엄은 뉴버거에 자신이 회사에 애착을 가지고 있지만 영업을 통해서는 그렇게 큰 동기부여를 얻고 있지 못하다는 사실을 흘렸고 뉴버거는 그에게 연봉인상 카드를 내밀었다. 인상 폭이 배시가 제시했던 50%보다 크지는 않았지만 매력적인 조건이 덧붙었다. 그레이엄이 총괄하는 통계분석 부서를 꾸릴 수 있도록 해준 것이다. 결국 그레이엄은 회사에 남기로 결정했고 글쓰기도 이어갔다.

당시 투자 자본의 상당 부분은 채권에 집중되어 있었고 일반 주식 투자는 공시된 금융 정보가 아닌 내부자 정보를 기반으로 돌아가는 투기성 게임 취급을 받던 때였다. 그럼에도 불구하고 그레이엄은 《월스트리트 저널 매거진》에 칼럼을 썼고 뉴스레터에 채권뿐 아니라 주식 투자 팁을 담은 내용들을 실었다. 그의 행보는 계속됐고 이후 《투자자들을 위한 강의Lessons for Investors》라는 발간물을 냈다. 이 책자를 통해 그는 "만약 어떤 종목의 시장가치가 내재가치에 비해 현저하게 낮다면, 가격 상승 전망이 훌륭하다고 볼 수 있다."라고 이야기했다. 이때가 '내재가치intrinsic value'라는 단어가 처음 등장한 순간이었다.

벤저민 그레이엄은 1923년 자신의 투자 회사를 차리기 위해 뉴버거를 떠난다. 그리고 2년 뒤 제롬 뉴먼을 고용하고 그레이엄-뉴먼 Graham-Newman Corporation를 창립한다. 이 회사는 1956년까지 운영되었고 그레이엄의 초기 투자는 성공적이었다. 그의 포트폴리오 상당 부분은 헷지 또는 차익거래 포지션을 취하고 있었기에 1929년 주식시장 붕괴에 따른 심각한 손실을 상당 부분 피해갈 수 있었다. 하지만 1930년에 주식시장이 바닥을 쳤다고 생각한 그레이엄은 (이번에는 헷지하지 않은 상태로) 다시 주식시장에 살금살금 발을 들였다. 그렇지만 주식시장은 다시 폭락했고 그레이엄은 그의 인생에서 두 번째로 거의 파산 직전까지 갔다.

하지만 모든 것을 다 잃은 것은 아니었다. 1927년 주식시장이 폭락하기 직전, 그레이엄은 자신의 모교에서 투자 관련 야간 강의를 시작했었다. 컬럼비아대학교 대학 요람에는 월가의 투자 전문가가 월요일 오후 쉐르머혼 홀 305호 강의실에서 고급 증권분석을 가르친다고 안내되어 있었다. 수업 개요에는 '실제 주식시장에 적용되는 투자 이론. 가격과 가치의 차이가 발생하는 원인 및 탐구'라고 쓰여 있었다. 그레이엄은 이 수업에서 '증권분석'이라는 용어를 만들어내고 월가의 통계전문가라는 직책 대신 증권분석가라는 새로운 타이틀을 얻었다.

다만 그레이엄이 학생들을 가르치는 데에는 한 가지 조건이 붙었다. 바로 자신의 수업을 기록할 누군가가 필요하다는 요구였다. 펜실베이니아대학에서 석사를 마치고 당시 막 컬럼비아대학에서 박사학위를 받은 젊은 금융학 교수 데이비드 도드가 이 일을 자원했다. 도드의 수업 기록은 그들의 기념비적인 저서《증권분석》의 근간이 되었다. 1934년 이 책이 출간되자《뉴욕 타임스》의 루이스 리치는 다음과 같이 서평을 남겼다. "학문적 검증과 실용적 지혜를 토대로 한, 풍성하고 깊이 있고 빈틈 없는 칭찬을 받을 만한 결과물이다! 이 책이 제대로 된 영향력을 끼친다면, 투자자들이 주식시장 전체보다는 주식들에 집중하는 변화가 생겨날 것이다."

벤저민 그레이엄과 데이비드 도드는《증권분석》을 통해 영원히 공동 저자 관계로 남게 됐지만 실제 이들이 같이 학생들을 가르친 적은 없다. 데이비드 도드는 가을 학기, 대학원 1학년들을 대상으로《증권분석》에 기초해 '투자 운용investment management 및 전략' 과목을 가르쳤고 그레이엄은 봄 학기 20명의 학생을 정원으로 한, 조금 더 소규모의 투자 세미나 수업을 이끌었다. 그레이엄 역시 수업에서《증권분석》의 내용들을 가르쳤지만 학생들은 배운 바를 현재 거래되고 있는 주식들에 적용해 보는 추가적인 혜택도 누릴 수 있었다. 워런 버핏은 1951년 컬럼비아대학에 입학했을 때, 먼저 도드의 수업을 들었고 그 다음 학기에 벤저민 그레이엄의 세미나 수업을 들었다.

1단계: 현재 요소로 내재가치를 파악하라

가치투자에 관련하여 워런 버핏은《증권분석》과 데이비드 도드 그리고 벤저민 그레이엄의 수업을 통해 무엇을 배웠을까?《증권분석》은 "분석이란 성립된 원칙이나 논리에 기반해, 결론을 이끌어내기 위한 차원에서 활용 가능한 사실들을 면밀하게 연구하는 것을 의미한다."라는 문장으로 시작한다. 벤저민 그레이엄과 데이비드 도드는 증권분석이 법학이나 의학과 거의 흡사한, 과학적 분석이라고 믿었지만 증권분석은 법학이나 의학과 같은 정밀 과학은 아니었다. 벤저민 그레이엄은 완벽하게 예상 가능한 분석은 없다고 이야기했다. 하지만 기존에 입증된, 수치화할 수 있는 사실과 방법을 따른다면 성공 확률은 크게 높아진다고 생각했다.

벤저민 그레이엄이 주식과 채권을 연구해 찾아낸 사실들은 쉽게 측정 가능하고 활용 가능한 것이었다.《증권분석》에서 이야기하고 있는 방법론은 내일 어떤 일이 벌어질지 모르는 데서 오는 불확실성의 영향력은 축소하고 '여기 그리고 지금'에 더 큰 방점을 두는 것이다. 그는 쉽게 측정할 수 없으면 측정이 잘못될 수 있고 잘못된 측정치는 리스크 및 실패 확률을 높이는 결과를 낳는다고 생각했다. 그레이엄은 투자에 있어 미래가 지나치게 강조되는 것을 우려했는데 책에 "투기란 그 어원을 따져볼 때, 미래를 내다본다는 뜻에서 유래됐다."라고 적고 있다. 그는 오히려 "확정 이자 및 재산권, 그리고 과거에 근거한 가치 관련"이라는 수식어가 붙은, 투자의 전통적 정의를 더 마음에 들어 했다.

그레이엄은 《증권분석》에 투기와 투자를 구분하는 데 도움을 얻을 수 있는 목록 하나를 삽입해 두었다. 그는 기술적이고 조자저操作的이고 또 심리적인 시장 요인들을 '투기 요소'로 구분했다. 그리고 그 반대편에 실적, 배당, 자산 및 자본 구조를 포함한 내재가치 요인들을 '투자 요소'로 나열했다. 또 그 중간, 투자와 투기 두 요소를 다 포함하고 있는 경우를 미래가치 요인이라고 규정했다. 여기에는 경영진의 평판, 경쟁력, 매출, 가격 및 비용 변화를 아우르는 회사 전망 관련 지표 등이 포함된다.

분명 우리는 내재가치 요인을 미래가치 요인으로부터 완벽하게 구분해낼 수는 없다. 그렇다 하더라도 그레이엄은 기업의 가치를 측정할 때 미래 요인보다는 내재가치 요인을 더 강조하는 편이었다. 실제 그레이엄-뉴먼에서 근무했던 기업 분석가들은 기업들의 미래 전망을 조사할 목적으로 기업실사나 경영진 면담을 진행하지 않도록 교육받았다. 기업 분석이 내재가치 요인보다 미래 요인들에 지나치게

　제3부 진화하는 가치투자

치우칠 수 있다는 점을 우려했기 때문이다. 그레이엄은 심지어 해당 기업 CEO의 사진을 보는 것조차 거부했는데, 사진이 마음에 들지 않을 경우 기업 분석에 편견이 생길 수 있다는 점을 염려해서였다.

그레이엄과 도드가 추구한 가치투자 방식의 핵심은 현재의 수익 및 배당, 자산을 감안할 때 저렴한 가격에 매수가 가능한지 여부이다. 저렴한 가격으로 주식을 매수한 경우에 한해 안전마진을 확보할 수 있기 때문이다. 흥미롭게도 이 안전마진이라는 용어는 그레이엄이 처음 만들어낸 것이 아니다. 그는 1930년 이전에 작성된 무디스 사의 《투자 설명서*Manual of Investments*》라는 책자에서 이 단어를 처음 발견했다. 이 자료에는 "기관들은 이자비용 지급가능 순이익 대비 이자비용 차감 후 잔고 비율을 나타내기 위해 안전마진이라는 용어를 사용했다." 라는 구절이 등장한다. 실제 그레이엄이 증권분석에 이 안전마진 개념을 활용할 때는 자신이 채권분석 시 사용했던 것과 동일한 방식을 적용했다. 그는 "보통주와 채권 투자에 사용되는 기술은 아주 유사하다."라고 밝히며 "보통주 투자자들 역시 안정적이고 배당 준비금 이상의 적절한 이익마진을 확보하고 있는 기업을 원한다."라고 서술하고 있다.

그레이엄은 안전마진이 클수록 시장이 급락하거나 미래 전망이 악화되는 상황에서 투자자들이 감당해야 하는 가격하락 리스크가 적어진다고 판단했다. 그는 투자자들의 입장에서 가장 큰 위험은 투자하려는 기업의 이익, 배당, 그리고 자산 대비 너무 많은 비용을 지불하는 것이라고 생각했다. 그리고 투자자들이 눈에 보이는 것 이상을 보는 것에 주의해야 한다고 경고했다. 너무 비싼 비용을 치르는 위험은 우량 기업뿐 아니라 현재 일시적으로 비즈니스 상황이 좋기 때문에 가격이 비싼 부실 기업에 투자할 때도 똑같이 발생한다.

———

가치투자의 중심에는 두 가지 황금률이 존재한다. 황금률 1번, '잃지 마라.' 황금률 2번, '황금률 1번을 잊지 마라.' 그레이엄의 투자 원칙은 '과거 주식시장에서 자신이 겪었던 손실을 되풀이하지 않기 위해서는 현재 시점에서의 기업 가치와 주가 간의 괴리, 즉 충분한 안전마진이 반드시 필요하다.'였다.

《증권분석》에서 그레이엄은 시장분석과 증권분석의 차이를 구분했다. "증권분석은 시장분석에 비해 여러 가지 이점들을 가진다. 여기에 훈련과 지적 사고가 더해진다면 증권분석은 보다 높은 성공률을 가지게 된다." 그는 시장분석을 본질적으로 단기적인 시장 움직임을 추측하는, 비슷한 생각을 지닌 투자자들 간에 벌어지는 '두뇌 싸움'이라고 믿었다. 이 게임에서 위험에 대한 헷지는 불가능하다. "시장 분석에서 안전마진은 존재하지 않는다. 당신이 맞거나 틀렸거나 둘 중 하나이다. 틀리게 된다면 돈을 잃을 수밖에 없다."

반면 안전마진은 분명 영리한 투자 전략이다. 투자를 거의 완벽에 가까운 수준으로 헷지할 수 있다. 보통주를 당신이 계산한 내재가치 대비 크게 할인된 가격으로 매수할 수 있다면, 상황이 순조롭게 진행될 경우 상당한 수익을 얻을 수 있고 예상한 바와 다르게 흘러가더라도 손실을 제한할 수 있다. 하지만 이게 전부가 아니다. 안전마진은

제3부 진화하는 가치투자

단순히 수익을 얻는 것 이상으로 지적이고 심리적인 접근법이며 구조적으로 높은 수준의 수익을 얻을 수 있게 해주는 투자 방법이다.

안전마진을 확보할 경우 얻을 수 있는 추가적인 혜택은 시장의 단기적 변동성에 흔들리지 않고 장기투자에 대한 의지를 굳건히 할 수 있다는 점이다. 2부에서 우리는 투자자가 시장의 감정적인 소용돌이에 휩쓸리지 않고 지속적으로 거리를 두는 것이 얼마나 중요한 것인지에 대해 이야기한 바 있다. 당신이 한 투자의 가치를 알고 충분한 안전마진을 통해 완충분을 확보하고 있다면 당신은 자신의 투자에 대한 의지를 확고히 할 수 있다. 투자자들은 안전마진을 통해 주식시장 그 자체인 감정의 롤러코스터를 경험하는 대신 과감하게 자신을 보호하는 데 필요한 스토아 철학적 태도를 견지할 수 있다. 앞서 나는 안전마진이 거의 완벽에 가까운 헷지 수단이라고 언급한 바 있다. 여기서 '거의'라는 말은 '언제나'를 의미하는 것은 아니다. 그레이엄은 미래 성장에 대한 핑크빛 전망이 실현되지 않는다 하더라도 그래서 그렇게 높은 수익을 얻지 못한다 하더라도 유동자산에 집중하는 편이 훨씬 나은 선택이라고 믿었다. 형편없이 운영되고 있는 기업이라 해도 누군가, 어디선가, 어떤 방식에 의해서든 가까스로 괜찮은 수익을 창출해낼 가능성이 존재하기 때문이다. 최후의 수단으로 유동자산을 청산하는 방법도 있다. 물론 이는 시장에 부실 기업을 장부가로 살 누군가가 항시 존재한다는 가정을 전제로 한다.

훗날 워런 버핏은 그레이엄의 투자 방식을 완벽하다고는 할 수 없는 이유를 경험으로 깨달았다. 버크셔 해서웨이가 보유하고 있던 부실기업들을 장부가액으로 매도하고자 하더라도, 실제로는 희망하던 것보다 더 싼값에 넘겨야 하는 경우가 적지 않았기 때문이다.

버크셔 해서웨이를 새로운 기업으로 거듭나게 하기 위해 버핏은 벤저민 그레이엄의 보통주 투자 방법을 활용해 여러 기업들을 사들였다. 분명 버핏 합자회사를 운용하는 동안, 부실기업들의 주식을 저렴하게 매수하는 방법은 괜찮은 성과를 거두었었다. 워런 버핏이 이들을 재빠르게 팔고 다음 투자처 물색에 나섰기 때문이다. 하지만 버크셔 해서웨이를 운영하면서 부실기업들의 저렴한 자산을 사서 보유하는 것이 실패한 전략이라는 사실을 깨달았다. 그는 "농기구 제조 공장, 삼류 백화점, 뉴 잉글랜드 방직 공장에 투자하며 큰 가르침을 얻었고 이를 위해 혹독한 대가를 치러야 했습니다."라고 고백한 바 있다.

여기서 농기구 업체, 백화점, 방직 공장은 각각 뎀스터 밀 매뉴팩처링Dempster Mill Manufacturing, 호슈차일드-콘Hochschild Kohn, 버크셔 해서웨이를 가리키는 것이었다. 워런 버핏은 이 기업들을 보유하면서 분명 여러 가지 혜택들을 누렸지만 자본 배분의 관점에서 본다면 이 평균 이하의 기업들을 통해 얻은 이익은 한마디로 비참한 수준이었다. 찰리 멍거의 권유로 씨즈 캔디를 인수하고 나서야 워런 버핏은 더 나은 기업들이 지닌 경제성의 진가를 알아보기 시작했다. 워런 버핏은 "찰리와 저는 우리가 할 수 있는 최선이 실크 지갑에서 실크를 만들어내는 것이라는 사실을 깨달았습니다. 암퇘지 귀를 가지고는 실크 지갑을 만들 수 없는 법이지요.[6] 이제 우리의 목표는 평균에 못 미치는

---

6   변변찮은 재료로 대단한 것을 만들 수 없다는 의미이다.

기업을 싼 가격에 사는 것이 아니라 합리적인 가격으로 매수할 수 있는 훌륭한 기업을 찾아내는 것입니다."라고 회상했다.

1970년 초반 버크셔 해서웨이는 디버시파이드 리테일링Diversified Retailing이라는 회사를 보유했다. 이 회사는 이후 블루칩 스탬스Blue Chip Stamps사를 인수했다. 찰리 멍거 역시 투자 합자회사를 통해 블루칩 스탬스의 지분을 보유하고 있었다. 블루칩 스탬스는 슈퍼마켓과 가솔린 주유소에 고객용 경품 쿠폰을 파는 회사로 고객들은 이 쿠폰을 수첩에 모아 경품으로 교환할 수 있었다. 보험회사와 마찬가지로 쿠폰을 발행하고 소비자에게 사은품을 발송하기까지 시차가 발생하면서 블루칩 스탬스 내에는 '플로트Float'[7]가 생겼다. 블루칩 스탬스는 이 플로트를 가지고 저축대부조합, 신문사 그리고 캔디 회사의 일부 지분을 비롯해 여러 기업들을 매수할 수 있었다. 이 캔디 회사가 바로 웨스트 코스트에서 선물용 고급 초콜릿을 판매하던 씨즈 캔디였다.

1972년 블루칩 스탬스는 창업자 가족들에게 씨즈 캔디 지분 전체의 인수를 시도했고 씨즈 캔디 측은 4000만 달러를 매도 가격으로 제시했다. 당시 씨즈 캔디는 장부상 1000만 달러의 현금자산을 보유하고 있었다. 하지만 당시 씨즈 캔디의 유형자산은 800만 달러에 불과했으며 연간 수익은 세전 400만 달러 수준이었다. 찰리 멍거는 이 거래가가 합리적이라고 생각했지만 확신이 서지 않았던 워런 버핏은 여전히 비싸다는 생각에 매수가를 2500달러로 낮춰서 제안했다. 그래도

---

7   수입에서 단기 비용을 제외한 나머지 유동자금의 개념이다.

매수가가 유형자산의 세 배 가까이가 된다는 사실이 여전히 마음에 걸렸다. 벤저민 그레이엄이었다면 절대 허락하지 않았을 가격이었다.

지금 시점에서야 우리는 워런 버핏이 씨즈 캔디를 그렇게 비싼 가격에 매수한 것이 아님을 알고 있다. 실제 씨즈 캔디는 버크셔 해서웨이 역사상 가장 많은 수익을 남긴 기업으로 기록될 것이다. 후서토닉 파트너스Housatonic Partners의 공동 설립자이자 많은 인기를 얻었던 《현금의 재발견》의 저자 윌리엄 손다이크에 따르면, 1972년부터 1999년(버크셔 해서웨이가 씨즈 캔디의 이익을 구분해 공시한 마지막 해)까지 씨즈 캔디는 내부수익률(이하 IRR) 32%를 기록했다. "놀랍게도, 이 IRR은 무차입이며 잔존가치를 제외하고 계산한 것"이라고 손다이크는 설명하고 있다. "만약 두 배 더 비싼 가격으로 매수했다 하더라도 현금흐름과 보유기간 등 모든 조건이 동일하다고 가정할 경우, 씨즈 캔디의 IRR은 21%에 이른다. 놀라울 따름이다."

워런 버핏은 2014년 연례 보고서를 통해 주주들에게 씨즈 캔디 투자 현황을 공유했다. 과거 42년간 버크셔 해서웨이가 씨즈 캔디에 추가로 투입한 투자자금은 4000만 달러에 불과했지만 씨즈 캔디가 벌어다 준 이익은 세전 19억 달러에 육박했다. 씨즈 캔디가 벌어들이는 이익은 이후 여러 해에 걸쳐 재배분되었고 버크셔 해서웨이로 하여금 다른 기업들을 인수할 수 있는 길을 터주었다. 그 결과 더 많은 수익이 창출됐다. 워런 버핏은 이러한 일련의 사업 확장 과정을 '토끼 새끼치기'에 비유했다.

워런 버핏이 씨즈 캔디를 인수하면서 배운 교훈은 다음 세 가지로 정리해 볼 수 있다. 앞서 언급한 내재가치 관점에서 씨즈 캔디는 상당히 저평가된 상태였다. 둘째, 씨즈 캔디를 인수한 경험으로 워런 버핏은 자본을 합리적으로 배분할 수 있다면 성장이 더딘 기업을 비싼 가격에 매수하더라도 이는 현명한 투자라는 통찰을 얻었다. 마지막으로, 그는 "저는 막강한 브랜드 가치에 대해 깨달았습니다. 이를 통해 수익성 좋은, 여러 다른 투자 기회들을 발견할 수 있었지요."라고 회고했다.

씨즈 캔디를 인수할 당시, 워런 버핏은 스승 그레이엄으로부터 배웠던 이익, 배당, 유동자산 대비 저렴한 주식에만 투자한다는 확고한 원칙을 내려놓았다. 지금 돌아보면 이것이 그의 터닝 포인트였다. 씨즈 캔디를 인수한 경험을 바탕으로, 워런 버핏은 코카콜라처럼 브랜드 가치가 높은 다른 소비재 기업들을 매수해나가기 시작했다.

1988년 버크셔 해서웨이가 코카콜라를 인수했을 때 코카콜라의 주식은 이익 및 현금흐름 대비 각각 15배, 12배 가격에 거래되고 있었다. 시장 평균 대비 30%, 50%의 프리미엄이 더해진 가격이었다. 워런 버핏은 장부가 대비 다섯 배 가격을 지급하고 코카콜라를 매수했다. 벤저민 그레이엄에게서 엄격한 가치투자 원칙을 전수받았던 이들은 이 거래를 완강히 반대했지만 워런 버핏은 이미 스승의 그림자를 벗어나 있었다.

1989년 버크셔 해서웨이는 코카콜라가 발행한 주식 가운데 7%를 보유했다. 워런 버핏은 버크셔 해서웨이의 포트폴리오 자산 가운데 1/3에 해당하는 10억 달러를 코카콜라에 투자했고 10년 뒤 이 투자금은 116억 달러로 늘어난다. 만약 이 돈을 S&P에 투자했다면 이 돈은 30억 달러로 증가하는 데 그쳤을 것이다. 워런 버핏의 코카콜라 매수는 가치투자인가? 아니면 1990년대 마켓 모멘텀을 등에 업은 성장주 투자에 가까울까?

워런 버핏은 우리에게 '어떤 것이 매력적인 투자인가?'를 생각해 보라고 권한다. 그는 대부분의 투자자들이 '가치투자'와 '성장투자'라는 두 가지 관례적 방식 가운데 하나를 선택한다고 이야기한다. 마치 이 둘이 근본적으로 상호 배타적인 개념인 듯 여기면서 말이다. "대부분의 기업분석가들은 '가치'와 '성장'이라는, 통상 서로 반대되는 것으로 여겨지는 두 가지 접근법 가운데 하나를 선택해야 한다고 생각합니다. 실제 많은 투자 전문가들은 이 두 개념을 혼합하는 경우를 두고 '지적인 복장 도착cross-dressing'[8]으로 매도하기도 합니다."

워런 버핏은 "가치투자는 전형적으로 주가순자산비율(이하 PBR)[9] 또는 주가수익비율(이하 PER)[10]이 낮거나 배당수익률dividend yield[11]이 높은 종목들을 매수한다는 의미를 담고 있습니다. 하지만 매수하려는 종목이 이러한 특성들을 지니고 있다고 해도 심지어 여러 요소를 고루 갖추고 있다 하더라도, 이는 그 종목이 가치 있고 그래서 투자하면 가치를 얻는다는 가치투자의 원칙에 실제적으로 부합하는 종목이라는 절대적 근거가 되지는 못합니다. 반면 이와 반대되는 특성, 즉 PBR,

---

8   남성이 여성 복장을 하거나 여성이 남성 복장을 하는 행위를 말한다.

9   주가를 주당순자산으로 나눈 값이다.

10   주가를 주당순이익EPS으로 나눈 값이다.

11   1주당 배당금을 주가로 나누어 산출한다. 현재 가격으로 주식을 사서 배당금을 받았을 대 어느 정도 수익률이 예상되는지 알 수 있다.

PER이 높고 배당수익률이 낮다고 해서 반드시 가치투자와 상충되는 것은 아닙니다."라고 한다.

1992년 버크셔 해서웨이 연례 보고서의 9페이지에 등장했던 위 문단은 워런 버핏이 가진 가치투자에 대한 생각의 핵심을 보여준다. 워런 버핏은 무조건 PER이 낮은 종목을 매수하는 것이 가치투자라고 생각하지 않았으며 가치투자자는 PER이 높은 기업에 투자할 수 없다고 단정 짓지도 않았다.

워런 버핏도 자신이 훨씬 어렸을 때에는 성장투자냐 가치투자냐 하는 논란 속에서 이를 모두 수용하는 '유연한 사고'를 인정하는 것이 어려웠다고 이야기한다. 하지만 그는 이제 "이 두 가지 투자 방식은 불가분의 관계입니다. 성장은 언제나 가치를 계산할 때 포함시켜야 하는 요소입니다. 성장은 기업 가치의 관점에서 일종의 변수 역할을 합니다. 그 중요성은 무시할 만한 수준일 수도 있고 엄청난 것일 수도 있죠. 미치는 영향 또한 긍정적일 수도 있지만 부정적일 수도 있습니다." 라고 생각하는 입장에 서 있다.

1992년 워런 버핏은 공개적으로 벤저민 그레이엄으로부터의 독립을 선언했다. 물론 투자 방식 측면에서 말이다. 물론 안전마진이 확보된 주식을 매수하고 투자자로서 필요한 기질을 키우는 등 벤저민 그레이엄이 말한 근본적 투자 철학들은 워런 버핏의 투자에 고스란히 남았다. 다만 그레이엄이 주식의 가치를 발견하기 위해 사용하던 단순한 회계적 방법을 더 이상 투자에 적용하지 않기로 한 것이다. 그렇다면, 여기에는 중요한 질문이 뒤따르게 된다. 저렴한 가격에 기반한 회계적 투자 방법은 주식의 가치를 발견하는 데 어떤 도움을 주는가?

고전적인 가치투자(여기서는 그레이엄과 도드가 주장한 투자 방법을 의미한다.)의 핵심은 투자자들이 최근 악재들에 지나치게 반응함으로써 주가가 떨어진, 저평가된 기업들을 찾아내는 것이다. 마찬가지로 고전적 가치투자자들은 향후 호재에 대한 기대로 가격이 올라갈, 인기 성장주들에 대해서도 시장이 과민한 반응을 보일 수 있다고 생각한다. 이들의 관점에서 현재의 이익 대비 주가가 높은 주식들은 고평가되어 있는 셈이다.

　　이러한 가치투자의 핵심에는 역발상적 사고가 놓여있다. 가치투자자들은 시장이 팔고 있는 종목을 사고 시장이 사고 있는 종목을 파는 특성을 보인다. 고전적인 가치투자의 입장에서 투자의 성공 전략은 비싼 종목은 값이 떨어지고 저가의 종목은 결국 값이 오르게 되는 평균 회귀를 전제로 한다. 그레이엄은《증권분석》의 맨 앞장에 오라스로도 불리는 로마시대 서정 시인 퀸투스 호라티우스 플라쿠스의 말을 인용했다. "많은 사람들이 지금 넘어져 있으나 곧 일어설 것이다. 또한 지금 영광을 누리고 있는 많은 이들은 나락으로 떨어질 것이다."

　　하지만 워런 버핏은 결국 비싼 값을 치렀고, '필요한 것은 여론이 아니라 생각하는 것'이라는 결론을 얻었다. 오랜 기간에 걸쳐 그레이엄과 도드가 틀을 잡은 가치투자는 유진 파마와 케네스 프렌치와 같은 학자들에 의해 지지되고 발전되어 왔다. 널리 읽히고 인용된 이들의 논문은 수많은 가치투자 회사들이 생겨나고 이들이 투자자들의 신뢰를 얻는 근거가 되었다. 이내 스스로를 가치투자자라고 자부하는 모든 이들이 주가배수가 높은 종목들은 피하고 PER, PBR이 낮은 종목들을 매수하는 흐름이 나타났다. 워런 버핏도 이와 완전히 동일한 방식으로 투자했었다. 온전히 그레이엄식 계산법에 근거해 싼값으로 매수한 기업들을 실제 보유해 보고 종종 실망스러운 결과를 얻기 전까지는 말이다.

—

　30년 전 워런 버핏이 오랜 기간에 걸쳐 깨달음을 얻었던 그 문제는 오늘날에도 고전적 가치주 투자자들을 괴롭히고 있다. 2008년 금융위기 이후, 전통적 가치주들은 주가배수가 높은 성장주들에 비해 확연히 저조한 성과를 보여왔다. 성장주들의 상대적 강세가 10년 넘게 이어져 온 것이다. 고전적 가치투자자들은 가치투자의 계절이 돌아오면 다시 한번 봄날을 맞이하게 될 것이라며 자신들의 신세를 한탄했다. 상당수 가치투자자들이 현재 같은 전통적 가치주의 부진을 1990년대 후반 상황에 비유한다. 1990년대 후반은 성장주들이 기술 및 인터넷 혁명을 등에 업고 상대적으로 더딘 상승세를 보이던 전통적 가치주들을 크게 앞서나가던 시기였다. 가치투자자들은 현재 주가 상승을 견인하고 있는 성장은 2000년~2002년과 마찬가지로 비극으로 끝나고 말 것이며 이는 단지 시간 문제일 것이라고 이야기한다.

　하지만 1990년대 후반 시장을 주름 잡던 기술 기업들과 오늘날의 성장 기업들 사이에는 근본적인 차이가 있다. 1990년대 후반 성장주들이 보인 주가 모멘텀[12]의 경우, 근본적으로 경제적인 펀더멘털이 뒷받침되지 못했다. 당시 투자자들은 가치평가를 정당화하기 위해 이익이 아닌, 여러 의미 없는 지표들을 동원했다. 아쉽게도 이 지표들은 이익으로 이어지지 않았고, 투자자들이 지불했던 가격은 극도로 고평가되었던 것으로 드러났다. 하지만 우리는 오늘날 성장 주식들이 상대적인 강세를 보이는 근거를 매출, 이익, 그리고 현금흐름을 통해 명확하게 찾을 수 있다. 그리고 현재와 2000년대 성장주들 사이의 주요한 차이점 두 번째는 바로 금리이다. 미국 10년물 국채 수익률이 2000년 당시에는 6.0%였지만 2021년 현재는 1%가 채 되지 않는다. 금리가 낮을수록 주식, 특히 성장주들의 가치는 높아진다.[12]

가치주와 성장주의 성과에 대한 논쟁은 지속적으로 이어져왔고 이를 정면으로 다룬 주목할 만한 이들이 있다. 뉴욕대학교 경영대학원의 바루크 레브 교수와 캘거리 경영대학원의 아눕 스리바스타바 교수다. 이들은 주제를 심도 있게 분석한 것으로 평가받고 또 널리 읽히고 있는 논문 〈가치투자의 종말에 대한 소명*Explaining the Demise of Value Investing*〉을 발표했다. 이들은 논문에 전통적인 가치주들이 왜 (성장주 비중이 빠르게 높아지고 있는) 시장의 성과를 상회하는 데 어려움을 겪고 있는지 매우 합리적이고 경제적 관점에서도 설득력 있는 이유를 제시했다.

레브와 스리바스타바 교수는 《증권분석》 출간 이후를 기점으로 한 가치투자의 탄생 이후, 기업들의 투자가 주로 공장, 건물 등의 부동산, 설비를 중심으로 이루어져 왔다는 점에 주목했다. 유형자산의 규

---

12 주가 추세의 속도가 증가하고 있는지 감소하고 있는지 그 추세를 운동량으로 측정하여 나타낸 지표를 뜻한다.

제3부 진화하는 가치투자

모는 물리적인 건물들, 대체로 소매 상점들의 규모로 책정된다. 회계 규정에 따르면 유형자산의 자본 총액은 감가상각비를 제외하고 기업의 재무상태표에 100% 반영되어야 한다. 따라서 미국 기업들의 가치는 대부분 기업의 장부가치로 평가되었다. 두 사람은 1980년대 중반까지 상장 기업들의 장부가치 대비 시장가치 비율market-to-book ratio의 중앙값이 1.0 수준을 맴돌았다는 사실을 발견했다. 이 시기에는 시장가치가 장부가치보다 높은지 낮은지로 해당 종목의 고평가 혹은 저평가 여부를 판단했다.

하지만 1980년대부터 미국 기업들의 비즈니스 모델이 달라지기 시작했다. 산업혁명 이후 기업의 성장을 판가름하던 공장, 부동산, 설비 등의 유형자산에 투자하는 대신 이제 기업들은 특허나 저작권, 상표권 그리고 브랜드 마케팅과 같은 무형자산 쪽으로 중심을 옮겨가고 있었다. 유형자산은 물리적 재산, 무형자산은 지적 재산의 형태를 띤다. 하지만 당시 회계법은 여전히 산업혁명 시대의 기준을 따르고 있었기 때문에 기업들은 모든 무형자산 투자를 즉각적인 비용으로 처리해야만 했다. 즉 무형자산 투자는 장부 가치에 포함되지 않았다. 무형자산 투자가 기업의 내재가치를 높이는 역할을 한다고 주장을 하더라도 그레이엄과 도드식 계산법에 있어서는 이 같은 요소가 반영될 자리가 없었다.

레브와 스리바스타바 교수는 기업들의 유형자산 투자가 1980년 이후 지속적으로 감소했지만 이에 반해 무형자산 투자는 계속해서 늘고 있다는 사실에 주목했다. 1990년대 중반이 되자, 무형자산 투자 성장률이 유형자산 투자 성장률을 넘어섰다. 이들은 논문을 통해 "최근 미국의 민간 부문을 살펴보면 무형자산 투자 비율이 유형자산 투자의 두 배에 이른다. 그리고 그 비율은 갈수록 증가하고 있다."라고 밝히고 있다.

　이러한 사실은 고전적 가치투자자들에게 무엇을 의미할까? 간단히 말하자면, 규정상 무형자산에 투자하는 기업들은 이 투자 비용을 장부 가치에 포함시키지 않고 당장의 이익에서도 제외해야 한다는 것이다. 그렇게 되면 PER과 PBR이 높아지고 기업을 비싸 보이게 만든다. 하지만 만약 가치평가 방법을 일반회계원칙GAAP에서 조정 현금흐름 및 자본수익률을 바탕으로 한 경제적 수익 방식으로 변경해 본다면, 일반회계원칙상으로는 비싸 보이는 기업들도 기업 소유주business-owner[13] 마인드를 가진 투자자 입장에서는 실제 매력적인 기업으로 판단할 수도 있다.

　워런 버핏이 가치투자자로서 얻은 깨달음은 그가 같은 시기 실제 회사를 소유한 경험을 밑바탕으로 한다는 점을 간과해서는 안 된다. 학자들은 이로부터 몇십 년이 지나고 나서 결국 버핏과 동일한 결론에 도달했다. 이 경우 워런 버핏의 회사를 보유함으로써 얻은 후천적 지식이 재무 수학자들의 선험적 사고보다 한 수 앞선 판단 근거가 되었다고 볼 수 있다.

　고전적 가치투자자들은 계속해서 지나간 봄날을 그리워하고 있지만 레브와 스리바스타바 교수는 앞으로 이들에게 과거만큼 좋은 소

---

[13]　원문에 쓰인 business-owwer는 맥락에 따라 사업주, 또는 기업소유주로 번역되었다.

식은 없을 것이라 경고한다. 이들은 성장주들의 수익과 대형 가치주들의 사업적 수익성을 비교하면서 이들의 자기자본이익률ROE과 순영업자산수익률RNOA의 중앙값이 상당히 대비되는 모습을 보인다는 사실을 발견했다. 성장주는 과거 10년 동안 가장 높은 수익률을 달성한 반면 고전적인 가치주들은 지난 50년 동안 최저 수준의 수익률을 보였다. 고전적 가치주들이 투자 성과를 높이기 위해 혁신과 성장에 투자하고자 해도 이에 필요한 수익을 충분히 창출할 수 없었던 것이 상황을 더욱 악화시켰다. 고수익을 낼 프로젝트에 투자할 내부 운영 자금이 부재한 채, 이러한 전통적인 가치주들은 현재 '낮은 밸류에이션'이라는 스스로 만든 덫에 갇혀버렸다. 주가와 유동자산 간의 괴리로 정의되는 안전마진은 처음에는 일견 매력적으로 보인다. 하지만 실제로는 이러한 종목들 가운데 상당수가 투자자들을 '가치 함정'[14]에 빠뜨린다.

여담으로 최근에 와서야 회자되는 바이지만, 1992년 파머 프렌치 모델을 소개해 명성을 얻었던 유진 파머와 케네스 프렌치는 현재 자신들의 과거 주장을 수정하고 있다. 파머와 프렌치는 28년 전 PBR이 낮은 기업들, 즉 가치주들이 주식시장 대비 추가 수익을 창출하는 '가치 프리미엄'을 지닌다고 주장했다. 실제 대형 가치주들이 1963년부터 1991년 사이 시장 성과를 상회하며 0.42%의 프리미엄을 나타냈다. 하지만 1991년부터 2019년 사이 상황이 달라졌다. 가치 프리미엄

---

14 저 PER, 저 PBR에 투자했는데 주식이 계속 저평가되는 상황을 뜻한다.

이 0.11%로 낮아지면서 저 PBR 가치주들이 지니고 있던 성과의 효과도 사라졌다.

지난 30년간의 주식시장의 흐름을 볼 때, 실제 저 PBR 가치주들의 시장 대비 초과 성과는 감소했다. 파머와 프렌치 교수는 최종 결론을 유보했다. 물론 프렌치 교수가 설명했듯, "지난 28년간 가치주들의 성과가 하락했다고 해도, 이것만으로 더 이상 시장에서 가치 요인이 작용하지 않는다고 섣불리 결론지을 수는 없다. 이는 단순히 긴 불행의 시기를 겪었기 때문에 생긴 결과"일 수도 있다.

벤저민 그레이엄은 지난 50년간 아주 성공적으로 작동해 온 가치투자 공식을 만들어냈고 이 점에 있어서만큼은 칭송받아 마땅하다. 그는 투자 방향을 가늠할 기준이 없던 시절, 투자자들이 주식시장을 체계적으로 항해할 수 있도록 기여한 인물이다. 하지만 오늘날 우리가 그레이엄과 도드의 회계 방식에 따른 주가배수들에 대해 이야기할 수 있는 것은 이 지표들이 기껏해야 가치의 추정치 정도라는 점이다. 이 주가배수들은 시장의 기대를 대변한다. PER이나 PBR이 높다면 이는 주식에 대한 투자자들의 기대가 높다는 것을 의미한다. 반대로 낮은 PER이나 PBR은 투자자들의 기대가 낮음을 보여준다.

카운터포인트 글로벌Counterpoint Global 산하 콘실리언트 리서치 Consilient Research의 대표이자 다수의 책을 저술한 주목받는 작가, 그리고 컬럼비아대학 경영학과 부교수를 맡고 있는 마이클 모부신은 〈주가수익배수가 의미하는 것은 무엇인가*What Does a Price-Earnings Multiple Mean?*〉라는 중요한 논문을 발표했다. 그는 이 논문을 통해 PER이 가치평가의 기준이 되는 문제를 규명하고자 했다. 모부신은 PER이 여전히 주식의 가치평가에 있어 핵심적 분석방법이 되고 있는 상황을 비판했다. 최근 투자자 2,000명을 대상으로 실시한 설문 조사에 따르면 응답자의 93%가 주식의 가치평가를 위해 주가배수를 사용하고 있고 거의 압도적 다수가 PER을 사용하는 것으로 나타났다. 하지만 모부신은 즉각 이 문제를 지적했다. "주가배수는 가치평가 방법론이 아니다. 주가배수는 가치평가 과정에서 사용하는 지표일 뿐이다."

모부신은 투자자들이 PER이 정확히 어떤 의미인지를 이해하는 데 그렇게 많은 시간을 할애하지 않는다고 이야기한다. 현재의 PER이 향후 달라질 수 있다는 점과 더불어, 해당 기업의 현재 비즈니스 모델의 가치를 어떠한 식으로 왜곡하고 있는지도 생각해보아야 한다는 것이다. 모부신은 자신의 주장을 뒷받침하기 위해 뉴욕대학교 경영대학원 재무학 교수이자, 가치평가 분야의 선구자로 평가받고 있는 애스워스 다모다란의 말을 인용했다. "주가수익배수는 가격결정에 관련한 지표로는 아무 문제가 없다. 하지만 가치평가 자체를 의미하지는 않는다. 가치평가는 기업을 분석하고, 이해하고 현금흐름과 리스크를 파악하며 기업의 가치에 근거해 기업에 수치를 매기는 작업이다. 하지만 대부분의 사람들은 이 과정을 거치지 않고 기업에 값을 매긴다. 가치평가에 있어 발생하는 가장 큰 실수는 가격결정pricing을 가치평가valuation라고 잘못 인식하는 데 있다."

워런 버핏은 PER과 가치투자에 대한 입장을 분명히 한 후, 투자자들이 기업평가를 위해 주목해야 하는 핵심 변수들을 분명하게 규정한다. "가격 문제는 신경쓰지 마십시오. 보유하기 좋은 기업은 장기간, 증가하는 대규모 자본을 높은 수익률로 활용할 수 있는 기업입니다.

보유하기에 최악인 기업은 이와 반대되는 흐름을 보이거나 보일 예정인 기업입니다. 즉 수익률은 아주 낮고 계속해서 사상 최대 수준의 자본지출을 일삼는 기업이죠"라고 말이다. 워런 버핏의 머니 마인드는 늘 복리를 전제로 움직인다. 그는 특히 가치를 생산하고 돈이 복리로 불어나는 기업들에 집중한다.

—

자본수익률이 높은 기업과 그렇지 않은 기업 간의 가치평가 차이 그리고 그 차이가 PER에 미치는 영향을 더 잘 파악하기 위해서 우리는 다시 마이클 모부신에 대해 이야기할 필요가 있다. 1961년 재무학 교수인 머튼 밀러와 프랑코 모딜리아니는 〈배당 정책, 성장, 그리고 주식의 가치평가*Dividend Policy, Growth and the Valuation of Shares*〉라는 논문을 발표했고, 모부신은 이 논문이 가치평가의 근대 시대를 열었다고 평가한다. 밀러와 모딜리아니는 투자자들에게 다소 단순한 질문을 던진다. "시장이 실제적으로 자본화하는 것은 무엇인가?" 이들은 기업의 수익, 현금흐름, 미래의 가치창출 기회, 배당 등을 측정한다. 이 수치들을 통해 알아낸 것은 무엇이었을까? 놀랍게도 이러한 모든 수치들은 동일한 모델로 귀착한다. 두 사람은 이 수치들을 연구하며 주식의 가치는 미래의 잉여현금흐름의 현재가치라는 결론에 도달한다. 하지만 가장 눈길을 끌었던 것은 이들의 후속 연구였다.

투자자들이 미래현금흐름의 가치평가가 미치는 영향을 더 잘 이해할 수 있도록 밀러와 모딜리아니는 기업을 두 부분으로 나누어 공식화했다. '기업(주식, 사업)의 가치 = 정상상태steady state의 가치 + 미래의 창출 가치'라는 것이다. 이들은 기업의 정상상태의 가치를 (정규화한) 세후순영업이익NOPAT을 자본비용으로 나눈 값에 잉여현금을 더한 값과 동일하다고 판단했다. 모부신은 기업의 정상상태 가치를 계산할 때 영구적 성장 모델을 활용했으며 현재의 세후순영업이익이 지속적으로 유지되고 투자증가가 가치를 증가시키거나 감소시키지 않는다고 가정했다.

회사가 창출하는 미래가치에 대해서는 '회사가 투자하는 자본 × 자본수익률이 자본비용을 상회하는 폭(자본수익률 - 자본비용) × 이러한 경쟁 우위가 유지되는 기간'으로 정의했다. 기업이 창출하는 미래 가치가 양이라면 이는 시간이 지나면서 그 기업이 만들어내는 현금을 의미한다. 물론 자본비용 이상의 현금이익(투자자본 대비 퍼센트로 측정)을 거두는 경우를 전제로 한다. 상당히 복잡해 보일 수 있다. 하지만 밀러와 모딜리아니는 워런 버핏이 언급했던 바를 간단하게 공식화한 것이다. 즉 보유하기 가장 좋은 기업은, 다시 말해 가장 높은 미래 가치를 창출하는 기업은 증가하는 자본을 이용해 (자본비용 이상으로) 높은 수익을 내고 그 현금이익을 다시 장기간 지속적으로 높은 자본 수익을 창출하는 데 재투자하는 기업이다.

모부신은 자신의 학생들에게 밀러와 모딜리아니의 미래가치 창출 이익을 PER과 연결지어 분석하도록 가르쳤다. 핵심 논지는 '투자로 투자비용 이상의 수익을 벌어들이는 기업은 가치를 창출하는 기업이다.'였다. 투자 수익이 투자비용 이하인 기업들은 결과적으로 주주 가치를 훼손한다. 또 자본비용과 동일한 수익을 거두는 기업들은 얼마나 빠르게 혹은 느리게 성장하는지와 상관없이 주주가치를 창출하지도 훼손하지도 않는 기업이라고 볼 수 있다.

투자자들은 빠르게 성장하는 기업이라도 실제로는 자신들의 투자를 망칠 수 있다는 점을 거의 생각하지 못한다. 자본비용이 8%이고 투자를 15년 동안 유지한다고 해보자. 이 기업의 자본수익률이 8%라면 이 기업의 적정 PER은 12.5가 된다. 이 기업이 연 평균 4%, 8%, 혹은 10%로 성장하는지와 무관하게 이 기업의 적정 PER은 12.5배로 동일하다. 하지만 8% 자본비용이 발생하는 상황에서 투하자본수익률 ROIC[15]이 4%에 그친다면 적정 PER은 기업 성장률이 4%일 때 7.1배, 6%일 때는 3.3배 수준으로 낮아진다. 그리고 기업의 성장속도보다 빠르게 주주가치를 갉아먹기 시작한다. 마지막으로 자본비용 8%, 투하자본수익률이 16%인 기업의 적정 PER은 기업이 4%, 6%, 8%, 10% 성장한다고 가정할 때 각각 15.2배, 17.1배, 19.8배, 22.4배가 된다.

요약하자면 기업이 자본비용을 초과하는 수익을 거두었을 때, 성장속도가 빠를수록 기업의 가치는 더 높아진다. 여기서 얻을 수 있는 교훈은 주가배수가 높고 성장속도가 빠른 기업이라 할지라도 자본비용 이상의 현금이익이 창출되는 경우일 때야 비로소 훌륭한 투자처가 될 수 있다는 것이다.

주식가치를 평가할 때 기업의 현금이익과 자본이익 그리고 성장률을 우선적으로 분석할 경우, PER에 대해서는 어떤 의미를 부여할

---

15 세후 이익을 투하자본으로 나눈 값이다.

제3부 진화하는 가치투자

수 있을까? 한 가지 확실한 것은 적어도 PER이 낮은 기업은 저평가되었고 PER이 높은 기업은 고평가되었다는 식의 지극히 단순한 접근은 곤란하다는 것이다. 차후 기업 분석가나 시장 해설자가 어떤 주식이 주당 이익 대비 몇 배에 거래되고 있다고 이야기하면, 즉시 그 회사가 실제로 어느 정도 현금을 창출하고 있는지, 해당 기업이 자본 지출 대비 투하자본수익률은 어느 정도인지, 마지막으로 이러한 현금흐름이 향후 어느 정도로 증가할지, 어느 정도 지속될지 등을 살펴보아야 한다.

전통적인 가치주 투자자들은 자신들이 투자하고자 하는 기업들의 경제적 생명력이 어느 정도인지를 판단하고자 할 때 바루크 레브, 아눕 스리바스타바뿐 아니라 마이클 모부신, 애스워스 다모다란, 머튼 밀러, 프랑코 모딜리아니가 한 조언들을 마음에 새길 필요가 있다. 그 기업들의 낮은 PER이 너무 매력적이라 하더라도 말이다.

2단계: 미래 요소로 내재가치를 파악하라

'내재가치를 계산할 때 현재 요소와 미래 요소는 각각 어느 정도 비중이 되어야 하는가?'는 가치투자가 진화하는 데 근간이 되는 질문이다. 또한 우리를 가치투자의 1단계에서 2단계로 나아가게 하는 질문이기도 하다.

그레이엄은 미래보다 현재를 더 강조했다. 워런 버핏이 버핏 합자회사의 키를 잡고 있을 때, 그레이엄의 가르침은 버핏이 목적지까지 가는 데 필요한 일종의 항해지도와도 같았다. 하지만 워런 버핏이 배를 옮겨 새로운 선박의 선장이 되면서 상황이 달라졌다. 그는 버크셔 해서웨이의 가치를 높이는 데 필요한 미래의 복리 요소들에 대해 생각해야 했고 새로운 지도가 필요했다. 그 과정에서 워런 버핏은 자신의 관심을 기업의 경쟁적 지위, 매출, 이익 및 현금 수익의 미래 전망들을 연구하는 쪽으로 돌렸다. 더불어 그는 경영진들의 자본 배분 역량을 중요한 요소로 생각했다. 기업들은 자본 배분을 통해 기업의 가치 창출에 따른 복리효과를 극대화할 수 있기 때문이었다.

우리가 현재의 (아마도 크지 않은) 기회와 미래의 (아마도 큰 투자 수익을 가져다줄) 기회 사이의 차이를 보다 잘 이해할 수 있도록, 워런 버핏은 투자의 기본을 잘 담고 있는 놀라운 이야기를 하니 소개했다. 2600년 전 그리스 이솝이 지은 우화로 세계 최초의 투자지침을 담고 있다. 어느 화창한 오후 먹을 것을 찾던 매 한 마리가 가지에 앉아있는 나이팅게일을 발견했다. 매는 몸을 날려 재빠르게 이 작은 새를 낚아챘다. 조그마한 나이팅게일은 제발 목숨을 살려달라고 매에게 애원했다. "나는 이렇게 몸집이 작은 걸요. 간에 기별도 안 갈 거예요." 매는 큰소리로 웃으며 "내가 왜 너를 놓아주어야 하지? 아직 잡지 못한 더 큰 먹이를 찾아나서는 것보다 손 안에 움켜잡은 먹이를 삼키는 게 언제나 더 나은 선택이야."라고 말했다. 매는 '손에 잡힌 새 한 마리가 풀숲에 있는 새 두 마리보다 낫다.'라는 투자 계산을 한 셈이다.

하지만 워런 버핏은 당신이 다음의 세 가지 질문에 답을 하기 전까지는 당신 손에 있는 새 한 마리가 반드시 풀숲에 있는 새 두 마리보다 나은 것은 아니라고 한다. 첫 번째, '풀숲에 실제로 새가 있을 확률이 어느 정도 되는가?' 두 번째, '그 새들은 언제 나타나고, 몇 마리나 있을 것인가?' 마지막, '무위험 이자율은 얼마인가?' 수학적으로 워런 버핏이 우리에게 이야기하는 것은 만약 풀숲에 새 두 마리가 있고 5년 후에 회수하는 조건으로 5% 이자율을 가정한다면, 우리는 풀숲에 있는 새 두 마리 쪽에 베팅을 해야 한다는 것이다. 기대수익률이 연복리 14%만큼 더 크기 때문이다.

워런 버핏은 "이솝의 격언에서 새를 달러로 확장하고 전환해서 생각해보세요. 불변의 진리를 담고 있습니다."라고 말한다. 이 격언은 농장, 제조업 공장, 채권, 그리고 주식에도 적용해볼 수 있다. 금리 문제는 잠시 제쳐두고(물론 금리는 하찮은 문제가 아니다. 더 높은 금리는 투자를 현명하지 못한 선택으로 만들어버릴 수도 있기 때문이다.) 첫 번째와 두 번째 질문에 먼저 초점을 맞추어보도록 하자. 우리는 풀숲에 새가 두 마리 있다고 얼마나 확신할 수 있을까? 그리고 그 새들을 잡는 시점은 정확히 언제가 될 것인가? 이를 주식과 연관 지어, 워런 버핏은 "투자자가 타당한 결론에 도달하기 위해서는 독립적으로 생각하는 능력과 더불어 기업의 경제성에 대한 전반적인 이해가 어느 정도 필요합니다."라고 이야기한다.

컬럼비아대학 재학 중 데이비드 도드 그리고 벤저민 그레이엄에게 수업을 듣던 시기, 또 그레이엄-뉴먼에서 일한 2년 동안에도 워런 버핏은 장기적 사업 전략이나 경제적 복리효과에 대해 충분히 배우지 못했다. 이는 교과과정에도 포함되어 있지 않았다. 워런 버핏이 궁극적으로 기업의 내부 시스템 및 경영진의 의사 결정에 대해 배우게 된 것은 실제로 회사를 운영하면서였다. 버크셔 해서웨이가 인수한 장기적 사업들을 실제로 운영하면서 그의 사고방식은 큰 변화를 겪었다. 그것은 살아있는 경험이었고 대학 교과나 교재를 통해서는 결코 온전히 배울 수 없는, 그런 종류의 교훈들이었다.

버핏 합자회사는 위임장 쟁탈전을 성공적으로 마친 후 1965년 버크셔 해서웨이의 경영권을 넘겨받았다. 그해 워런 버핏은 투자 합자회사 내 자신의 역할에 무한책임사원 외에 방직공장 운영 책임자 직무를 추가했다. 심지어 전임 사장인 시버리 스탠튼을 대신해 케네스 체이스가 버크셔 해서웨이의 사장으로 임명되었지만 여러 현실적인 이유로 워런 버핏은 버크셔 해서웨이를 직접 감독했다. 심지어 버크셔 해서웨이의 연례보고서도 손수 작성했다.

당시 벤저민 그레이엄은 이미 오래전에 월스트리트를 떠나 투자에 대한 관심을 거둔 채 캘리포니아에서 편안한 여생을 보내고 있었고 워런 버핏의 새로운 친구 찰리 멍거는 자신의 투자 회사를 이제 막 시작한 상황이었다. 워런 버핏과 찰리는 서로 연락을 주고받는 사이이긴 했으나 아직 둘 사이에 끈끈한 유대관계가 형성되기 전이었다. 버핏은 홀로 회사를 운영하고 있었으며 난생 처음 자기 자본이 2200만 달러에 이르는 상장 기업의 책임자가 된 상황이었다. 하지만 그는 혼자가 아니었다.

1958년 필립 피셔의 《위대한 기업에 투자하라》가 출간되었다. 워런 버핏은 이 책을 읽었고 몇 년 후 그를 찾아갔다. "필립 피셔의 책을 읽은 후에 어렵사리 그를 만나볼 수 있었습니다. 실제로 그를 만났을 때 저는 그가 가진 생각들에 큰 감명을 받았죠." 필립 피셔 역시 워런 버핏을 본 순간 마음에 들었다. 그는 전도유망하다는 투자 전문가들이 요청하면 적어도 한 번쯤은 만나곤 했지만 그 이상 만남을 이어가는 경우는 드물었다. 피셔는 사람들을 A 아니면 F 두 부류로 구분했다. 워런 버핏은 필립 피셔가 두 번 이상 만남을 지속해온 몇 안 되는 투자자 가운데 한 명이었다. 피셔는 자신이 워런 버핏이 지금처럼 유명해지기 훨씬 전에 그에게 A를 줬다며 그 사실을 늘 자랑스러워했다.

필립 피셔는 젊은 워런 버핏에게서 무엇을 보았던 것일까? 그는 버핏이 진실함, 투자자로서의 기질, 안전마진 확보라는 자신의 핵심 투자 원칙들을 양보하지 않으면서도 투자자로서 어떻게 성장하고 진화해 왔는지에 깊은 인상을 받았다. 피셔는 대부분의 전문 투자가들이 투자에 대해 한 가지 기술이나 접근 방식만을 파고든다고 생각했다. 가령 PER이 낮은 종목들만 매수하는 것처럼 말이다. 이들은 자신들의 기술을 더 강화하며 절대 바꾸지 않았다. 하지만 워런 버핏은 이와는 대조적으로 해를 거듭하며 계속해서 진화하는 투자자의 모습을 보여줬다.

가령 피셔는 가치투자에 근간을 두고 있던 워런 버핏이 1970년대 프랜차이즈 독점권을 가진 미디어 주식들에 투자하리라고는 아무도 예상치 못했을 것이라고 이야기했다. 하지만 실제로는 어떠한 일들이 벌어졌는가? 1970년대를 아우르며 워런 버핏은 워싱턴 포스트 컴퍼니Washington Post Company, 나이트 리더 뉴스페이퍼Knight-Ridder Newspapers, 캐피탈 시티즈 커뮤니케이션즈Capital Cities Communications, 아메리칸 브로드캐스팅 컴퍼니American Broadcasting Company를 버크셔 해서웨이 포트폴리오에 담았다. 더불어 피셔는 워런 버핏의 이전 행보들을 감안할 때 그가 PER이 평균 이상인 소비 가치주들을 매수할 것이라고 어느 누가 예상했겠느냐고 반문했다. 하지만 워런 버핏은 제네럴 푸즈General Foods, RJ 레이놀즈R.J. Reynolds, 질레트 컴퍼니The Gillette Company, 그리고 코카콜라The Coca-Cola Company 등 전 세계 최고의 소비재 생산 업체들로 버크셔 해서웨이의 포트폴리오를 채워가기 시작했다. 그는 부외거래 등을 분석해봤을 때, 이러한 종목들의 가격이 싸다고 판단했다. 이런 기업들의 경우, 브랜드 가치가 10억 달러에 육박하더라도 장부상에는 그저 1달러 정도의 가치만 기록되었다. 현금이나 재고, 부동산보다 이런 기업들의 무형자산이 훨씬 더 큰 가치를 가진다는 것을 워런 버핏은 확실히 알고 있었다.

피셔가 깊은 인상을 받은 것은 워런 버핏의 변화하는 능력, 그리고 성공적으로 변화를 실행하는 능력이었다. 진화를 시도하는 대부분의 사람들은 실패하지만 워런 버핏은 실패하지 않았다. 피셔는 그 이유를 워런 버핏이 스스로에게 진실했고 자신이 누구인지 또한 어디로 가고 있는지 방향을 잃지 않았기 때문이라고 이야기했다.

그렇다면 워런 버핏의 입장에서 생각해보자. 그는 필립 피셔로부터 무엇을 배웠을까? 결과적으로 워런 버핏은 그에게서 아주 많은 것을 흡수했다.

벤저민 그레이엄이 컬럼비아대학에서 고급 증권분석 과목을 가르치던 즈음, 필립 피셔는 투자 자문가로서의 경력을 막 시작하고 있었다. 스탠퍼드 경영대학원을 졸업하고 필립 피셔는 샌프란시스코에 있는 앵글로 런던 앤 파리 내셔널 뱅크Anglo London & Paris National Bank에서 일을 시작했다. 2년이 채 지나지 않아서 그는 은행 통계 부서의 책임자 자리에 올랐다. 어디서 들어본 이야기 같지 않은가? 피셔는 1929년 폭락장을 견디고 지역 증권 회사에서 잠시 근무한 후 드디어 1931년 3월 31일, 자신의 투자 자문 회사인 피셔 앤 컴퍼니fisher & Company의 고객을 모집했다. 그레이엄-뉴먼이 문을 연 지 6년이 지난 시점이었다.

스탠퍼드대학교 재학 당시, 피셔는 수강하고 있던 한 경영학 수업을 통해 담당 교수와 함께 정기적으로 샌프란시스코 지역 기업들을 방문할 기회가 있었다. 교수는 경영진들을 만나 기업의 운영 상태를 살폈고 종종 이들이 당면하고 있는 문제들에 대한 조언을 건네기도 했다. 그리고 학교로 돌아오는 길에 필립 피셔와 교수는 그들이 방문했던 기업과 만났던 경영진들에 대해 관찰한 바를 나누었다. 필립 피셔는 이후 '매주 그 한 시간은 내가 받았던 것 중 가장 쓸모 있는 교육이었다.'라고 회상했다.

—

피셔가 경영진을 만나고 기업의 성공과 도전에 대해 배운 것들은 피셔 앤 컴퍼니의 투자 프로세스에 고스란히 녹아들었다. 근본적으로 피셔는 장기적으로 우수한 수익을 얻기 위해서는 평균 이상의 잠재력을 지닌 기업에 투자하거나 유능한 경영진들이 있는 기업에 투자해야 한다고 믿었다. 그리고 이러한 기업들을 선별해내기 위해 경영진 및 사업 특성에 따라 개별 기업에 점수를 부여하는 체계를 개발했다. 이 점수 체계는 피셔의 기념비적인 저서인 《위대한 기업에 투자하라》 3장에 기술되어 있다. 워런 버핏이 〈어떤 주식을 살 것인가: 투자 대상

기업을 찾는 15가지 포인트〉라는 제목이 붙은 이 3장을 유심히 연구했을 것임은 불을 보듯 뻔한 일이다.

피셔는 오랜 시간 업계 평균 이상의 매출 및 이익 성장률을 나타내는 기업들에 큰 관심을 가졌다. 그는 평균 이상의 성장이 가능하려면 '최소한 향후 몇 년간, 상당한 매출 증대를 이끌어낼 수 있는, 충분한 시장 잠재력을 갖춘 상품이나 서비스를 보유'해야 한다고 믿었다. 워런 버핏은 상품이 고객들의 반복구매를 유도할 수 있는 브랜드 가치를 가지고 있어야 하며 이를 통해 기업이 매출 및 이익의 복리효과를 누리는 것이 중요하다는 사실을 깨닫고 있었다. 필립 피셔의 이러한 투자 접근법을 통해 워런 버핏은 자신의 신념을 더욱 확고히 했다.

피셔는 기업의 장기 수익성에도 관심을 가졌다. 그는 추가적인 자본조달 없이 성장할 수 있는 기업들을 선호했다. 만약 기업이 주식 발행을 통해서만 성장이 가능한 경우, 늘어난 발행주식 때문에 기업이 성장하면서 주주들에게 돌아가야 할 몫이 상쇄된다는 사실을 알고 있었기 때문이다. 우리는 제4부에서 보통주의 추가 발행 없이도 전반적인 매출 및 이익이 증가하고 있는 기업을 찾는 것이 투자의 핵심임을 살펴보게 될 것이다.

피셔는 뛰어난 기업들이 평균 이상의 재정적 여건을 보유하고 있을 뿐만 아니라 평균 이상의 기업 운영 능력을 지닌 사람들에 의해서 경영되고 있다는 사실을 인지하고 있었다. 그는 '경영진들이 의심할 여지 없이 진실성과 정직성에 기반해 회사를 운영하고 있는가? 경영진들이 주주들과 동반자인 것처럼 행동하는가? 아니면 자기 자신들의 이익에만 신경을 쓰고 있는 것 같은가?' 하는 질문들을 던졌다. 이를 파악할 수 있는 한 가지 방법은 경영진들이 주주들과 소통하는 방법을 관찰해 보는 것이라고 피셔는 이야기한다. 좋은 기업이든 그렇지 못한 기업이든 모든 기업은 예상치 못한 어려운 시기를 맞게 된다. 일반적으로 상황이 좋을 때면 경영진은 주주들과 자유롭게 소통하지만, 상황이 좋지 않을 때 우리는 그 회사에 대해 더 많은 것들을 알 수 있다. 피셔는 경영진들이 회사의 어려움에 대해 허심탄회하게 이야기하는지 혹은 이를 은폐하는지를 파악하고자 했다. 경영진들이 사업적 난관에 어떤 식으로 대응하는가는 회사를 운영하고 있는 이들에 대해 많은 것을 알려준다.

이러한 피셔의 가르침을 통해서 워런 버핏이 좋은 경영진과 나쁜 경영진을 구별하는 법을 습득했음은 어렵지 않게 추론할 수 있다. 또 필립 피셔가 언급한 경영진의 올바른 행동 강령은 버크셔 해서웨이의 관리자로서 버핏의 행동에도 영향을 끼쳤음을 확인할 수 있다.

피셔는 투자에 성공하기 위해서는, 기업들이 무슨 일을 하고 주주들을 위해 어떻게 이익을 창출해내는지 투자자 본인들이 실제로 이해할 수 있는 기업들에만 투자를 해야 한다고 믿었다. 이는 워런 버핏의 유명한 말 "투자자들은 자신들의 능력범위 안에서만 투자해야 합니다."와 동일한 메시지를 담고 있다. 피셔는 "나의 초창기 실수들은 내 능력치를 내 경험범위 이상으로 잡았던 데서 비롯되었다. 내가 온전히 이해한다고 믿었지만 그에 상응할 만한 배경지식을 가지고 있지 못했던, 내 경험 밖 산업에 투자하기 시작하면서부터 실수들이 빚어졌다."라고 당시를 회상했다.

사람들에게 자신의 능력범위를 강화하고 확장할 수 있는 방법을 알려주기 위해 피셔는 자신의 저서에 자신이 '사실 수집'이라고 부르는, 무작위로 질문을 던져 정보를 습득하는 방식을 소개했다.《위대한 주식에 투자하라》2장의 제목은〈사실 수집을 활용하라〉이다. 이 장은 3페이지 분량에 불과하지만 투자자들에게는 깊은 메시지를 던져 준다. 확신하건대 워런 버핏은 분명 이 3페이지를 읽으며 입가에 미소를 지었을 것이다. 그가 11살 때 읽은《백만장자가 되는 1,000가지 비밀》과 같은 이야기를 하고 있었기 때문이다. "당신이 시작하고자 하는 사업에 관련된 모든 정보를 읽어라. 다른 사람들이 한 경험을 통합적으로 습득할 수 있을 것이다. 그리고 그들이 멈춘 자리에서부터 당신의 계획을 실행하라."

피셔는 투자를 하려면 반드시 그 기업의 재무 보고서를 읽어야 하는 것이 정설이긴 하지만 이 보고서 하나만을 충분한 투자 근거로 삼을 수는 없다고 한다. 신중한 투자를 위해서는 필수적으로 그 회사를 잘 알고 있는 사람들에게 회사에 대해 가능한 한 많은 정보들을 얻어내야 한다. 일종의 기업 정보 수집망이다. 그는 사실 수집 방식을 사용하며 여러 고객들과 판매업자들을 직접 만났고 투자하려는 기업에서 과거 일했던 컨설턴트는 물론 퇴직한 직원들을 수소문하기도 했다. 또 대학의 연구원들이나 정부 관계자, 동종업계 임원들과도 접촉했다. 심지어 경쟁 업체 직원들도 찾아갔다. 피셔는 "어떤 방식으로든 해당 기업과 관련이 있는 사람들의 의견을 종합해 회사 전체의 단면도를 그려보면, 산업군 내 개별 기업들의 상대적 강점과 약점에 대해 분명히 알 수 있게 된다. 이는 정말 놀라운 일이다."라고 했다.

피셔가 워런 버핏에게 심어준 또 하나의 투자 원칙은 분산을 지나치게 강조하지 않는 것이다. 분산이 널리 받아들여지는 개념임은 인정하지만, 너무 많은 달걀을 너무 많은 바구니에 담는 것은 실제적으로 포트폴리오의 리스크를 높인다고 판단했다. 피셔는 투자 자문사들이 회사 자체나 상품, 경영진에 대한 충분한 지식 없이 그 회사의 주식을 보유하는 것이 제대로 분산되지 못한 포트폴리오를 보유하는 것보다 더 위험하다는 사실을 깨닫고 있지 못한다고 지적했다.

—

그레이엄과 피셔의 차이는 명확했다. 정량적 기업 분석가로서 그레이엄은 고정 자산, 경상 이익, 배당과 같이 확실하게 측정 가능한 요인들만을 강조했다. 그레이엄은 고객이나 경쟁사 관계자 혹은 매니저들을 만나는 일이 없었다. 우리가 알다시피 이러한 그레이엄식 전략들은 워런 버핏이 버핏 합자회사를 운영할 당시 근간으로 삼았던 방식이다. 하지만 버크셔 해서웨이를 운영하면서 워런 버핏은 이와는 다른 사고, 다른 배움을 필요로 했다.

정성적 분석가로서 피셔는 기업의 경쟁 전략이나 경영진들의 역량 등 기업의 미래가치를 높인다고 생각되는 요소들을 강조했다. 버크셔 해서웨이가 창출하는 미래가치를 극대화하는 데 있어, 피셔의 책은 워런 버핏에게 필요하던 대학원 교육과도 같은 것이었다. 적절한 사람으로부터 적절한 타이밍에 기회가 찾아왔다.

워런 버핏은 두 전설적인 투자자로부터 배운, 두 개의 상반된 철학들을 통합한 인물로 평가받는다. 그는 자신을 두고 "저는 15% 필립 피셔와 85% 벤저민 그레이엄으로 이루어져 있습니다."라고 이야기한 적이 있다. 하지만 당시는 1969년, 버크셔 해서웨이가 씨즈 캔디, 워싱턴 포스트 컴퍼니, 캐피탈 시티즈와 코카콜라 컴퍼니를 인수하기 전이었다. 비록 이들의 투자 접근 방식은 달랐지만, 즉 이들의 투자 기법은 서로 평행을 달리고 있었지만, 워런 버핏에게 보다 중요했던 것은 그들의 개인적 측면이었다. "벤저민 그레이엄과 마찬가지로 피셔는 겸손하고 너그러운 정신을 지녔으며 아주 보기 드문 스승이셨습니다."라고 버핏은 말한다.

워런 버핏은 필립 피셔의 가르침에는 빠져 있었던 한 가지 교훈, 바로 안전마진의 관점에서 가치 및 위험을 평가하는 방법을 그레이엄에게서 배웠다. 오늘날에도 안전마진의 개념은 성공적인 투자를 위해 반드시 필요한, 핵심 요인으로 평가받고 있다. 안전마진은 한마디로 타협 불가의 영역이다. 하지만 이익, 장부가치, 배당 대비 싼 가격으로 주식을 매수하는 방식만으로는 가치평가가 충분하지 않았다. 워런 버핏은 주식의 가치를 정확하게 평가할 수 있는 또 다른 투자 방식을 택해야 하는 상황을 마주했다.

—

미국의 경제학자인 존 버 윌리엄스는 1900년 11월 27일 코네티컷 하트퍼드에서 태어났다. 그는 하버드대학교에서 수학과 화학을 공부했지만 투자에 흥미가 있었고 1923년 하버드 경영대학원에 입학했다. 그는 곧 좋은 통계학자가 되기 위해서는 좋은 경제학자가 되어야 한다는 사실을 깨달았고 1932년 하버드대학교로 돌아와 경제학 박사 과정을 밟는다. 그는 1929년 월스트리트 대폭락과 이어진 1930년대 대공황의 원인을 밝혀내고 싶었다.

존 버 윌리엄스는 당시 막 미국으로 이주한 오스트리아 경제학자, 조지프 슘페터 아래서 공부하는 행운을 누렸다. 슘페터는 저서인 《자본주의, 사회주의, 민주주의》와 '창조적 파괴creative destruction'라는 개념을 선보여 세간의 명성을 얻었으며 윌리엄스는 슘페터의 '경제 이론' 과목 수업을 들었다. 박사 학위 논문 주제를 정할 때가 오자 윌리엄스는 슘페터 교수에게 조언을 구했고 슘페터는 보통주의 내재가치 결정법에 대한 연구를 제안했다. 윌리엄스의 학업적 배경이나 경력에 잘 맞는 주제일 것이라는 판단에서였다. 윌리엄스는 후에 슘페터가 자신에게 해당 주제를 제안한 것은 아마도 냉소적인 이유에서였을 것이라고 언급했다. 이 주제를 선정할 경우 교수들일지라도 윌리엄스와 대립각을 세우지 못할 것이었기 때문이었다. 윌리엄스는 "교수들 가운데 아무도 나의 투자 관련 아이디어들에 반박하고 싶어하지 않았다."라고 회상했다.

박사 학위를 얻기 2년 전, (결국 여러 교수들로부터 엄청난 분노를 사게 되었지만) 윌리엄스는 자신의 논문을 출판사에 보내 출간을 의뢰했다. 맥밀란은 이 제안을 거절했다. 맥 그로우 힐 역시 같은 답변을 보내왔다. 이 두 출판사 모두 그의 책이 지나치게 길고 과도하게 많은 대수학 기호들이 등장한다는 것이 거절의 이유였다. 하지만 마침내 1938년, 하버드대학교 출판사로부터 책을 출판하겠다는 회신을 받았다. 단 인쇄 비용의 일부를 윌리엄스 본인이 부담한다는 조건이 붙었다. 2년 뒤 윌리엄스는 논문에 대한 구술 심사를 치렀고 대공황의 원인에 대한 몇 차례 심도 깊은 논쟁을 거친 뒤 논문 심사에 통과했다.

윌리엄스의 책《투자가치이론*The Theory of Investment Value*》은 그레이엄과 도드의《증권분석》출간 이후 4년이 지난 시점에 발간되었다. 윌리엄스는 책을 통해 새로운 투자 아이디어를 제시했다. 자산의 내재가치는 '현재가치에 근거한 평가' 방식으로 계산되어야 한다는 것이다. 오늘날 금융 시장에서 현재가치present worth는 순현재가치net present value로 알려져 있고 평가 시점을 기준으로 할인된 예상 미래소득흐름expected future income stream의 가치로 측정한다.《투자가치이론》에서 윌리엄스는 보통주의 내재가치를 배당 형태의 미래 순현금흐름의 현재가치로 계산했다. 윌리엄스의 이러한 접근법은 배당 할인 모델DDM이라고 불린다.

워런 버핏은 존 버 윌리엄스와 그의 책에서 포착한 두 가지 주요 개념에 주목했다. 첫째, 윌리엄스는 배당을 미래의 이자로 지칭했다. 이는 매년 버크셔 해서웨이가 벌어들이는 수익을 버크셔 해서웨이에 지급하는 일종의 이자로 간주하던 워런 버핏의 관점과 깔끔하게 들어맞았다. 둘째는 아주 중요한 점으로 윌리엄스는 미래 순현금흐름의 현재가치라는 개념을 워런 버핏이 그레이엄에게 배운 바 있는 '안전마진'과 연관 지어 생각했다.

'안전마진'이라는 용어를 사용하지는 않았지만 윌리엄스는 다음과 같이 기술하고 있다. "미래 배당금의 현재가치, 또는 미래에 지급될 이자와 원금의 현재가치로 정의되는 '투자가치'는 모든 투자자들에게 실제적으로 아주 중요하다. 왜냐하면 이것이 결정적 가치, 즉 그 이상을 매수하거나 보유하기 위해서는 반드시 추가적인 리스크를 떠안아야 하는 기준점이기 때문이다."

만약 어떤 사람이 증권을 이 투자가치 이하의 값에 매수했다면 그는 증권 가격이 매수 직후 떨어진다고 해도 반드시 손실을 보는 것은 아니다. 이 증권을 보유함으로써 그는 계속해서 배당소득을 얻을 수 있고 결과적으로 평균 매수 비용 이상의 수익을 얻을 수 있기 때문이다. 하지만 그가 투자가치보다 비싸게 그 증권을 매수를 했다면 손실을 피할 수 있는 유일한 방법은 해당 증권을 다른 누군가에게 팔아서 그가 충분한 소득을 얻지 못하게 하는 형태로 그 손실을 떠안게 하는 것이다. 따라서 시장의 출렁임을 예상할 수 있을 것 같지 않거나 가격의 무의미한 부침에 투기하고 싶지 않은 사람이라면 누구나 투자가치를 평가해 이를 매매의 기준점으로 삼겠다는 의지를 가져야 한다.

여러 측면에서 존 버 윌리엄스는 워런 버핏에게 벤저민 그레이엄을 떠올리게 했을 것이다. 다른 관점에서 조명하고 있지만 이 둘은 결국 동일한 하나의 핵심 개념을 말하고 있다. 보통주를 내재가치보다 높지 않은, 낮은 가격에 매수하는 것. 하지만 윌리엄스는 안전마진 확보와 관련하여 워런 버핏에게 PER, PBR 같은 주가배수 대신 새로운 기준을 제시했다. 바로 기업의 미래수익의 순현재가치를 측정하는 것이었다. 완벽했다! 워런 버핏은 이 새로운 기준에 맞추어 버크셔 해서웨이를 운영해나갔다. 그가 앞으로 나아가기 위해 필요했던 바로 그 깨달음이었던 셈이다.

1992년 워런 버핏이 낮은 PER을 주식 매수의 기준으로 삼던 방식에서 돌아선 바로 그해, 그는 존 버 윌리엄스를 버크셔 해서웨이 주주들에게 소개했다. 그해 연례 보고서에서 그는 "50여 년 전에 쓰인 《투자가치이론》에서 존 버 윌리엄스는 가치를 구하는 방식에 대해 이야기했습니다. 이를 정리하면 '오늘날 어떠한 주식, 채권, 혹은 기업의 가치는 해당 자산이 앞으로 창출할 것으로 기대되는 (적절한 금리로 할인된) 현금의 유입과 유출에 의해 결정된다.'라는 것이지요." 워런 버핏은 여기에 자기 생각을 덧붙인다. "할인된 현금흐름을 계산해 가장 저렴하다고 판단되는 종목이 있다면 이것이 바로 투자자들이 매수에 나서야 하는 종목입니다. 그 기업이 성장을 하고 있는지 아닌지, 수익이 변동적인지 안정적인지, 경상이익 및 장부가치 대비 가격이 비싼지 그렇지 않은지는 신경 쓸 필요가 없습니다."

존 버 윌리엄스의 이론이 멋들어지고 수학적으로 명쾌해도 계산 자체가 쉽지는 않다. 워런 버핏은 "모든 기업은 미래의 현금흐름에 기반해 현재가치를 측정할 수 있습니다. 여러분이 해당 기업이 오늘부터 목표일 사이에 벌어들일 전체 금액을 계산할 수 있다면 그 기업의 현재가치를 정확히 도출해낼 수 있을 것입니다."라고 설명했다. 하지만 바로 여기서 문제점이 발생한다. "채권은 이자가 있고 미래 현금흐름을 확정하는 만기일이 있습니다. 하지만 주식의 경우는 다르지요. 투자를 분석하는 이 스스로가 미래의 이자가치를 측정해야 합니다."

윌리엄스도 이와 동일한 문제에 직면한 바 있다. 〈비관론자들을 위한 장〉이라는 제목이 붙은 《투자가치이론》의 15장에서 "장기적 전망이 너무 불확실한가?"라는 질문을 던지며, 아무도 미래를 확실하게 예측할 수 없다는 한계를 인정하고 있다. 그럼에도 "옳은 것으로 판명돼 종종 '선견지명'으로 불리기도 하는, 신중한 전망은 때때로 잘 들어

맞아 투자자들에게 엄청난 도움을 주고 있지 않은가?"라고 덧붙인다.

워런 버핏도 이솝우화를 이용해 같은 목소리를 낸다. 풀숲의 새를 손에 넣기까지 투자자들은 얼마나 오래 기다려야 할지, 풀숲에 실제로 새가 몇 마리 있을지, 금리는 어느 정도가 될지 등을 예측한다는 것은 어려운 일이라며 "통상 주어진 조건의 범위가 너무 넓어서 유용한 결론을 도출해내는 것이 쉽지 않죠"라고 한다. "새가 나타날 가능성을 아주 보수적으로 잡더라도 가치에 비해 놀라울 정도로 가격이 낮은 종목들을 종종 발견할 수 있습니다. 투자자들에게 반드시 명석함이나 반짝이는 통찰력이 필요한 것은 아닙니다. 정확한 수치를 사용해 투자하는 것은 사실상 미련한 짓입니다. 일정 범위의 확률 정도를 활용해 투자하는 것이 더 낫죠"라며 워런 버핏은 대략적인 근사치면 충분하다고, "정확한 수치를 집어 내지 못한다고 해서 신경 쓸 필요는 없습니다. 대략적으로 옳은 것이 정확하게 틀리는 것보다 낫기 때문입니다."라고 말한다.

—

브루스 그린왈드, 주드 칸, 폴 손킨, 마이클 반비머가 함께 쓴《가치투자》에서는 종목 선택을 기준으로 가치투자 방식을 세 가지 부류로 나누었다. '고전적' 방식은 유형자산에 초점을 맞추고 '혼합mixed' 방식은 사적 시장가치나 대체 가치를 강조한다. '현대적' 방식은 사업 소유주로 묘사되는 워런 버핏과 같은 가치투자자들에 의해 활용되는 방법이다. 이들은 기업의 독점적 영업권을 중요시하고 보이는 곳에 숨어있는 가치들을 찾아낼 수 있다.

굳이 '보이는 곳에 숨어있는hiding in plain sight'이라는 표현을 쓴 것은 에드거 앨런 포에 대한 경의의 표시이다. 〈도둑맞은 편지〉는 1844년 포에 의해 쓰인 3부작 추리 소설 가운데 하나로 오귀스트 뒤팽이라는 추리소설 역사상 최초의 탐정이 등장한다. 포는 〈도둑맞은 편지〉를 추리 기법이 제대로 묘사된, 자신의 추리 소설 가운데 최고의 작품으로 꼽았다.

이야기의 줄거리는 간단하다. 한 남자가 어떤 여성을 협박하기 위해 은밀한 내용이 담겨, 개인적으로 치명적 피해를 입을 수 있는 편지를 훔친다. 경찰이 투입되고 편지를 찾기 위해 도둑의 집을 수색했으나 결과는 헛수고였다. 이에 경찰 상관이 뒤팽에게 수사에 대한 도움을 요청한다.

결론적으로 뒤팽은 그 편지가 책상 위 편지 꽂이에, 모두가 볼 수 있게 꽂혀있는 것을 발견한다. 그 협박범은 경찰들이 그 편지가 어딘가 찾기 어려운 장소에 숨겨져 있을 것으로 예상할 것이라는 점을 노려 정확히 그 반대되는 행동을 했다. 뻔히 보이는 곳에 편지를 감춘 것이다. 뒤팽은 경찰들이 너무 쉬운 단서를 왜 놓쳤는지에 대해 다음과 같이 설명했다. "경찰들은 자신들만의 독창적 사고에 갇혀 있었어. 자신들이라면 편지를 감추었을 만한, 그들만의 수색범위에만 집착한 거지."

탐정 소설의 묘미는 독자들이 자신들의 심리적 한계에 갇히는 데서 발생한다. 〈도둑맞은 편지〉에 나온 경찰들은 선입견이 너무도 강해서 자신들 바로 앞에 놓인 단서들도 놓치고 말았다. 이는 일종의 확증 편향이다. 투자자들 역시 명확한 현상을 인정하지 않고 주식시장에 어떤 일이 벌어질 것인가에 대해 미리 형성된 생각들, 즉 확증 편향을 가지고 있기 때문에 고통받는다.

이 소설은 점심을 먹으러 가던 월가의 두 은행원 이야기를 떠올리게 한다. 은행원 중 한 명이 길가에 100달러짜리 지폐가 떨어진 것을 발견하고 돈을 줍기 위해 허리를 숙였다.

"자네, 뭐하는 건가?" 옆에 있던 은행원이 물었다.

"100달러짜리를 줍고 있네. 이게 뭐 같아 보이나?"

"헛수고하지 말게나." 친구가 대답했다. "그게 만약 진짜 100달러였다면 누군가 이미 낚아채 갔을 거네."

투자자들은 항상 찾기 어려운 무언가가 더 가치 있을 것이라는 믿음으로 시장에 감추어진 그 무언가에 집착하는 경향이 있다. 이는 때때로 맞지만 항상 옳은 것은 아니다. 투명한 것은 대체로 공정하게 값이 매겨진다고 생각하지만 그 가치가 온전히 평가받지 못하는 경우들도 많다. 그 경우에 들어맞는 것이 바로 워런 버핏의 코카콜라 인수 케이스이다.

코카콜라 병음료가 처음 판매된 것은 1886년이었고 1919년, 코카콜라는 주당 40달러로 주식시장에 상장됐다. 17년 후, 워런 버핏은 자신의 가판대에서 코카콜라를 병당 5센트에 팔았다. 하지만 그는 버핏 합자회사를 운영하면서도 코카콜라의 주식을 매수하지 않았다. 버핏 합자회사가 코카콜라를 매수하기까지는 23년이란 시간이 걸렸다.

워런 버핏은 "저는 신중하게 단일 종목 매수를 피했습니다."라고 한다. "그 대신, 순자산의 주요 비중을 철도회사, 풍차 터빈 제조회사, 무연탄 제조사, 섬유 공장, 그리고 경품쿠폰 발행회사에 배분했죠. 다소 불안정했던 1970년대를 보낸 이후, CEO 자리에 로베르토 고이 주에타가 올랐고 코카콜라는 새로운 기업으로 재탄생했습니다. 결국 1988년 여름에 이르러서야 제가 생각하는 종목을 발견할 수 있었습니다. 당시 제가 찾은 종목은 확실했고 매력적이었습니다.”

1970년대 코카콜라는 음료 업계를 이끌어가는 혁신 기업이라기 보다 분열되고 뒤쫓아가기 급급한 후발 주자에 가까웠다. 1962년부터 사장이던 폴 오스틴이 1971년 회장 자리에 올랐다. 당시 코카콜라는 매년 수백만 달러의 수익을 창출하고 있었음에도 불구하고 이 수익들을 더 높은 수익을 벌어들일 수 있는 탄산 음료 사업에 재투자하고 있지 않았다. 수익들은 수자원 사업, 세우 양식업, 와인 사업, 그리고 오스틴 아내가 변덕스럽게 고르는 현대 예술품을 구매하는 데에 사용되고 있었다. 1974년부터 1980년까지 코카콜라의 시가총액은 연 평균 5.6% 증가에 그쳤다. S&P 500 지수 상승률을 크게 밑도는 수준이었다.

1980년 5월 오스틴은 코카콜라의 원로였던 91세 로버트 우드러프에 의해 회장 자리에서 쫓겨나고 그 자리는 쿠바에서 성장한, 코카콜라 역사상 최초의 외국 태생 CEO로 기록되는 로베르토 고이주에타가 맡게 된다. 그는 CEO 자리에 오르자마자 열정적으로 일했고 코카콜라의 기업 목표를 900단어 분량으로 정리한 〈1980년대 전략〉이라는 발간물을 만들었다. 전략은 간단했다. 기업의 이익 성장에 의미 있게 기여하지 못하거나 자본수익률을 효과적으로 끌어올리지 못하는 사업 부서는 어느 곳이든 매각해 버리겠다는 것이 요지였다. 벌어

제3부 진화하는 가치투자

들인 돈은 다시 당시 코카콜라 내에서 가장 빠르게 성장하고 가장 높은 수익을 안겨주던 시럽 사업에 재투자될 것이었다.

1980년 고이주에타가 회장직을 맡았을 당시 코카콜라의 순이익률은 13%였지만 워런 버핏이 투자하기 시작한 1988년경 코카콜라의 마진은 사상 최고 수준인 19%까지 높아졌다. 자기자본이익률 역시 1980년에는 20% 남짓한 수준이었으나 1988년 32%로 증가했다. 1992년에 이르러서는 이 수치가 거의 50%에 근접했다.

시럽 사업에 재투자되지 못한 자금은 배당을 늘리거나 자사주를 매입하는 데에 사용됐다. 1984년 고이주에타는 자사 주식 6백만 주를 매입하겠다고 발표하며 코카콜라 최초로 자사주를 매입한다. 그후로 10년 동안 고이주에타는 코카콜라 주식 4억 1400만 주를 매입했다. 이는 1984년 초 코카콜라가 발행한 전체 주식의 25%에 해당하는 규모였다.

워런 버핏은 이후 코카콜라의 움직임을 눈여겨보았고 고이주에타의 결정이 어떻게 기업의 내재가치를 크게 끌어올리는지를 확인했다. 고이주에타가 형편없는 사업들을 벌이며 코카콜라가 이뤄낸 경제적 성과들을 깎아먹지 않고 계속해서 잉여현금으로 자사주를 매입한다면, 코카콜라의 내재가치는 시장이 기대하는 것보다 훨씬 더 높은 수준에서 형성될 것이었다.

존 버 윌리엄스의 배당할인모델을 활용해 코카콜라의 주주이익[16] 증가분을 할인된 현재가치로 계산해보면, 10년 동안 5% 성장한다고 가정할 때(10년 이후 5% 영구 성장을 가정) 207억 달러, 10% 성장한다고 가정할 경우 324억 달러, 15% 성장률을 예상하면 483억 달러가 됐다.

워런 버핏이 투자할 당시 코카콜라의 시가 총액은 151억 달러 수준이었다. 따라서 미래 성장률을 어느 정도로 가정하느냐에 따라 그는 코카콜라를 내재가치 대비 보수적으로는 27%, 긍정적으로는 70% 사이의 할인된 가격으로 매수하게 되는 셈이었다. 만약 1단계 가치투자자들이 버핏이 매수한 코카콜라 주식을 분석했다면, PER과 PBR이 모두너무나 높기 때문에 고평가된 종목이라고 결론지었을 것이다.

마켈 코퍼레이션Markel Corporation의 공동 CEO이자 CIO인 톰 게이너는 1단계 가치투자와 2단계 가치투자의 차이를, 순간을 포착하는 스냅샷 사진과 시간이 흐를수록 스토리가 진행되는 장편 영화에 비유했다.

게이너는 회계사로 출신으로, 우리에게 회계는 비즈니스의 언어이기 때문에 중요하다는 사실을 상기시킨다. 처음 투자를 시작할 때게이너는 자연스레 자신이 회계사로서 습득했던 정량적 방식을 강조했다. 우리가 벤저민 그레이엄에게 배웠던 바로 그 방식이다.

게이너는 정량적 투자를 '가치 포착하기'라고 명명했다. 스냅샷을찍는 카메라를 연상하면 된다. 스냅샷 사진에서 시간은 정지해 있고게이너가 보기에 이러한 방식은 대공황이나 세계 제2차 세계대전 이후 특히 효과적이었다. 저가 종목을 매수하는 것은 수십 년간 수익성이 좋은 대표적 투자 방식으로 자리잡아 왔다. 물론 그 접근이 더 이상

---

16   당기 순이익 + 감가상각 등 현재 자금흐름에서 자본적 지출이라는 미래요소를 뺀 방법으로 이후 4부에서 자세히 소개한다.

통하지 않게 될 때까지는 말이다. 무슨 일이 생긴 것일까? 주식시장이 진화하면서 시장 참여자들은 시장이 어떻게 달라졌는지 깨닫게 되었다. 처음에는 수십 명의 투자자가 택했던 투자 방식이 이후 수백, 수천 명에게 전파되고 결국 수만 명의 투자자들이 모두 동일한 주식을 매수하는 결과가 빚어졌다. 당연히 수익은 그만큼 줄어들었고 그레이엄과 도드가 제시한 저가 종목 투자 방식이 이제 더 이상 초과 수익을 만들어내지 못하는 시점이 온 것이다.

게이너는 가치투자가 '스냅샷처럼 포착하는 것'에서 '영화처럼 시간이 지날수록 드러나는 것'으로 진화했다고 지적한다. 찰리 멍거도 이에 동의한다. "주가배수가 낮은 기업들로 손쉽게 갈아탈 수 있던 시기, 청산가치보다 25%~50% 저렴한 주식들을 찾던 날들은 지나갔습니다. 사람들은 더 똑똑해졌죠. 게임이 더 어려워진 것입니다. 당신은 워런 버핏의 투자법을 연구해야 합니다." 짐작건대 워런 버핏이 코카콜라의 내재가치를 판단하는 과정은 흡사 고이주에타가 감독한 영화 한 편을 보는 것과 아주 비슷했으리라.

가치투자 1단계에서 2단계로 나아가는 것은 생각처럼 그렇게 쉽지 않다. 2단계의 본격적인 영화 촬영은 1단계의 스냅샷 찍기보다 훨씬 어려운 작업이다. 현실이 자신의 시나리오와 다른 방식으로 전개된다면 여러 재무적 실수들을 저지를 수도 있다. 그렇다 하더라도 영화 촬영 방식의 가치평가가 2단계 가치투자를 이해하는 데 있어 핵심적 요소임은 변함 없다.

찰리 멍거는 "일부 사람들이 무언가 배우는 일에 그토록 심한 거부감을 가지고 있다는 것은 참으로 놀라운 일입니다."라고 했다. 워런 버핏은 여기에 "정말로 놀라운 것은 배우는 것이 자기에게 이익이 되는 경우조차 이를 거부한다는 점이죠."라고 덧붙였다. 이후 워런 버핏은 보다 사색적인 어조로 이야기를 이어간다. "생각이나 변화에는 놀라울 만큼의 저항이 뒤따릅니다. '대부분의 사람들은 생각하기보다는 차라리 죽는 편을 택한다. 실제로 많은 사람들이 그러했다.'라고 했던 버트런드 러셀의 말을 인용하고 싶네요. 그리고 재무적 관점에서 이는 아주 맞는 말입니다."

3단계: 네트워크가 주는 경제가치를 이해하라

가치투자의 2단계에서 3단계로의 진화 과정은 새로운 재무적 기준을 더한다기보다는 새로운 비즈니스 모델들을 이해하는 데 있다. 1단계에서 비즈니스 모델들은 기업들의 외형적 구조에 의해 결정됐다. 1단계 가치투자에서는 공장이나 부동산이 늘어나는 등 기업의 외형적 요소들이 커지는 것으로 기업의 성장을 판단했고 2단계 가치투자에서는 상품의 매력도나 브랜드 가치, 여러 채널을 이용한 상품의 유통망 확보 등 기업의 무형적 요소들을 기업 성장의 축으로 보았다. 이러한 서비스 요소들은 1단계에 비해 상당히 적은 자본으로 구축 가능했고 기업의 매출과 이익을 창출했다.

가치투자의 3단계에 이른 투자자들은 초반에는 서서히, 하지만 현재는 보다 확신을 가지고 지식, 정보, 엔터테인먼트가 창출하는 가치들을 깨달아가고 있다. 전 세계 인터넷과 연결된, 보다 강력해진 PC

와 스마트폰 등 새로운 기술이 이러한 가치 창출을 가능케 한다. 3단계의 경우 비즈니스 모델에 물리적으로 더 적은 비용이 투입되지만 창출되는 가치는 기하급수적으로 증가한다. 시장가치가 몇십 억 달러인 기업들이 수억 달러를 창출해낸다. 산업 혁명 때와 비교하면 투입된 자본은 일부에 불과하다.

가치투자자들은 언제나 성장에 매료되면서도 그 성장을 정량화하고 안전마진을 측정하는 방법을 두고는 곤혹스러워했다. 이들에게 이솝의 '숲속 새 두 마리'는 언제나 너무 멀게 느껴지는 존재였다. 대부분의 가치투자자들이 성장을 평가하는 방법을 찾는 데 고전하는 반면, 학계에서는 성장의 동인을 밝히는 연구가 활발히 진행됐다.

앞서 언급한 학자 중 주목해야 할 첫 번째 인물은 바로 조지프 슘페터이다. 역동적이고 혁신적이며 변화를 중시한 슘페터의 경제적 관점은 19세기 독일에 뿌리를 두고 있으며, 포괄적 입장을 취하는 경제역사학파historical school of economics에 영향을 받았다. 혁신 연구의 권위자이자 슘페터 연구에 매진했던 영국 경제학자 크리스토퍼 프리맨은 "슘페터가 평생에 걸쳐 진행했던 연구의 핵심 주제는, 자본주의는 지속적인 혁신과 '창조적 파괴'의 진화 과정으로 축약해볼 수 있다."라고 했다. 슘페터는 경제 성장이 일련의 장기적 주기를 따라 발생한다고 믿었다. 이 주기를 그는 파동이라고 불렀고 시간이 지날수록 이 파동의 주기가 짧아진다고 주장했다.

1962년 오하이오 주립 대학 농촌 사회학 조교수로 근무하고 있던 31살의 에버렛 로저스는《혁신의 확산Diffusion of Innovations》이라는 책을 출간했다. 현재 5차 개정판까지 출간된 이《혁신의 확산》은 2000년대 초반, 최다 인용된 사회과학 서적 2위의 자리에 오르기도 했다. 오늘날 로저스는 저명인사로 인정받으며 기술적 아이디어가 어떻게, 왜, 그리고 얼마나 빨리 전파되는지를 입증하기 위해 슘페터의 파동 이론을 응용했다. 그는 기술을 수용하는 사람들의 유형을 "혁신가, 초기 수용자, 초기 다수 수용자, 후기 다수 수용자, 지체 수용자"로 구분했다.

흩어진 점들을 연결한 것은 베네수엘라 출신의 영국인 학자 카를로타 페레스였다. 슘페터는 경제적 변화의 흐름이 혁신의 출현, 기업들의 참여, 폭발적인 재무 투자 순서로 진행된다고 보았다. 페레스는 금융 시장이 기술 혁명의 수명 주기와 얼마나 동일한, 또는 더 증폭된 흐름을 보이는지를 입증하며 '기술-경제적 패러다임의 전환'이라는 개념에 집중했다.

그녀는 본인의 책《기술혁명과 금융자본》을 통해 1770년대부터 2000년대까지 총 5번의 기술 혁명이 있었다고 이야기한다. 첫 번째는 산업 혁명 시대로, 아크라이트가 1771년 영국 크롬포드에 수력으로 구동되는 방적 공장을 설립한 것이 그 효시가 되었다. 두 번째는 증기와 철도 혁명으로, 증기기관차 로켓호가 리버풀과 맨체스터 노선을 시범 운행한 1829년을 그 시작점으로 본다. 세 번째는 철, 전기, 중공업 혁명이다. 1875년 카네기가 피츠버그에 베서머Bessemer 공정을 도입한 공장이 설립되면서 시작됐다. 네 번째는 석유, 자동차, 그리고 대량 생산 혁명으로 1875년 디트로이트의 포드 공장에서 모델T가 선보이며 그 문을 열었다. 그리고 우리는 오늘날 그녀가 정보와 통신의 시대라고 명명한 다섯 번째 기술혁명의 한복판을 지나고 있다고 이야기한다. 이 시대는 1971년 캘리포니아 산타 클라라에서 인텔이 마이크

로프로세서를 세상에 공개하면서 시작됐다.

다섯 번째 기술 혁명의 신기술에는 초소형 전자기술, 컴퓨터, 소프트웨어, 스마트폰, 제어 시스템 등이 포함된다. 인터넷과 전자 메일, 기타 온라인 서비스들을 제공하는 케이블, 광섬유, 라디오 주파수, 위성 기반의 글로벌 디지털 전기통신 등이 사회의 새로운 기반시설이 되고 있다.

기술 혁명의 근간은 정보 집적, 분권화된 구조, 그리고 세계화이다. 정보의 집적이란 지식이 자본으로서 부가가치가 되는 것을 의미한다. 네트워크 구조가 탈중앙화되면 강력한 틈새시장들이 확산되면서 시장이 분할된다. 각국 사람들은 글로벌 커뮤니케이션을 통해 즉각적으로 전 세계 사람들과 상호작용을 할 수 있다. 이러한 상호작용은 범위의 경제와 규모의 경제를 만들어내고 결국 과거에 볼 수 없던 총도달가능시장total addressable market[17]이 형성된다.

페레스의 기술혁명주기 이론은 로저스가 이야기하는 혁신의 확산 이론과 크게 다르지 않다. 페레스는 기술수명 주기를 4단계로 구성했다. 1단계에서는 패러다임이 형성되어 제품들이 발명되고 기업들이 설립된다. 그리고 산업이 형성되며 폭발적 성장이 일어난다. 혁신은 빠른 속도로 이어진다. 2단계는 신산업, 신기술 시스템, 새로운 인프라들이 기라성처럼 등장하는 시기이다. 3단계, 혁신기술은 시장이

---

[17] 총유효시장이라고도 하며 시장 점유율 100%에 도달했을 때 달성 가능한 연매출을 의미한다.

새롭게 만들어낼 수 있는 상품이나 서비스 등에 충분히 반영된다. 마지막 4단계, 앞서 선보인 상품들이 빠르게 성숙기, 포화시장 단계에 도달하고 마지막 신상품 무리가 시장에 선보이게 된다.

중요한 점은 페레스가 로저스 그리고 슘페터보다 한걸음 더 나아간다는 것이다. 그녀는 기술 혁명의 궤도는 교과서에서 삽입되어 있는 정형화된 곡선들처럼 그렇게 매끄럽지 않다는 점을 지적했다. 그리고 그 원인이 기술 혁명에 자금을 대는 금융 시장의 참여 때문이라고 생각했다.

페레스는 기술 혁명으로 촉발된 사건들의 흐름들을 표준화했다. 그 결과 모든 혁명들은 두 가지 파동을 통해 움직이고 각각의 파동들은 다시 두 단계로 나눌 수 있다. 그녀는 첫 번째 파동을 도입기라고 정의하며 "새로운 기술이 성숙 경제에 침입해 불도저처럼 기존의 구조를 파괴하고 새로운 산업 네트워크를 형성한다. 그러면서 새로운 인프라를 구축하고 새로운 행동 양식을 전파시킨다."라고 분석했다. 두 번째 파동은 활용기라고 이름 붙이며 "승리한 패러다임이 가지는 '현대화하는 힘'에 의해 전체 경제가 재설계되고 재편성된다. 그 패러다임은 이제 이윤 창출의 가능성을 최대한 확장하며 업계 성공 표준으로 자리 잡는다."라고 설명했다.

이러한 주장들은 어느 정도 다른 이들의 주장을 되풀이하는 부분도 있다. 하지만 페레스가 말하는 '정형화된 곡선'이 흐트러지는 것은 첫 번째 파동(도입기)와 두 번째 파동(활용기) 사이의 구간이다. 그녀는 이 구간을 터닝 포인트라고 불렀다. 그녀의 설명에 따르면, 그녀가 '침입'으로 부르는 도입기 첫 번째 단계에서는 기술 혁명에 엄청난 투자가 일어난다. 이 시점에서 "혁신은 작은 사실이면서 큰 약속이기도 하다."라고 했다. 이후, 자금들이 새로운 비즈니스와 새로운 인프라에 엄청난 속도로 쏟아져 들어오기 시작한다. 이것이 '광기'로 불리는 도입기의 두 번째 단계이다. 주식시장은 호황을 보이고 버블을 형성하다 이후 거품이 터지는데 이 시점이 바로 터닝 포인트이다. 거품이 터지면서 경제적 침체가 찾아오고 침체로 인해 제도적 구조조정, 기술의 미래시장 잠재력에 대한 재무적 리밸런싱 등이 일어난다. 페레스는 이를 두고 "격변의 도입기가 지나고 이어질 '황금기' 진입을 위한 패러다임 전환이 완료된 시기, 즉 이 터닝 포인트에서 결정적인 재구성이 이루어진다."라고 보았다.

두 번째 파동인 활용기에서도 각기 다른 두 단계가 등장한다. 바로 '시너지'와 '성숙'이다. 페레스는 시너지 단계를 '황금기', 즉 생산, 고용 및 고객의 외부효과[18]가 증가하면서 기업들이 그에 상응하는 성장을 누리는 시기로 보았다. 이 기간 동안에는 매출 및 현금이익 등 실질적 수익이 증가하고 높은 자본이익을 얻게 된다. 이후 '성숙' 단계가 이어지는데 이때에 시장이 포화상태에 이르고 기술도 성숙 단계에 도달한다. 그리고 해당 기술을 적용한 마지막 신제품이 시장에 출시된다.

페레스의 설명을 들으면 1970년대와 1980년대에 일어난 사건들이 쉽게 이해된다. 당시는 '침입'이 시작된 시점이고 이후 1990년대에

---

18 금전적 거래 없이 어떤 경제 주체의 행위가 다른 경제 주체에게 영향을 미치는 효과 혹은 현상을 말한다.

'광기' 단계가 이어졌고 시장의 버블이 형성됐다. 2000년 시장이 붕괴됐고, 이어서 경기 침체가 찾아왔다. 페레스는 현재 우리가 터닝 포인트의 반대편으로 넘어와 있다고 확신한다. 우리는 제5차 기술 혁명이 진행되고 있는 '투자 황금기'를 지나고 있다. 자본, 인프라, 인력, 서비스, 그리고 고객들 간의 시너지가 이제 모두가 알아차릴 정도로 뚜렷하게 진행되고 있다. 정보 통신 시대의 황금 투자기는 충분히 향후 몇 년간 더 이어질 수 있다. '성숙' 단계에 도달하기까지 얼마나 남았는지는 아무도 예측할 수 없지만 여러 산업 및 기업의 입장에서 가늠해볼 때, 전 세계 총도달가능시장의 규모는 아직 상당히 크다.

—

슘페터, 로저스, 그리고 페레스는 투자자들이 성장을 거시경제학적인 관점에서 생각할 수 있도록 합리적인 방법을 제시했다. 하지만 아직도 부족한 것은 기술 혁명의 시대에서 특정 기업의 경쟁 우위를 어떻게 판단해야 할 것인가, 하는 점이다. 이에 대한 통찰을 얻기 위해서는 우리는 또 다른 학자, 부드러운 말투의 아일랜드 경제학자 브라이언 아서의 이야기를 들어보아야 한다.

1945년 북 아일랜드 벨페스트에서 태어난 그는 1966년 벨페스트 퀸즈 대학에서 전자공학 학위를 받고 공부를 계속하기 위해 미국으로 떠났다. 미시건대학에서 수학으로 석사학위를 받았고 이후 경영 과학으로 박사학위를 받았다. 그리고 그해 버클리 캘리포니아대학교에서 경제학 석사 학위도 취득했다. 1966년 아서는 스탠퍼드대학교의 경제

인구학과 모리슨 석좌교수로 임용된다. 당시 그의 나이는 37세로, 그 자리에 앉은 역대 최연소 교수로 기록되며 〈진화 경제학: 이론과 실제 *Evolutionary Economics: Theory and Practice*〉라는 논문으로 1990년 경제학 분야에서 세계적 권위를 지닌 슘페터 상을 수상했다.

스탠퍼드대학교에 자리를 잡은 직후 아서는 노트에 경제 관련 논평들을 기록하기 시작했다. 그는 '구舊 경제와 신新 경제'라는 제목이 붙은 페이지에서 노트를 반으로 나누고 각각에 구 경제와 신 경제의 특성들을 적어 내려갔다. '구 경제' 아래는 투자자들이 '합리적', '능력과 판단 수준에 있어 동질성을 가짐' 그리고 구 경제하에서 모든 것은 '균형 상태를 이룬다.'라고 적었다. 구 경제의 '시스템은 구조적으로 단순하다.'라는 믿음에 근거한 고전 물리학을 토대로 한다. 그는 '신 경제' 아래에 사람들이 '이성적이지 않고 감정적'이라고 기술하며 시스템은 '단순하지 않고 복잡'하고 '정적이지 않고 계속해서 변화한다.'라고 덧붙였다. 아서가 보기에 신 경제는 물리적 현상이라기보다는 생물학적 작용에 더 가까웠다.

브라이언 아서는 노벨상 수상 경제학자인 케네스 애로와 인연을 맺었고 케네스 애로는 그에게 뉴 멕시코 소재 산타페 연구소에서 근무하는 결속력 높은 과학자 집단을 소개해줬다. 1987년 가을, 애로는 물리학자, 생물학자, 경제학자들이 모이는 연구소 주최 컨퍼런스에 아서를 초청해 그의 최신 연구를 발표하도록 했다. 그 컨퍼런스는 당시 자연과학계에서 관심이 높아지고 있던 복잡적응계가 경제학에 대한 새로운 사고를 자극할 수 있기를 바라는 의도에서 기획되었다. 당시 널리 알려지지 않았으나 이 컨퍼런스에 자금을 지원했던 것은 씨티그룹의 회장이자 CEO였던 존 리드였다. 그는 이 컨퍼런스에서 자본 시장이 실제 어떻게 움직이는가에 대한 새로운 아이디어들을 찾고 싶어했다. 자사 이코노미스트들의 계속되는 실수로 투자자들이 입은 피해를 보전하고자 하는 마음에서였다.

복잡적응계에 대한 연구들이 공통적으로 인정하는 바는 시스템은 여러 행위자들로 구성되어 있고 각각의 행위자들은 시스템이 만들어내는 패턴에 반응하고 적응한다는 것이다. 복잡적응계는 시간이 흐를수록 계속 진화한다. 이러한 유형의 시스템은 생물학자들과 생태학자들에게 이미 친숙한 주제였지만 산타페 연구소의 과학자들은 이 개념이 확장되어야 하고 아마도 지금이 이 복잡계라는 중요한 아이디어를 경제 시스템 및 주식시장 관련 연구에 접목시켜야 할 적기라고 판단했다.

오늘날 복잡적응계의 틀 안에서 연구되는 경제학은 '복잡계 경제학'이라는 명칭으로 불리는데 1999년 《사이언스》지에 게재한 논문에서 아서가 이 단어를 처음 사용했다. 기본 물리학 기반의 경제학 이론에 따르면 시장은 시간이 지나면서 수익이 감소하는 흐름을 보인다. 이 수확체감법칙은 표준 경제학의 근본 원칙으로, 수요 등 다른 요인들을 일정하게 유지하고 생산 요소를 1단위씩 증가시키면 어느 시점에 이르러서는 점차 생산 단위당 증가하는 산출량이 감소한다는 것이다. 이 수확체감의 법칙을 적용해 우리는 수익이 투자된 자금보다 더 적어지는 시점을 파악할 수 있다.

하지만 복잡계 경제학에서는 기업들이 반드시 장기적으로 수익이 체감하는 시장 주기를 따르는 것은 아니다. 아서에 따르면 반대로

제3부 진화하는 가치투자

수확이 체증하는 기업들이 존재하는데 '수확 체증'이란 결국 선두에 있는 기업은 더 앞서가고 경쟁력을 잃은 기업은 더 뒤처지는 현상을 의미한다고 이야기한다. 수확이 체감하는 것은 구 경제, 오프라인 소매상점을 기반으로 한 경제의 특징인 반면 수확 체증은 지식 기반의 산업, 보다 새로운 경제에서 지배적으로 나타나는 특성이다.

아서는 수확 체증의 법칙은 네트워크 효과가 보편화된 기술 중심 산업에서 특별히 더 중요한 영향력을 가진다고 지적한다. 네트워크 효과란 더 많은 사람들이 사용할수록 상품이나 서비스의 가치가 높아지는 현상을 의미한다. 네트워크는 이미 오래전부터 존재해왔지만 아서에 따르면 새로운 지식 기반 경제에서 디지털 네트워크는 가치 창출의 상징적 수단이다. 디지털 네트워크는 기존 실물 매장 중심 네트워크와 상당히 다른데 아서는 신기술 경제의 네트워크 간에는 분명 큰 경쟁이 일어날 것이고 결국엔 '커다란 지각 변동 이후 소수의 승자만 남게 될 것'이라고 예상했다.

—

존스 홉킨스대학에서 법·정치 철학 박사과정을 밟고 있던 빌 밀러는 매일 레그 메이슨 우드 워커 증권사 발티모어 지점을 찾아왔다. 아내였던 레슬리가 이 증권사 최고의 주식브로커인 헤리 포드의 보조원으로 일하고 있었기 때문이다. 레슬리가 일을 마무리할 때까지 기다리면서 밀러는 객장 한쪽 구석에 앉아 종목분석 자료들을 읽곤 했다.

철학 전공 대학원생이 증권분석 보고서를 보며 오후를 보내는 장면은 어딘가 어색해 보일 수 있다. 하지만 9살 때부터 용돈을 벌기 위해 플로리다의 작열하는 태양 아래에서 잔디 기계를 돌려본 입장에서는 바로 이곳이 새로운 방법으로 돈을 벌게 해줄 장소였다.

어린 시절 빌 밀러는 아버지가 신문을 읽고 모습을 발견하는데 그건 일반 스포츠 페이지가 아니라 금융 섹션이었다. 지면 위 숫자들의 무슨 의미인지 묻자, 빌 밀러의 아버지는 "만약 네가 어제 이 회사의 주식을 가지고 있었다면, 오늘 어제보다 25센트를 더 가지게 된다는 거야."라고 설명했다. 그리고 주식은 스스로 불어난다는 설명을 덧붙였다.

"만약 주식에 대해 안면, 아무런 일을 하지 않고도 돈을 벌 수 있다는 말씀이세요?" 밀이 물었다.

"그렇지."

"그렇다면, 나는 돈을 많이 벌고 싶지만 아무런 일도 하고 싶지 않으니까, 주식에 대해서 배울래요!"

고등학교에 들어간 밀러는 생애 첫 투자 책《나는 어떻게 주식시장에서 200만 달러를 벌었나? *How I Made $2 Million in the Stock Market*》를 만나게 된다. 16살에 그는 저축했던 75달러를 RCA주식에 투자해 상당한 수익을 얻었고 주식 투자에 빠져들었다. 그 사건 이후 투자는 언제나 그의 인생에 함께했다. 밀러는 전형적인 경영학 코스를 밟은 사람이 아니다. 그는 버지니아 렉싱턴에 있는 워싱턴앤리대학교에서 유럽 역사 및 경제를 공부했고 1972년 우수한 성적으로 졸업했다. 그는 워싱턴앤리에서 벤저민 그레이엄에 대해 알게 됐고 진지하게 투자를 공부하기 시작했다. 밀러는 "누군가 당신에게 가치의 개념에 대해 설명하면, 당신은 이를 이해하거나 이해하지 못하거나 둘 중 하나일 것이다. 나는 전자였고 그 개념이 마음에 들었다. 이치에 맞는 이야기였다."라고 회상했다.

대학 졸업 후 밀러는 해외에서 군 정보 장교로 복무했는데 그곳에서 철학 박사 과정을 공부했다. 이후 빌 밀러는 계속해서 철학 교수가 되기 위한 길을 준비해왔으나 존스 홉킨스 대학에서 박사 논문을 쓰기 직전, 지도 교수였던 마이클 후커 교수는 그에게 지원가능한 교수 자리가 없다는 비보를 전했다. 대신 밀러가 매일 아침 대학원 도서관에서 《월스트리트 저널》 신문을 보고 있던 모습을 기억해내고는 그에게 금융업 관련 일자리를 찾아볼 것을 권했다. 밀러는 이후 J.E 베이커 컴퍼니라는 제조업체의 재무 담당, 이후 회계 담당 직책을 맡게 된다. 회계 직책의 특전 가운데 하나로 밀러에게는 회사 전체의 투자 포트폴리오를 감독하는 권한이 주어졌다. 그는 곧 자신의 업무 가운데 이 일에 가장 큰 흥미를 느낀다는 사실을 깨달았다.

레그 메이슨 증권사 지점을 들락거리는 일은 밀러에게 기회로 다가왔다. 레그 메이슨의 창업자이자 회장인 레이몬드 칩 메이슨에 따르면, 당시 밀러는 아내가 퇴근 준비를 마쳤음에도 여전히 분석 보고서들을 읽는 데 몰두해 있었고, 결국 아내의 잔소리를 들으면서 자리에서 일어나곤 했다고 한다. 얼마 지나지 않아 레슬리는 남편을 레그 메이슨의 리서치 헤드였던 어니 키니에게 소개한다.

키니는 은퇴를 계획 중이었고 그와 칩 메이슨은 후임자를 찾고 있던 중이었다. 1981년 빌 밀러는 레그 메이슨에 합류해 어니 키니의 후임 자리를 맡았다. 그리고 그 이듬해 칩 메이슨은 회사의 리서치 역량을 과시하기 위해 레그 메이슨 밸류 트러스트 뮤추얼펀드를 출시한다. 키니와 밀러가 공동 운용을 맡았다.

밸류 트러스트 펀드는 3단계에 걸친 가치투자의 진화를 관찰할 수 있는 완벽한 사례이다. 초기 밸류 트러스트 펀드는 그레이엄과 도드가 정리한 법칙, 고전적인 가치투자 원칙 1단계에 근거해 운용됐다. 이 펀드는 100개가 넘는 종목들을 보유할 정도로 넓게 분산되어 있었고 대부분이 저 PER, 저 PBR 종목들이었다. 그레이엄과 도드식 투자는 어니 키니가 선호하는 방식으로, 칩 메이슨이 1962년 회사를 창립한 이래 레그 메이슨 주식브로커들이 고수해 온 방식이었다. 밸류 트러스트 펀드가 출시되고 얼마 지나지 않아 밀러의 영향으로 펀드의 투자 양상은 서서히 달라지기 시작했다. 밀러는 워런 버핏식 가치투자의 상징이라고도 볼 수 있는 기업의 미래현금흐름과 자본수익률에 집중했다. 그 과정에서 밀러는 꾸준하게 펀드 내 종목 수를 줄였고, 그가 가진 최고의 투자 아이디어에 초점을 맞추어 포트폴리오를 구성했다. 1980년대 후반에 이르자 밸류 트러스트 펀드의 중심축은 자연스럽게 2단계 가치투자 방식으로 옮겨졌다.

1990년 10월, 어니 키니는 밸류 트러스트 펀드의 운용을 빌 밀러에게 전격 위임한다. 빌 밀러는 밸류 트러스트 펀드를 단독으로 운용하는 매니저가 되었고 1991년을 시점으로 전대미문의 초과성과를 기록해간다. 레그 메이슨 밸류 트러스트 펀드는 1991년부터 2005년까지 15년 연속 벤치마크인 S&P 500 지수의 성과를 상회했다.

현재 시점에서 돌아보면 그렇게 어렵지 않게 밸류 트러스트 펀드가 가치투자 1단계에서 2단계로 진화했다는 사실을 알아차릴 수 있다. 워런 버핏은 1980년대 상당 기간을 이 2단계 가치투자 방식에 집중해 투자하고자 했다. 하지만 밀러의 경우 밸류 트러스트 펀드를 전담하게 되면서 포트폴리오 투자의 판을 3단계 가치투자, 즉 이제껏 가치투자로 판단되지 않았던 종목들에 집중하는 가치투자로 한 걸음 더 진화시키고자 했다.

1993년, 밀러는 뉴욕에서 씨티그룹의 CEO 존 리드와 만났고 당시 미국 최대 은행인 씨티은행은 고군분투하는 상태였지만 이를 감안해도 값이 저렴해 보였다. 리드와 만남을 가진 후 밀러는 씨티그룹이 비용을 통제하고 이익을 주주들에게 배분하면서 옳은 경영을 하고 있다고 확신했다. 헤어지기 전, 리드는 씨티그룹이 과거 산타페 연구소의 한 연구 프로젝트에 자금을 지원했다는 사실을 언급하며 밸류 트러스트의 펀드 매니저라면 흥미로워할 내용이라고 소개했다. 당시의 강의 및 발표 내용들은 필립 앤더슨과 케네스 애로, 데이비드 파인이 《진화하는 복합적응계로서의 경제The Economy As an Evolving Complex Adaptive System》라는 책으로 출간한 상태였다.

밀러는 책을 구했고, 읽었다. 그리고 뉴 멕시코로 향했다.

—

산타페 연구소는 로키 산맥의 동남쪽 상그리 데 크리스토 산맥의 언덕 높이 위치해 있다. 산타페 연구소는 종합연구교육기관으로 물리학자, 생물학자, 수학자, 컴퓨터 과학자, 심리학자, 그리고 경제학자들이 함께 모여 복잡적응계를 연구하는 곳이다. 여기 모인 연구자들은 면역체계, 중추신경계, 생태계, 경제, 주식시장을 이해하고 예측하고자 노력하며 모두 새로운 사고방식에 아주 큰 관심을 가지고 있다.

밀러는 산타페 연구소에 도착해 필 앤더슨과 케네스 애로를 만났다. 이 둘은 모두 노벨상 수상자였는데 앤더슨은 창발성emergent properties[19] 과학을 연구하고 있었고 애로는 창발적 성장 이론과 정보 경제의 이해에 대한 기초를 다지던 중이었다. 또 밀러는 산타페 연구소의 상징적 인물인 머레이 겔만도 만날 수 있었다. 겔만은 리처드 파인만과 공동으로 연구를 진행했고 '퀵스quarks'로 불리는 기초 입자물리학 이론으로 노벨상을 수상했다. 밀러는 영국의 이론 물리학자인 제프리 웨스트도 소개받았는데 그는 유기체, 도시, 기업에 모두 적용될 수 있는 보편적 성장 법칙에 대해 연구하고 있었다. 그리고 바로 여기 산타페 연구소에서 밀러는 브라이언 아서와 친구가 되었다.

아서는 밀러에게 수확체증경제에 대한 생각을 설명했다. 그리고 수익이 증가하고 있는 기업들은 산업 내에서 자신들의 지배력을 더욱 굳건히 하는 어떠한 속성들을 가지고 있음을 입증했다. 그들은 네트워크 효과에 대해 이야기를 나눴는데 아서는 사람들이 작은 네트워크보다는 더 큰 네트워크와 연결되길 원한다는 사실에 주목했다. 한쪽은 2천 500만 명, 다른 한쪽은 500명이 소속된, 서로 경쟁하는 두 개의

---

[19] 개별 하위 계층에는 없는 특성이 상위 계층이나 전체 구조에서 자발적으로 돌연히 출현하는 현상을 말한다.

제3부 진화하는 가치투자

네트워크가 있다고 해보자. 이때 새로운 외부인은 더 큰 네트워크를 선택할 가능성이 크다. 다른 사람들과 연결되고자 하는 필요를 충족시킬 가능성이 더 높아지고 그 과정에서 더 많은 서비스와 혜택도 누릴 수 있기 때문이다.

네트워크 효과는 수요 측면의, 규모의 경제이기 때문에 자리 잡기 위해서는 빠르게 규모를 키우는 것이 중요하다. 이를 달성하면 다른 경쟁은 불가능해진다.

더불어 밀러와 아서는 행동주의 심리학자인 B.F 스키너에 의해 규정된 인간 본성의 행동 요인, 긍정적 피드백의 개념에 대해 논의했다. 긍정적 경험은 우리에게 즐거움이나 만족을 안겨주고 우리는 그 감정들을 향유하고 싶어한다. 누군가 어떤 기술 제품 또는 상품을 사용하고 긍정적 경험을 얻었다면 그 사람은 다시 그 제품을 사용하는 경향이 있다. 즉 비즈니스에 있어서 긍정적 피드백은 강자는 더 강하게, 약자는 더 약하게 만든다.

기술 투자와 관련된 인간 심리의 또 다른 행동 요인은 락인Lock-in이다. 우리는 어떠한 한 가지 행동 양식을 익히게 되면 다른 행동 양식을 배우는 데에는 거의 관심을 가지지 않는다. 기술 제품, 특별히 소프트웨어의 경우 애초에 숙달이 어려울 수 있다. 하지만 특정 상품이나 소프트웨어 사용에 능숙해지면 우리는 다른 상품이나 프로그램을 사용하는 것에 큰 저항감을 갖게 된다. 같은 기능을 반복해서 사용하는 것이 편하기 때문에 경로 의존적이 되는 것이다. 무언가 바꾼다는 것은 일련의 새로운 교육, 때때로 아주 어려운 교육을 필요로 하기 때문에 고객들은 자신이 현재 어떠한 기술을 사용할 수 있다는 사실에

만족해한다. 그래서 경쟁사의 제품이 더 월등해 보여도 고객들은 여전히 자신이 사용하는 제품이나 프로그램을 고집한다.

네트워크 효과, 긍정적인 피드백, 락인, 경로 의존성 등 이 모든 요인들은 결국 높은 전환비용switching costs을 발생시킨다. 종종 사용 중인 제품이나 소프트웨어를 바꾸는 데 너무 많은 돈이 들어 이를 포기하는 것처럼, 전환비용은 말 그대로 고객들에게 실제 발생하는 비용을 의미하기도 한다. 하지만 대개 긍정적 피드백, 락인, 경로 의존성과 같은 요인들은 심리적으로 높은 전환 비용을 발생시키고 소비자들은 전환을 단념한다.

워런 버핏은 장기적 관점에서 최고의 전망을 지닌 기업은 프랜차이즈franchise, 즉 고개들이 필요로 하고 다른 대체재가 없는 상품이나 서비스를 파는 기업이라고 언급한 바 있다. 또 향후 큰 부를 거머쥐게 되는 사람들은 새로운 프랜차이즈를 찾아내는 이들일 것이라고 한 적도 있다. 산타페 연구소를 처음 방문한 이후, 밀러는 오늘날 주식시장에 합류하는 신기술 기업들이 워런 버핏이 말한 프랜차이즈 기업과 동등한 개념이라고 확신했다.

밀러가 볼티모어로 돌아왔을 즈음 시장에서 이야기하는 가치주에는 은행, 에너지, 산업재, 그리고 쇠퇴해가는 제지 기업들이 포함되어 있었다. 흥미롭게도 개인용 컴퓨터 기업들도 그중 하나였다. 투자자들은 PC주식들을 일종의 원재재를 사고 팔듯이 매매했다. 이 주식들은 줄곧 PER 6배에서 12배 사이에서 거래되었다. 가치투자자들은 PC주식들을 6배가 되면 사고, 12배가 되면 팔았다. 따라서 1996년 PC 종목들이 하락세를 보였을 때 가치투자자들은 이 종목들을 다시 매수하기 시작했다. 밀러 역시 같은 판단을 해, 델 컴퓨터를 매수했고 델 컴퓨터는 다른 PC 관련 종목들과 마찬가지로 곧 12배 가격에 거래됐다. 하지만 투자자들이 주식을 팔기 시작했을 때도 밸류 트러스트는 델을 팔지 않고 보유했다.

많은 사람들이 대학교 기숙사에서 PC를 팔던 영민한 소년, 아르바이트 일을 몇십 억 달러 가치의 기업으로 바꾸어놓은 마이클 델의 전설을 알고 있다. 하지만 델의 컴퓨터 직판 모델이 어떻게 역사적인 수익을 창출해냈는지 아는 이는 많지 않다. 게이트웨이Gateway, 컴팩 Compaq, 휴렛 앤 팩커드Hewlett-Packard와 같은 대부분의 PC업체들은 소매업체들에 제품을 판매하고 소매업체들이 마진을 붙여 고객들에게 이를 재판매하는 사업구조를 가졌다. 하지만 델은 컴퓨터를 직접 고객들에게 판매했기 때문에 가격이 훨씬 저렴했다.

델 컴퓨터를 구매하려면, 고객은 1-800번에 전화를 걸어(이후에는 인터넷을 통해) 메모리와 속도 등 구체적으로 원하는 사양을 갖춘 모니터와 키보드, 데스크톱 타워를 주문한다. 접수원은 주문을 받고 고객의 카드 정보를 접수한 뒤 몇 주 안에 컴퓨터가 자택이나 직장으로 배달될 것이라고 안내한다. 그리고 그날 밤 델은 고객의 카드회사로부터 델이 공급처에 주문한 부품들을 조합해서 만들게 될 컴퓨터 비용을 미리 지급받는다. 부품 공급처들이 청구하는 비용은 30일 혹은 경우에 따라 60일 내에만 지급하면 된다. 따라서 델의 사업모델은 고객들로부터 받은 외상 성격의 현금을 바탕으로 자사의 PC직판 사업을 크게 키울 수 있는 구조였다. 이러한 방식은 부의 운전 자본negative working capital으로 불리기도 한다. 직판 모델로 더 저렴하게 제품을 공급할 수 있게 되면서 델은 다른 경쟁사들보다 매출이 더 빠르고 크게 증가했을 뿐 아니라 자본수익률이 100%가 넘는 최초의 기업이 되었다. 델은 이후 자본수익률 229%라는 신기록을 달성하기도 했다.

밀러가 다른 가치투자자들처럼 델 컴퓨터를 팔지 않았다는 사실은 큰 이슈가 되지 않았지만 델이 밸류 트러스트 펀드 내 최대 비중을 차지하게 되었을 때 델은 PER 35배의 가격에 팔리고 있었다. 다른 가치투자자들은 이러한 현상에 주목했고 크게 실망했다. 밀러는 무슨 생각을 하고 있는 것인가? PC회사 종목을 보유하고 싶었다면 PER 12배에 거래되는, 더 저렴한 게이트웨이를 담는 것이 맞지 않을까? 빌의 답변은 간단했다. 게이트웨이의 자본수익률이 40% 수준일 때 델의 자본수익률은 200%에 육박했다. 델의 PER은 게이트웨이에 비해 거우 3배 높은 수준에 불과했지만 수익성은 5배나 더 좋았다.

밀러의 투자 방법과 접근법은 명확하고 누구나 확인이 가능했다. 그는 워런 버핏과 동일한, 할인된 현금흐름 모델을 따르고 있었다. 그는 또 '보유하기 좋은 최고의 기업은 오랜 기간 아주 높은 수익률로 대규모 자본을 활용할 수 있는 기업이다.'라는 워런 버핏의 깨달음을 투자에 적용하고 있었다. 마이클 모부신이 말한 적정 수준의 주가수익률에 대해 다시 생각해보자. 만약 어떤 기업의 자본비용이 8%이고 자본수익률 및 성장률이 각각 16%, 10%라고 한다면 이 기업은 PER의 22.4배 정도가 된다. 델 컴퓨터는 연 10% 이상 성장하고 있었으며 자본비용은 10%, 투하자본수익률은 200%였다. 이런 주식을 왜 팔아야 할까?

밀러는 단순히 논리적인 결론에 따라 델 컴퓨터의 가치를 평가했다. 그는 "이론적으로 따져볼 때, PER과 같이 기업의 과거 성과에 근거한 수치들을 투자의 근거로 삼는 것은 근본적인 문제가 있다. 결국 주식의 온전한 가치를 결정하는 것은 과거가 아니라 미래이다."라고 이야기했다.

—

밀러는 자주 산타페 연구소를 방문했고 이는 그에게 큰 즐거움이었다. 그는 시장이 새로운 기술 혁명을 겪고 있으며 자신이 기술 기업들의 경쟁 우위를 판단할 수 있는 로드맵을 가지고 있다는 사실을 알고 있었다. 기술 기업들과 투자를 어떻게 볼 것인가에 관련한 연구물들이 계속해서 출간됐고 문헌들이 쌓여갔다. 조직 이론가인 제프리 무어는 1991년《제프리 무어의 캐즘 마케팅》을 출간하며 혜성처럼 등장했다. 브라이언 아서는 1994년 자신의 연구물들을 정리해《수익률 증가와 경로 의존성 *Increasing Returns and Path Dependence in the Economy*》이라는 책을 출간했고 서문은 케네스 애로가 써주었다. 1997년 추앙받는 하버드 경영대학 교수 클레이튼 크리스텐슨 교수가《성공기업의 딜레마: 신기술은 언제 위대한 기업들을 실패하게 하는가?》를 발표했다. 그 이듬해 비즈니스 전략 교수 칼 샤피로와 미시경제학 및 정보경제학 전문가인 경제학자 할 베리안은 시대에 남을 만한 역작《정보가 지배한다: 네트워크 경제에 대한 전략적 접근방안 *Information Rules: A Strategic Guide to the Network Economy*》을 출간한다. 할 베리안은 버클리대학교 정보학과의 초대 학장이 되고 이후 구글의 수석 경제학자로 초빙된다.

같은 해, 제프리 무어는 자신의 베스트셀러를 보완해 새로운 제목을 붙인《고릴라 게임》을 출간한다. 폴 존슨과 톰 키폴라가 공동 저자로 참여했으며 책에는 오라클Oracle과 관계형 데이터베이스 기업에 대한 투자 사례, 시스코Cisco와 네트워크 하드웨어 경제, 고객서비스 소프트웨어의 중요성 증가에 대한 세부적 분석 등의 내용이 담겼다. 책에서 이야기한 저자들의 예언은 모두 현실이 되었다.

폴 존슨은 버클리 캘리포니아대학에서 경제학을 공부했고 이후 펜실베이니아대학교 와튼스쿨에서 MBA학위를 받았다. 폴 존슨은 와튼스쿨에서 공부하며 가치 창출이 자본수익률의 함수라는 사실을 깨달았다. 어느 날 수업 중에 그는 교수로부터 기업의 가치는 어떻게 성장하는지에 대한 질문을 받았는데 존슨은 머리 속으로 자본자산가격결정모형CAPM 관련 답을 찾느라 말을 더듬거렸다. 그때 교수는 말을 끊고, 그에게 하버드 경영대학원 교수인 윌리엄 프루한의 책을 한번 읽어보라고 했다. 프루한은 세 권의 책을 썼는데, 당시 교수가 언급한 것은 그의 두 번째 책인《재무 전략: 주주 가치의 탄생, 전환 그리고 소멸에 대한 연구Financial Strategy: Studies in the Creation, Transfer, and Destruction of Shareholder Value》로 1979년 발간되었다. 이 책은 기업 재무의 관점에서 기업의 시장가치를 높이기 위해서는 정확히 무엇이 필요한지에 대한 새로운 생각이 담겨있다. 이 책의 2장 〈주주가치를 높이기 위해 경영진이 활용할 수 있는 요인들〉에서 프루한은 "어떠한 투자의 경제적 가치는 그 투자에 필요한 자본비용과 그 투자를 통해 얻을 것으로 예상되는 미래현금흐름의 함수이다."라고 명료하게 서술하고 있다. 또 "기업이 경쟁업체들보다 자본 집약도를 낮출 수 있다면 투자에서 얻을 수 있는 현금흐름 역시 더 높일 수 있다."라고 설명한다.

프루한이 강조한 것은 기업의 가치는 현금 창출 능력뿐 아니라 자본비용 대비 현금이익과도 상관관계를 가진다는 개념이었다. 자본비용 대비 현금이익이 높은 만큼 기업의 가치도 높아졌다. 그리고 이를 달성할 수 있는 한 가지 방법은 경쟁사들 대비 현금이익 창출에 들어가는 비용을 줄이는 것이다. 델 컴퓨터의 경우를 생각해보자. 프루한으로 인해 존슨은 현금 창출의 지렛대 역할을 하는 현금, 자본수익, 그리고 자본비용이라는 요인들에 눈을 뜨게 되었다.

와튼스쿨 졸업 후 존슨은 CS 퍼스트 보스톤CS First Boston에서 일하며 기업 분석가로서의 역량을 인정받았다. 이후 로버트슨 스테판 Robertson Stephens & Co.으로 옮겨 이사 및 선임 기술주 분석 기업 분석가를 맡아 통신 및 컴퓨터 네트워크 장비 산업의 흐름을 살폈다. 1990년대 기술산업 분야 4대 기사는 델, 시스코, 인텔, 마이크로소프트였고 존슨은 시스코 분석을 맡았다.

1996년 12월 존슨은 〈네트워크 산업, 음악을 듣는 새로운 방법: 투하자본수익률의 관점에서Networking Industry: A New Way to Listen to the Music: ROIC〉라는 논문을 발표했다. 장기투자자의 입장에서 볼 때, 기업이 창출하는 가치는 해당 기업이 투자하고 사용하는 자금을 통해 얼마나 많은 경제적 가치를 창출할 수 있는가에 의해 결정된다는 주장이었다. 존슨은 투하자본수익률이 기업이 창출하는 가치를 판단하는 훨씬 뛰어난 방법이고 주당순이익EPS 이나 세전이익EBITDA과 같이 통상적으로 사용되는 전통적 기준치들보다 훨씬 유용한 정보들을 제공한다고 주장했다.

두 달 후인 1997년 2월, 존슨은 워런 버핏에게 "버핏 회장님, 만약 코카콜라가 좋은 투자라고 생각하신다면 시스코도 한번 살펴보십시오."라며 시스코 투자를 제안하는 공개서한을 썼다. 코카콜라의 내재가치를 높이는, 즉 이익을 자본수익률이 높은 사업에 재투자하는 전략은 시스코에도 동일하게 적용되고 있다는 존슨의 논리였다.

존슨은 코카콜라도 실제로 아주 훌륭한 기업이라는 점을 인정했다. 1991년부터 1996년까지, 코카콜라는 가중평균자본비용WACC[20]이 14%인 상태에서 투하자본수익률이 25~35% 수준이었다. 하지만 존슨이 측정한 바에 따르면 시스코는 같은 기간 가중평균자본비용 18%에 연 투하자본수익률이 130~195%에 육박했다.

이 편지에서 존슨은 워런 버핏이 1992년 버크셔 해서웨이의 연례 보고서에 썼던 문장을 인용했다. "보유하기 좋은 최고의 기업은 장기간에 걸쳐 점점 더 큰 규모의 자본을 높은 수익률로 투자할 수 있는 기업입니다. 그 기업이 점차 수익이 증가하는 매력적인 곳에 투자할 때에만, 즉 기업 성장을 위해 사용된 1달러가 장기적 시장가치 측면에서 1달러 이상을 창출해내는 경우에만 투자자들은 기업 성장의 수혜를 얻을 수 있습니다."

빌 밀러와 폴 존슨은 델 컴퓨터와 시스코 시스템즈 내 재투자되는 모든 자금들이 그의 몇 배에 이르는 시장가치를 만들어내고 있다는 사실을 직접 확인하고 있었다.

---

[20] 자기자본비용과 타인자본비용을 각 비중만큼 가중 평균한 값이다.

빌 밀러가 생각하는 가치에 대한 정의는 존 버 윌리엄스가 집필하고 워런 버핏이 강조한 바 있는 투자 지침서들에 그 근간을 두고 있다. 어떤 투자의 가치는 그 투자로 인해 미래에 발생할 현금흐름의 현재가치로 측정되는 것이었다. 밀러는 책 어디에도 가치를 낮은 PER로 정의하고 있지 않음을 바로 알아차릴 수 있었다. 하지만 워런 버핏, 빌 밀러, 폴 존슨은 연구를 통해 기업이 현금흐름을 활용해 점차 더 높은 투자 수익을 거둘 수 있을 때, 그 기업의 미래현금흐름의 가치가 크게 높아진다는 사실을 발견해냈다. 밀러와 다른 가치투자자들의 차이는 밀러가 가치를 다르게 정의했기 때문이라기보다 가능성이 있는 어느 곳에서나 가치를 찾으려고 했다는 데 있다. 그는 기술기업들도 가치를 보유한 기업군으로 "우리는 기술 요소가 기업 분석에 포함될 수 있다는 점, 내재가치가 측정될 수 있다는 점, 가치투자 방식으로 기술주 투자방식으로 접근하면, 절대 또는 상대적으로 성장에만 초점이 맞춰지고, 가치투자자들에게 외면받는 첨단산업 분야에서도 경쟁우위를 확보할 수 있다는 점을 믿고 있다."라고 했다. 단순한 회계 수치를 보고 투자하는 데 익숙한 전통적 가치투자자들의 입장에서는 기술기업들을 투자 대상으로 삼기가 쉽지 않았던 것이 사실이다.

델 컴퓨터 주식을 매수한 이후 밀러는 계속해서 시스코처럼 자본수익률이 높은 다른 기업들을 매수할 수 있었다. 하지만 그는 투자의 방향을 틀었다. 1996년 후반, 밀러는 레그 메이슨 밸류 트러스트 펀드에 아메리카 온라인(이하 AOL)을 담았다. AOL의 창업자이자 CEO인스티브 케이스는 초창기 빠르게 인터넷을 보급하며 2900만 명의 고객을 확보했다. 이후 AOL의 온라인 고객 네트워크 점유율이 50%에 도달하자 밀러는 AOL이 난공불락의 요새를 만들었다고 판단했다. 심지어 당시 AOL이 마이크로소프트만큼 강력했기 때문에 추월당하는 일은 없을 거라 믿었다.

브라이언 아서의 로드맵에 근거해, 빌 밀러도 AOL 내에 축적되어 가는 네트워크 효과의 힘을 확인할 수 있었다. AOL은 단순한 커뮤니케이션 채널로 출발했지만 이후 이메일, 채팅 방, 게시판, 인스턴트 메시지 등을 포함해 구성원들에게 여러 소통 채널을 제공하면서 서비스를 차별화하기 시작했다. 그러자 AOL 관련 수치들은 긍정적인 피드백을 보였고 새로운 기능을 제공할수록 고객들의 만족도와 재방문 의사는 높아졌다. 밀러는 고객들의 개별 사이트 사용량을 분석할 수 있었고 고객들이 점점 더 많은 시간을 AOL 사이트에서 보내고 있다는 사실을 파악했다.

고객들은 기술적으로 어렵지 않게 AOL의 서비스들을 이용할 수 있었다. 고객들은 이메일을 보내고 받는 법을 빠르게 습득했고 거기에 길들여졌다. 다른 기업들이 더 많은 부가 기능을 제공한다고 해도 관심을 보이지 않았다. 이른바 락인 효과가 작동한 것이다.

AOL이 인터넷 요금 정액제를 도입하자 더 흥미로운 일이 벌어졌다. 수십만 명의 인터넷 사용자들이 이 기회를 잡고 싶어했고 구독자 수는 천문학적으로 늘어났다. AOL은 결국 과부화 상태가 되어 속수무책으로 서비스를 중단해야 했다. 접속을 시도하는 고객들에게는 계속해서 통화 중이라는 신호음만 들려왔다. 신규 고객들은 화가 났고 기존 고객들은 분노했다. 언론은 격렬하게 비난 보도를 쏟아냈다. 그렇다면 고객들이 다른 기업으로 옮겨갔을까? 그렇지 않다. 계속됐던 통화 중 신호와 언론의 부정적인 보도들에도 불구하고 AOL의 가입자 수는 계속해서 증가했다.

밀러는 AOL의 내재가치를 측정하기 위해 표준현금흐름 할인모델을 적용했다. 안전마진을 충분히 확보하기 위해 밀러는 AOL의 할인율을 IBM보다 3배나 높은 30%로 적용했다. 밀러는 주당 평균 15달러에서 AOL을 매수하기 시작했다. 당시 그는 AOL의 가치가 대략적으로 30달러 정도는 된다고 생각했다. 또 1998년에 이르면 여전히 보수적 할인율을 적용해도 AOL의 가치가 110달러, 높게는 175달러에 이를 것으로 판단했다. 1998년과 1999년 사이 AOL은 네 차례 주식 분할을 단행했는데 밸류 트러스트 펀드는 최초 투자금 대비 50배의 성과를 벌어들였다. 밸류 트러스트 펀드 내 AOL의 비중은 19%에 이르렀다. 델 등 다른 기술주들을 포함할 경우, 펀드 내 신 경제 관련 종목 비중은 41%에 육박했다.

밀러는 가치투자 진영에서 수수께끼 같은 존재가 되었다. 하지만 그의 다음 행보는 월스트리트에 더 큰 충격을 안겼다.

1994년 제프 베이조스는 유명세를 떨치고 있던 뉴욕의 헤지펀드 D.E 쇼를 그만둔다. 인터넷 상거래 시장이 2300% 성장할 것이라는 연구 보고서를 읽고 난 뒤였다. 그는 우리 시대의 가장 큰 사업 성장 기회에 참여하지 못함으로써 발생할 수 있는 잠재적 후회를 피하고 싶었다. 이를 위해 자신이 '후회 최소화 프레임'이라고 부르는 의사결정 원칙을 세웠다. 그는 자신이 온라인으로 영업할 수 있을 것으로 판단한 상품 20개를 리스트로 만들었다. 그리고 이 리스트를 다시 가장 성공 확률이 높은 상위 5개, 즉 컴퓨터 하드웨어, 소프트웨어, 컴퓨터 디스크, 비디오, 책으로 추렸다. 이후 그는 자신의 스테이션 왜건에 짐을 싣고 워싱턴 주로 떠난다. 그리고 곧 벨뷰 노스이스트 28번가, 자신의 집 차고 주차장에서 책을 팔기 시작했다.

베이조스는 1994년 7월 25일 카다브라Cadabra라는 이름의 새로운 회사를 설립한다. 이후 사명은 아마존으로 바뀌게 된다. 1년 뒤 아마존은 미국 50개 주 전체와 45개 국가에 책을 판매하는 기업으로 성장했고 그로부터 두 달도 채 되지 않아 한 주 동안 2만 달러의 매출을 올리기 시작했다. 1997년 5월 15일, 아마존은 주당 18달러로 주식시장에 상장했다. 밸류 트러스트 펀드를 운용하던 밀러는 아마존이 상장한 당일 매수했고 주가가 두 배가 되자 즉각 매도했다. 2년 뒤, 《월스트리트 저널》이 그의 투자 경력에 있어서 가장 대담한 결정이라고 평가한 사건이 벌어진다. 밀러는 다시 아마존을 매수한다. 이때 매수가는 주당 88달러였다.

1999년 말, 아마존의 주가는 매출 기준 22배 수준에 높게 거래되고 있었다. 하지만 아마존은 설립 이후, 계속 적자 상태였다. 하지만 밀러는 아마존이 시장이 생각하는 것만큼 그렇게 심각한 적자 상황이라고 판단하지 않았다. 대규모 현금이 아마존으로 유입되고 있었고 베이조스는 그 돈들을 최대한 빠르게 사업에 재투자하고 있었기 때문이다. 밀러는 당시 아마존이 온라인 책 판매 부문에서 선두주자로 달려나가고 있던 상황이었던 만큼 다른 경쟁업체들이 범접할 수 없는 절대 우위를 가지고 있다고 믿었다. 네트워크 효과가 이미 나타나기 시작한 시점이었다. 게다가 밀러는 아마존의 비즈니스 모델이 지닌 경쟁 우위를 이해하고 있었다. 부채나 주식 발행 등을 통해 거대 자본을 투입할 필요 없이, 빠르게 성장할 수 있는 구조였다. 레그 메이슨 캐피털 매니지먼트에서 일하는 투자전문인력들은 회계나 재무같은 기초 지식은 물론이고, 투자 전략이나 포트폴리오 운용 상황을 파악하는 능력을 갖추어야 했다. 하지만 빌 밀러의 팀이 되기 위해서는 그 이상이 필요했다. 바로 철학 연구를 통해 얻을 수 있는 통찰이었다. 미국 실용주의의 아버지라고 불리는 윌리엄 제임스는 밀러의 투자 팀에 한 줄기 빛이 되어주었다. 루드비히 비트겐슈타인의 가르침 역시 마찬가지였다.

루드비히 요제프 요한 비트겐슈타인은 오스트리아 태생의 철학자로 1929년부터 1947년까지 캠브리지대학에서 교수로 근무했으며 20세기를 아우르는 탁월한 철학자 가운데 한 명으로 꼽힌다. 그와 같은 선상에 있는 철학자 버트런드 러셀은 비트겐슈타인을 일컬어 "전통적 관점에서, 내가 알고 있는 천재의 가장 완벽한 표본"이라고 표현하기도 했다. 비트겐슈타인의 연구 영역은 논리학, 수학, 심리 및 언어 철학 분야를 넘나든다. 그의 언어 이론을 통해 우리는 '낱말들은 의미를 지닌다'라는 명제를 보다 잘 이해할 수 있다. 즉 우리는 우리가 선택하는 낱말들로 기술description하고 그 기술들이 궁극적으로 설명explanation을 제공한다는 것이다.

1953년 루드비히 비트겐슈타인의 두 번째이자 마지막 책인《철학적 탐구》가 그의 사후 출간되었다.《철학적 탐구》는 1951년 비트겐슈타인이 세상을 떠난 후, 그의 친구들과 동료들이 비트겐슈타인의 개인적인 단상, 기록, 논문들을 모두 모아 정리한 책으로 현대 20세기의 가장 중요한 철학서로 꼽히고 있다.

《철학적 탐구》에는 비트겐슈타인이 직접 손으로 그린 단순한 삼각형 그림이 하나 등장한다. 이 그림 아래 비트겐슈타인은 "이 삼각형은 삼각형 모양의 구멍으로, 어떠한 물체로, 기하학적 그림으로, 밑면 위에 서 있는 도형으로, 꼭대기에 걸려 있는 것으로, 산으로, 쐐기로, 화살 또는 가리키는 신호로, 직각을 끼는 보다 짧은 변에 서있어야 할 것이 넘어진 물체로, 반쪽짜리 평행 사변형으로, 또는 그 외 여러 다른 가지 것들로 생각해볼 수 있다."라는 설명을 붙였다. 결국 비트겐슈타인은 그저 평범해 보이는 변이 3개인 도형 스케치를 놓고 12개의 각기 다른 모습으로 기술했다. 이를 통해 그가 말하고자 하는 바는 명확하다. 우리가 세상을 어떻게 보느냐는 우리가 세상을 어떻게 기술하느냐에 따라 결정된다는 것. 이 세계는 다른 여러 많은 형태로 기술될 수 있다.

만약 하나의 단순한 1차원의 삼각형을 놓고도 이렇게 여러 가지 기술이 가능하다면, 이보다 훨씬 복잡한 사물들의 경우 얼마나 많은 기술이 가능할 것인가? 이것이 주식시장에서 벌어지고 있는 일에 대해 단 한 가지가 아닌, 여러 가지 기술이 존재하는 이유이다. 이는 기업도 마찬가지이다. 빌 밀러와 함께 일하는 기업 분석가들과 포트폴리오 매니저들은 그들이 분석하고 있는 기업들에 대해 계속해서 다르게 기술하고 다시 기술할 것을 요구받았다.

하지만 월스트리트는 당시 아마존의 상장을 두고 간단히 기술했다. 아마존은 당시 업계를 선도하고 있던 오프라인 서점 반즈 앤 노블

Barnes & Noble의 온라인 버전이라고 말이다. 기업 분석가들은 이 두 회사의 회계적 요인인 주가배수를 비교하고 대조하면서 반즈 앤 노블이 아마존에 비해 훨씬 싸다고 결론지었다. 따라서 똑똑한 투자자라면 반즈 앤 노블을 매수하고 아마존을 팔아야만 했다. 이후 아마존이 책을 넘어 그 외 다른 제품들로 판매 영역을 확장하기 시작하자, 기업 분석가들은 아마존을 월마트와 비교하기 시작했다. 그들은 이 두 종목에 같은 가치평가 기준을 적용하면서 월마트에는 롱 포지션을, 아마존에는 숏 포지션을 취하는 페어 트레이딩[21] 방식을 추천했다.

밀러 역시 아마존을 분석했다. 하지만 그가 관찰한 바로 아마존은 반즈 앤 노블의 유사기업이 아니었다. 온라인 소매업체인 아마존은 경쟁하고 있는 다른 소매 상점들과 비교해볼 때, 매출 10만 달러당 발생하는 자본지출이 아주 적었다. 게다가 아마존은 온라인을 통해 책을 구매한 고객들을 통해 즉각적으로 매출을 올리고 있었지만 공급업체인 출판사들에 실제 자금을 지급하기까지는 3~6개월의 여유를 확보하고 있었다. 심지어 출판사들은 구매 취소된 책들을 별도의 위약금 없이 회수해갔다. 밀러는 이러한 비즈니스 모델을 이전에 본 적이 있었다. 그리고 아마존의 비즈니스 모델에 대해 논의하기 위해 제프 베이조스와 만났고 자신의 생각에 확신을 가지게 되었다. 아마존은 반즈 앤 노블이 아니었다. 아마존은 델 컴퓨터였다.

---

21   유사한 가격흐름을 보이는 종목의 짝을 찾아 저평가된 종목은 사고, 고평가된 종목은 차입 매도 하는 방식이다.

아마존과 델 컴퓨터는 총이익과 영업이익이 유사한 수준이었다. 이들은 모두 직접 판매 모델을 근간으로 하며, 매출은 즉시 발생하지만 공급업체들에게는 추후에 비용을 지급하는 구조였다. 아마존과 델은 동일한 자본 공급 속도, 동일한 부의 운전자본 모델, 동일한 현금 전환 주기를 가지고 있었다. 이 기업들은 모두 손익계산서가 아닌 재무상태표상 운전 자본을 통해 성장을 뒷받침하고 있었다. 이 둘은 동일한 기업 운영 구조, 즉 가능한 한 빨리 내부에서 현금을 마련할 수 있는 구조를 통해, 고객들이 지불한 돈을 기업 확장의 원동력으로 삼았다. 델과 마찬가지로, 아마존도 자본수익률이 100%가 넘는 기업으로 자리 잡았다.

밀러는 아마존이 영원히 돈을 잃는 운영 구조라는 월스트리트의 분석은 잘못된 것이라고 생각했다. 2000년에 열린 그랜츠 인터레스트 레이트 옵져버 컨퍼런스Grant's Interest Rate Observer Conference에서 밀러는 그 자리에 참석한 펀드 매니저들에게 한 가지 질문을 던졌다. 상장 이후 아마존의 누적 현금 손실이 얼마쯤 될지 맞추어보라는 것이었다. 펀드 매니저들은 2억 달러에서 많게는 40억 달러 가량 될 것이라는 답을 내놓았다. 밀러가 파악한 아마존의 정확한 손실 규모는 6200만 달러였다. 밀러는 "우리는 시장이 아마존을 정확히 분석하고 있다고 생각하지 않습니다. 그 사람들은 프로들인데도 말입니다."라는 말을 덧붙였다.

비트겐슈타인은 오늘날 투자자들에게 "설명할 수 없는 이유는 기술할 수 없기 때문입니다."라는 상당히 예리한 메시지를 던진다. 2000년부터 2019년까지 20년 동안, 2000년 기술주 하락장과 2008년 금융위기에도 불구하고 아마존의 주가는 S&P 500 지수 대비 2,327% 더 높은 수익을 기록했다. S&P 500의 경우, 배당이 재투자되는 총수익으로 따져도 수익률이 224%에 불과했다.

밀러는 한때 자신을 모멘텀 투자자로 소개했던 가치투자자였다. 오늘날 그는 전 세계적으로, 기술 기업들에 대한 가치평가 방식에 성공적으로 이의를 제기한 최초의 투자자로 평가받고 있다. 밀러는 한 번도 가치투자의 기본 원칙에서 벗어난 적이 없었다. 그는 할인된 현금흐름 모델을 사용해 기업의 가치를 평가했고 안전마진을 확보한 경우에만 해당 주식을 매수했다. 밀러는 "펀드 매니저들은 분주하게 적합한 투자대상을 쫓으며 1년에 100%에 가까운 포트폴리오 회전율을 보이고 있다. 우리가 운용하는 펀드들은 상당히 이례적으로 회전율이 11%에 불과하다."라고 이야기했다. 또한 "싸고 좋은 기업을 찾는 것, 이러한 기업을 큰 비중으로 매수하는 것, 그리고 그 종목을 오래 보유하는 것은 합리적인 투자를 위해 필요한 덕목들이다. 사람들이 단순히 회계 수치로 기업들을 평가하고 이를 매매의 기준으로 삼는 흐름이 우리로서는 반갑다. 이를 역으로 유리하게 이용할 수 있기 때문이다. 단순히 기업의 수치를 들여다보는 것은 실제적으로 그 기업의 가치가 어느 정도인지를 파악하는 것보다 훨씬 쉬운 일이다. 보다 철저한 분석을 통해 우리는 우리 고객들에게 더 나은 성과를 안겨 줄 수 있다."라고 덧붙였다.

워런 버핏과 마찬가지로 빌 밀러 역시 교육자적 면모를 지녔다. 성과가 입증되기 전까지 일언반구도 않는 현대 헷지 펀드 매니저들과는 다르게, 밀러는 일종의 '펼쳐진 책'과 같다. 그는 당신에게 자신의 책상에 피사의 사탑처럼 쌓여있는, 앞으로 읽을 책들은 물론, 지금 어떤 책을 읽고 있는지도 기꺼이 알려줄 것이다. 또 그는 투자 포럼 등에서 다른 투자자들과 만나고 이후 몇시간에 걸쳐 저녁 만찬을 하며 토론하는 일을 즐겼다. 포트폴리오 매니저들과 기업 분석가들이 산타페 연구소를 방문해 복합적응계에 대해 배우고 싶다는 의견을 피력하면 더할 나위 없이 기뻐하곤 했다.

돌아보면, 우리는 밀러의 성공이 개별적 요인들 3개가 종합적으로 작용하면서 얻어진 결과물임을 확인할 수 있다. 첫째, 그는 회계와 재무학 지식을 꾸준히 학습했고 워런 버핏을 포함한 다른 성공적인 투자자들의 투자 방식을 연구했다. 둘째, 그는 어떤 것이 최상의 결과를 이끌어내는지를 이해하고자 끊임없이 노력하면서 산타페 연구소에서 얻는 가르침을 실천하기 위해 온 힘을 다했다. 마지막 그리고 가장 중요한 요인, 빌 밀러는 철학자이면서 투자자였다는 사실이다. 더 나은 표현으로 실용주의자이기도 했다.

일정 기간에 국한된 성공을 거둔 투자자들은 대부분 진리대응론[22]의 입장을 고수한다. 이들은 자신들의 생각이 심층적이고 사실에 근거한 시장 작동 방식에 잘 부합한다고 생각한다. 그리고 진리대응론은 절대성을 바탕으로 한다. 완고함은 일종의 명예훈장인데 이는 실용주의와 정반대되는 입장이다. 당신이 실용주의자라면 모델이 효과적이지 않은 경우 그저 단기간 활용하고 말면 된다. 실용주의자들

---

22   진리는 명제와 명제로 표현되는 객관적 사실의 대응관계로부터 도출된다는 입장이다.

은 어떠한 모델이든 자신의 성과를 돕기 위해 존재하는 것이라고 생각하기 때문에 이들은 사람들이 절대적인 것에 가지는 동경을 무의미한 것으로 본다. 이들에게 중요한 것은 그 모델이 얼마나 쓸모 있고 유용한지 여부이다.

브라이언 아서는 과거 밀러에게 어떻게 해서 철학 박사과정을 공부하던 학생이 투자 업계에서 길을 찾게 되었는지 물은 적이 있다. 밀러는 자신이 철학을 공부했음에도 불구하고 투자자가 된 것이 아니라, 정확히는 자신이 철학을 공부했기 때문에 자산운용에 관심을 가지게 된 것이라고 대답했다. "철학적 사고를 훈련한 덕분에, 나는 아주 멀리서도 엉터리 주장들을 구분할 수 있었다."라고 말이다.

—

2019년 2분기, 워런 버핏은 버크셔 해서웨이가 아마존 닷컴의 보통주 53만 7,300주를 사들였다고 발표했다. 이는 당시 가치로 9억 4700만 달러에 해당했으며 그렇게 큰 규모는 아니었다. 워런 버핏은 그 주식을 매수한 것이 자신이 아니라 버크셔 해서웨이의 투자 매니저인 토드 콤브와 테드 웨슬러 중 한 명이었다는 사실을 밝혔다. 콤브는 2010년 버크셔 해서웨이에 합류했으며 투자 포트폴리오 운용을 맡았고 2년 뒤, 웨슬러가 팀에 합류했다. 이 둘은 버크셔 해서웨이의 보통주 포트폴리오 가운데 10% 가량을 운용하고 있다.

워런 버핏은 아마존이 상장하고 얼마 되지 않아 제프 베이조스를 만났다. 2003년 버크셔 해서웨이는 아마존 채권을 4억 5900만 달러

가량 보유하고 있었다. 당시 워런 버핏이 유일하게 인터넷으로 구매하던 제품은 바로 《월스트리트 저널》, 온라인 브릿지 게임, 아마존에서 구매하는 책. 이렇게 세 가지였다. 워런 버핏은 "저는 아마존의 몸무게가 150파운드가 될지, 300파운드가 될지 모릅니다. 다만 제가 확실하게 아는 한 가지는 이 기업이 허기진 상태라는 것이죠. 여기 한 남자(제프 베이조스)가 있습니다. 그는 가령 책 구매같이, 우리 일상 가까이에 있는 무언가를 새로운 기술과 접목시켰고 몇 년 후 전 세계에서 가장 큰 브랜드 기업 하나를 만들어내게 될 것입니다."라고 평가하기도 했다.

15년 뒤, 2019년 버크셔 해서웨이 주주총회에서도 워런 버핏은 여전히 제프 베이조스를 추켜세웠다. 이곳은 마치 무無에서 세계 최대 기업을 일구어낸, 마치 챔피언을 칭송하는 올림픽 무대 같았다. 그는 제프 베이조스가 두 가지 큰 혁신을 이루어냈다고 생각했는데, 첫 번째는 온라인 소매 판매 그리고 두 번째는 아마존 웹 서비스였다. 아마존 웹 서비스의 경우, 개인, 기업, 정부가 선불제로 이용할 수 있는 세계 최대 규모의 맞춤형 클라우드 컴퓨팅 플랫폼이다. 워런 버핏은 "저는 항상 제프 베이조스를 동경해 왔습니다."라고 말하며 "저는 아무것도 살 줄 모르는 바보였습니다. 항상 그가 특별하다고 생각은 했지만, 책 판매에서 시작해 지금만큼 성공할 것이라고는 생각하지 못했습니다. 그는 비전이 있었고 이를 믿을 수 없을 정도로 잘 실현해 냈습니다."라고 회상했다.

주주총회에서 찰리 멍거는 말을 더 아끼는 축에 속했다. 그럼에도 그는 "우리는 여기 있는 사람들보다 나이가 들었고, 다른 사람들만큼 유연하게 사고하지 못합니다."라며 이야기를 거들었다. 워런 버핏은 자신과 찰리는 20세기의 위대한 산업주의자이자 역사상 최대 부호인 존 록펠러와 앤드류 카네기를 공부하며 자랐다고 덧붙였다. 이 두 부호는 누군가 아주 적은 자본을 들여 수십억 달러의 수익을 창출해 내는 수조 달러 짜리 기업을 만들 수 있을 것이라고 생각하지 못했을 것이다. 이는 그들에게 상상조차 할 수 없는 일이다.

주주총회에서 찰리 멍거는 자신이 아마존을 매수하지 않았던 사실을 인정했지만 어쩔 수 없었던 일로 받아들였다. 하지만 "구글을 사지 않은 것은 너무 미련했던 행동"이라고 고백했다. 현재 알파벳Alphabet으로 불리는 구글은 2004년 8월 주당 85달러에 상장되었으며 현재는 기업 가치가 1조 달러가 넘는 세계적인 기업으로 성장했다. 워런 버핏과 찰리 멍거는 오랜 기간 가이코 보험사가 고객들의 광고 클릭당 얼마씩을 구글에 지불해온 것을 알고 있었다. "우리는 그저 수수방관하고 있었습니다."라고 찰리는 회상했다. 하지만 미안해하지 않는 톤으로 이야기를 이어갔다. "그렇지만 아마도 애플 투자로 속죄했다고 볼 수 있지 않을까요?"

버크셔 해서웨이는 2016년부터 애플을 매수하기 시작했다. 2016년 5월 16일, 버크셔 해서웨이는 애플 980만 주를 매수했다고 발표했다. 그리고 2016년 말, 버크셔 해서웨이의 애플주식 보유 규모는 6700만 주로 늘어났는데, 주당 매수가격은 평균 100달러로 총 67억 달러 가량의 투자자금이 들었다. 이듬해 워런 버핏은 추가로 애플 1억 주를 사들였고 애플 주식은 버크셔 해서웨이 포트폴리오에서 두 번째로 비중이 큰 종목이 되었다. 당시 애플의 시장가치는 280억 달러로,

290억 달러이던 웰스 파고Wells Fargo의 시장가치를 조금 밑도는 수준이었다. 2018년에도 워런 버핏은 애플 9000만 주를 추가로 매수하며 애플을 버크셔 해서웨이의 최대 보유 종목으로 만들었다. 웰스 파고 보유 비중의 두 배, 뱅크 오브 아메리카 보유 비중의 두 배, 코카콜라 보유 비중의 두 배였다. CBS와의 인터뷰에서 워런 버핏은 "제 입장에서는 무언가를 빠르게 판단해야 할 이유가 없습니다. 저는 생방송 뉴스를 보면서 매매 결정을 내리는 사람이 아니기 때문입니다. 애플 매수는 애플을 오랜 기간 지켜봐온 뒤 내린 결정이었습니다."라며 자신이 애플을 몇 년간 유심히 관찰해왔다는 사실을 인정했다.

워런 버핏은 애플이 아주 가치 있는 제품이고 사람들이 아이폰을 중심으로 자신들의 삶을 꾸려가고 있다는 쪽으로 생각이 기울었다. 그는 "8살이건, 80살이건 사람들은 아이폰을 가지고 싶어합니다. 그들이 원하는 것은 최저가 제품이 아닙니다."라고 했다. 오늘날 애플은 전 세계 핸드폰 시장에서 13% 정도의 점유율을 차지하고 있다. 하지만 고객들이 기꺼이 프리미엄 비용을 지불하고 있기 때문에 전체 모바일 시장 수익의 85%를 휩쓸고 있다. 워런 버핏이 처음 애플을 매수할 때, 사람들은 왜 버크셔 해서웨이가 모토롤라Motorola나 노키아Nokia처럼 이미 전성기가 다 지나간 핸드폰 제조업체를 매수하려 하는지 선뜻 이해하지 못했다. 하지만 '기술할 수 없기 때문에 설명할 수 없'을 뿐, 애플은 모토롤라나 노키아가 아니었다. 애플은 루이비통Louis Vuitton이었다. 뉴욕 5번가와 프랑스 샹젤리제 거리에서 애플 스토어가 루이비통 옆에 위치하고 있는 데는 이러한 이유가 있다. 애플은 핸드폰 계의 명품을 제조하는 회사이고 고객들은 이에 대한 강한 충성심을 가지고 있다.

　애플이 가지는 두 번째 부가가치 요인은 바로 확장되는 네트워크에 있다. 오랜 기간 애플은 맥 컴퓨터, 아이팟, 아이폰, 그리고 아이패드에 이르기까지 다양한 제품라인을 구축해왔으며 이후 웨어러블 제품인 애플워치와 에어팟까지 출시했다. 이 모든 제품들은 앱 스토어, 애플 뮤직, 애플 TV, 그리고 아이클라우드를 포함한 서비스 컴포넌트에 연결되어 있다. 여기에 금융 서비스 컴포넌트인 애플 페이, 애플 헬스가 더해진다. 현재 애플의 서비스 부문은 기업 내에서 가장 빠른 성장세를 보이고 있고, 이러한 성장은 지난 몇 년 동안 애플 주가가 가파르게 상승한 주요 원인으로 지목된다. 2016년 버크셔 해서웨이가 처음으로 애플을 매수했을 때 시장은 애플의 내재적 성장 가능성을 인정하지 않았다. 하지만 오늘날 애플의 기업 가치 가운데 1/3 이상이 미래 성장 요소에 기인하고 있다.

　애플의 아이폰은 수익성이 좋다. 하지만 그 가운데서도 서비스 사업 부문 수익률은 세 자리 수에 이른다. 2019년 말, 애플은 가중평균 자본비용 7% 대비 143%에 육박하는 투하자본수익률을 기록했다. 현금이 콸콸 쏟아져 나오는 형국이었다. 2020년 2분기 말, 애플의 현금 자산은 1억 9200달러로, 당시 기업의 시장가치이던 1.3조 달러의 15%에 육박했다. 그렇다면 애플은 이 현금을 어디에 사용하는가? 상당 비중을 미래의 투자기회 및 자본지출 유지 관련 항목에 사용한다. 하지만 가장 큰 비중은 배당이나 자사주 매입 형태로 직접 주주들에게 돌아간다. 애플은 주주들에게 매년 130억 달러 규모의 배당을 지불한다. 하지만 그보다 훨씬 더 많은 금액을 자사주 매입에 사용한다. 2016년 버크셔 해서웨이가 처음 애플을 매수했을 때, 애플은 53억 주를 발행한 상태였다. 하지만 2019년 말, 애플이 발행한 주식은 총 44억 주로 줄었다. 4년 동안, 발행한 주식의 17%를 재매수한 셈이다. 그 결과 단한 푼의 추가적 지출이 없었음에도 불구하고 워런 버핏이 보유한 애플의 지분 가치는 매년 증가했다.

한 걸음 뒤에서 살펴보면, 우리는 애플이 가치투자 2단계와 3단계 양쪽 모두에 걸쳐 있는 완벽한 투자 대상임을 알 수 있다. 애플은 매년 계속해서 고객들을 끌어모으는, 브랜드 가치가 높은 글로벌 소비재 기업이다. 이에 더해 애플은 자본수익률이 높고 잉여현금을 자사주 매입에 사용한다. 여러모로 볼 때, 애플은 워런 버핏이 30년 전에 매수한 코카콜라와 같은 성격을 지녔다. 뿐만 아니라, 코카콜라와 마찬가지로 애플은 '보이는 곳에 숨어있는 기업'이라는 점에서 주목할 만하다.

게다가 애플을 신 경제에 속한 주식이다. 애플의 모든 제품과 서비스는 애플 제품의 운영 체계인 iOS를 동력으로 돌아간다. 어떠한 제품이 애플의 생태계 내 일부로 편입되면 네트워크 효과가 발생하고 긍정적 피드백, 경로 의존성 및 락인 효과가 생겨나면서 애플은 더욱 강력한 글로벌 시장 지배력을 가지게 된다. 언뜻 봐도 애플 고객들의 전환에는 상당히 높은 비용이 발생할 것으로 보인다.

흥미롭게도 워런 버핏은 애플을 버크셔 해서웨이의 주식 포트폴리오 내 일부 종목이 아닌 버크셔 해서웨이의 별도 사업부문 가운데 하나로 보았다. 그는 애플을 가이코 보험, 벌링턴 노던 산타페 철도 Burlington Northern Santa Fe에 이어 버크셔 해서웨이의 세 번째 사업부문으로 언급하기도 했다. 워런 버핏은 "애플은 내가 알고 있는 최고의 기업입니다. 애플은 사람들 일상의 중심이 되는 가치 있는 제품을 생산하고 있죠"라고 평가했다. 2019년 버크셔 해서웨이 주주 총회에서, 찰리 멍거는 애플에 대한 워런 버핏의 투자 의지가 버크셔 해서웨이 입장에서는 긍정적인 사인이라고 밝힌 바 있다. 그는 워런 버핏의 애플투자에 관련하여 "자네는 미쳤거나, 지금도 배우고 있는 중이야. 난 후자로 해석하겠네."라는 농담을 건네기도 했다.

워런 버핏에 대해 연구하며 얻는 큰 보상 가운데 하나는 그가 투자자로서 살아온 65년간 얼마나 합리적으로, 또 실용적으로 발전해왔는지를 관찰할 수 있는 것이다. 그는 가치투자의 1단계에서 2단계로, 그리고 이제 3단계로 진화하는 중이다. 워런 버핏이 버핏 합자회사 운영 당시 조합원들에게 1958년 뉴저지의 유니온 시티 커먼웰스 트러스트 컴퍼니Commonwealth Trust Company of Union 지분 보유나, 1960년 샌본 맵 컴퍼니Sanborn Map Company 대규모 투자, 1962년 뎀스터 밀Dempster Mill Manufacturing Company의 지배지분 투자에 관련하여 자신의 논리를 펴는 과정을 지켜본 바 있다. 이후 버크셔 해서웨이에서도 워런 버핏은 씨즈 캔디를 인수하고 코카콜라에 몇 십억 달러를 투자할 때도 그 이유를 주주들이 이해할 수 있도록 설명했다. 그는 과거 주주들에게 프랜차이즈 미디어 기업을 보유하는 것의 전략적 중요성이나 보험회사의 플로트 투자를 통해 얻을 수 있는 혜택 등에 대해서도 공유했다. 이제 워런 버핏은 제5차 기술 혁명이 진행되고 있는 현 시점에서 전 세계 최대 기업인 애플을 보유하는 것의 가치에 대해 설명하고 있다.

필립 피셔가 옳았다. 이미 성공을 맛본 투자자가 1단계에서 2단계로, 특히 2단계에서 3단계로 진화하기란 쉽지 않다. 특정 시장 주기가 지나간 이후에도 성공적으로 투자하길 원한다면 정신적인 유연성과 적절한 기질, 그리고 어떻게 하면 돈을 벌 수 있을 것인지를 지속적으로 배우고자 하는 강한 열망이 있어야 한다. 이것이 머니 마인드가 발휘되는 사고체계의 본질이다.

—

1956년 벤저민 그레이엄이 투자 일선에서 물러난 뒤 뉴욕을 떠나자, 로저 머레이가 컬럼비아대학의 가치투자 프로그램을 책임지게 되었다. 머레이는 그레이엄의 봄학기 가치투자 세미나 수업을 대신 맡은 데 이어, 1961년 데이비드 도드가 은퇴하자 그의 가을학기 수업까지 추가로 이어받았다.

머레이는 월스트리트에서 잘 알려진 인물로, 뱅커스 트러스트 Bankers Trust에서 수석 경제학자로 근무했고 업계 사상 최연소 부사장으로 선임되기도 했다. 그는 국회 자문을 맡기도 했으며 개인퇴직계좌IRA의 개념을 창시한 인물로도 알려져 있다. 또 투자자책임연구센터IRRC 창립 이사를 역임했으며 미국재무학회의 23대 의장을 지내기도 했다. 하지만 이러한 화려한 경력들에도 불구하고, 머레이는 자신이 학생을 가르치는 교수로 있을 때 가장 큰 보람을 얻는다는 사실을 깨달았다. 그는 학생들에게 큰 사랑을 받았으며 제자들이 졸업 후 이뤄내는 성공에 큰 자부심을 가졌다. 마리오 가벨리, 척 로이스, 레온 쿠퍼맨, 아트 샘버그, 그리고 로버트 브루스와 같은 업계 유명 인사들도 모두 로저 머레이의 가르침을 받은 인물들이다.

1960년대 후반, 미국 전반에서 투자에 대한 생각이 달라지기 시작했다. 제2차 세계 대전이 끝나고 베이비붐 세대가 탄생하면서 미국은 긴 번영의 시대로 진입했다. 다우존스산업평균지수가 사상 최초로 1,000포인트를 돌파했다. 가치가 아니라 성장이 새로운 투자의 공식이 되고 있었다. 투자 매니저라는 새로운 부류의 사람들이 이러한 변화를 진두지휘했다.

제럴드 차이는 중국 상하이에서 태어났다. 그는 1947년 부모와 함께 미국으로 이주했고, 보스턴대학교에서 경제학 학사와 석사 과정을 마쳤다. 차이는 배시 앤 컴퍼니에서 경력을 시작했지만 곧 피델리티 매니지먼트 앤 리서치Fidelity Management and Research로 자리를 옮겼다. 피델리티에서 그는 새롭게 만들어진 피델리티 캐피탈 뮤추얼펀드의 펀드 매니저로 일하게 된다. 차이는 모멘텀을 추구하는 방식으로 포트폴리오를 운용했고 이에 힘입어 피델리티는 거대 뮤추얼펀드 회사로 재탄생하게 된다. 1965년 차이는 공격적 성장 전략을 기반으로 한 자신의 회사, 맨해튼 펀드Manhattan Fund를 창립한다.

차이는 다양한 분산을 강조하는 가치투자 방식과 달리 성장 주식에 집중하는 투자를 추구했다. 가치투자 포트폴리오들이 성장속도가 더딘 산업주, 유틸리티, 에너지 기업들에 집중한 반면, 차이는 제록스Xerox, 폴라로이드Polaroid, 에이본 프로덕츠Avon Products와 같은 화려한 종목들을 매수했다. 곧 차이가 운용하는 맨해튼 펀드의 성과가 가치주들을 크게 앞지르기 시작했고 투자자들은 '니프티 피프티Nifty Fifty'23 종목들로 알려진, 미국에서 가장 빠르게 성장하는 기업들에 몰려들기 시작했다. 검증되고 충실한 가치주들은 투자자들의 관심에서 멀어졌다. 성장주에 대한 인기는 어느 정도까지는 투자자들에게 유리하게 흘러갔다. 1973년부터 1974년까지 대공황 이후 최악의, 극심한 하락장이 찾아오면서 개인투자자들은 큰 손실을 입게 되었고 니프티 피프티의 성장을 쫓던 투자자들은 이후 시장에서 자취를 감췄다.

어떤 이들은 그 빈자리를 다시 가치투자자들이 채웠으리라고 생각할 것이다. 하지만 가치투자에 대한 열렬한 요구에 아무도 응답하지 않았고, 새로운 투자 사상가, 즉 투자자가 아닌 학자 무리들이 그 자리를 대신했다. 투자자들의 상처를 달래준 것은1956년 시카고대학에서 탄생한 현대 포트폴리오 이론이었다. 현대 포트폴리오 이론은 보수적 수익과 낮은 가격 변동성을 설파했고 투자자들이 앞다투어 몰려들었다. 이들의 전략을 통해 감정적인 위안을 얻을 수 있기 때문이었다. 로저 머레이는 1977년 컬럼비아대학에서 은퇴했다. 벤저민 그레이엄과 데이비드 도드가 50년 전 시작한 가치투자 프로그램은 운영이 중단된 상태였다.

1984년 컬럼비아 경영대학원은 《증권분석》 발행 50주년을 기념하기 위한 컨퍼런스를 주최했다. 워런 버핏은 벤저민 그레이엄의 가치투자에 대한 주제발표를 해달라는 요청을 받았다. 이 컨퍼런스에서 로체스터 대학 재무학 교수인 마이클 젠슨은 효율적 시장 가설을 대변하는 내용을 발표했다. 유진 파마를 포함한 다른 학자들과 함께 젠

23　1970년대 미국 기관 투자자들이 선호했던 50개 종목을 일컫는다.

슨은 시장이 빠르고 정확하게 주식의 가격을 매기기 때문에 적극적 운용은 시간 낭비라는 입장을 밝혔다. 이들이 볼 때 주식시장을 이길 수 있는 사람은 아무도 없었다. 워런 버핏은 이와 반대 입장이었다. 그리고 '그레이엄-도드 마을의 슈퍼 투자자들'이라는 제목의 연설을 통해 이를 뒷받침하는 증거들을 제시했다.

워런 버핏은 현대 포트폴리오 이론의 핵심 주장을 요약하면서 이야기를 시작했다. 주식시장은 효율적이고 모든 주식은 가격이 정확하게 책정되며, 그렇기 때문에 몇 년간 계속해서 시장을 이긴 사람이 있다면 이는 단순히 운이 좋았기 때문이라는 것이 현대 포트폴리오 이론이 주장하는 바였다. 워런 버핏은 현대 포트폴리오 이론이 주장하는 바가 사실일 수도 있겠지만, 자신은 꾸준히 시장을 이긴 몇몇 사람들을 알고 있고 그들의 성공을 단순히 무작위적 우연의 결과물이라고 설명할 수는 없다고 덧붙였다.

운일 수밖에 없다고 주장하는 이들이 충분히 납득할 수 있도록, 워런 버핏은 청중들에게 다음과 같은 상황을 상상해보라고 이야기했다. 2억 2500만 미국인들이 1달러씩을 걸고 전국민 동전 던지기 대회를 개최하는 것이다. 한 번씩 동전을 던지고 진 사람은 경기에서 빠진다. 이긴 사람은 전 국민의 돈이 들어있는 단지를 거머쥘 기회를 손에 쥔 채 다음 단계로 진출한다. 10라운드까지 진행되면 승리한 22만 명이 1,064달러씩을 손에 넣게 될 것이다. 다시 10라운드를 추가로 진행하면 승자는 215명으로 좁혀지고 각각 백만 달러를 손에 넣게 된다.

워런 버핏은 이야기를 이어갔다. 이 전국적인 시합을 분석하는 경영대학원 교수들은 동전을 던지는 사람들은 아무도 특출난 실력을 가지고 있지 않다는 점을 강조하고 싶을 것이다. 교수들은 심지어 이 시합은 동전을 던질 수 있는 2억 2500만 마리 오랑우탄들을 데려다놓고도 쉽게 재현할 수 있다고 주장할 것이다.

이야기에 살을 붙여가며 워런 버핏은 아주 드물겠지만 통계적으로 오랑우탄들이 인간들과 같은 결과를 얻을 가능성이 존재한다는 점은 인정했다. 하지만 그는 청중들에게 다음과 같은 질문을 던졌다. "만약 마지막까지 남은 215마리의 오랑우탄 가운데 40마리가 같은 동물원 출신이라면, 우리는 그 동물원의 사육사를 찾아가 묻고 싶지 않을까요? 부자가 된 그 40마리 오랑우탄에게 과연 어떤 먹이를 주었는지 등을 말입니다."

여기서 워런 버핏이 주장하는 핵심은 어떤 특정 영역에서 어떤 일이 높은 빈도로 발생했다면, 여기에는 어떤 일반적이지 않은 요소가 작용했기 때문이며 이에 대한 연구가 필요하다는 점이다. 또 (이 부분이 결정적이다!) 만약 이 특정 그룹의 사람들이 어디에 사는지가 아니라 '누구에게서 배웠는가?'라는 공통 분모를 가진다면 어떻겠는가?

그리고 바로 여기서 워런 버핏이 그레이엄 앤 도드빌이라고 부르는 '지적인 마을'이 등장한다. 이날 워런 버핏이 제시한 모든 예시들은 실제로 계속해서 꾸준하게 시장을 이겨온 사람들의 투자 성과였다. 이들이 시장을 이길 수 있었던 것은 운 때문이 아니었다. 그들은 모두 원칙을 따랐기 때문이며 그 원칙들은 동일한 곳에 원천을 두고 있었다. 벤저민 그레이엄과 데이비드 도드가 바로 그 원천이었다.

이 투자자들은 동전 던지는 방식을 제각각 다른 명칭으로 불렀지만 모두 동일하게 시장과 내재가치 사이의 괴리를 이용하는 방식을

제3부 진화하는 가치투자

근간으로 한다고 워런 버핏은 설명했다. "당연한 말이지만 우리 그레이엄·도드 마을 투자자들은 베타, 자본자산가격모델, 주식수익률의 공분산에 대해 논의하지 않았습니다. 이러한 주제에 아무런 관심이 없기 때문이죠. 사실상 이들 대부분은 이러한 용어들이 무슨 뜻인지조차 모르고 있을 것입니다."

워런 버핏의 1984년 연설은 컬럼비아 경영대학이 가치투자 프로그램을 부활시키는 데 필요했던, 일종의 지적 심폐소생술 역할을 했다. 그해 데이비드 도드의 가족은 컬럼비아대학교에 '그레이엄 앤 도드 자산 운용 프로그램'을 개설하며 상당한 자금을 기부한다. 로버트 하일브론의 가족은 학교에 그의 이름을 딴 석좌교수직을 신설했다. 하일브론은 1930년대 벤저민 그레이엄을 만났고 그의 수업을 들었다. 그리고 결국 버핏 합자회사를 통해 워런 버핏과 함께한 초기 투자자가 된다. 이후 하일브론은 시드 러너와 함께 컬럼비아대학교에 가치투자 교육을 위한 하일브론 센터를 건립한다. 가치투자자들의 영원한 근거지를 만든 셈이다.

마리오 가벨리 역시 가치투자 프로그램의 회생에 큰 관심을 가졌다. 가벨리 에셋 매니지먼트 컴퍼니GAMCO는 1993년 TV 라디오 박물관에 가치투자에 관한 강의 4편을 헌정했다. 강사는 퇴직 교수인 로저 머레이였다. 당시 그는 81세였지만 4편의 강의를 각각 90분씩 대본도 없이 진행했다고 전해진다.

하지만 컬럼비아대학교에서 부활하는 가치투자 프로그램의 키를 잡고 이후 25년간 능수능란하게 가치투자 관련 연구를 진두지휘한 인물로 평가받는 것은 바로 브루스 그린왈드다. 그린왈드는 1991년 컬럼비아대학교에 합류했고 1993년 재무 및 자산운용학과 로버트 하일브론 석좌 교수로 임용됐다. 이후 그는 하일브룬 센터의 초대 학과장을 역임한다. 그린왈드는 가벨리 에셋 매니지먼트 컴퍼니가 준비한 로저 머레이의 강의를 직접 들었고, 곧 머레이를 찾아가 그의 교육자적 탁월성을 학생들을 가르치는 데서 되살려야 한다고 그를 설득했다. 이렇게 해서 그린왈드와 머레이는 벤저민 그레이엄이 1927년 시작했고 머레이 스스로 21년간 가르쳐왔던 가치투자 수업을 부활시켰다.

새롭게 부활한 컬럼비아대학의 가치투자 수업은 12시간에 걸쳐 이루어졌다. 머레이와 그린왈드가 5시간 강의를 공동으로 진행했고 나머지 7시간은 마리오 가벨리, 척 로이스, 마이클 프라이스, 월터 슐로스, 세스 클라민을 포함한 7명의 초빙 강사의 강의로 진행됐다. 로저 머레이는 1995년 두 번째로 컬럼비아대학에서 은퇴했다. 이후 그린왈드는 20년간 가치투자 수업을 운영했다.

브루스 그린왈드는 자신의 지적인 능력과 헌신을 바탕으로 컬럼비아대학에 가치투자 프로그램을 재탄생시켰다. 이렇게 재탄생된 프로그램은 두 가지 뚜렷한 특성을 지녔다. 첫째, 그린왈드는 가치투자 수업을 봄, 가을 학기의 단일 과목으로 편성하는 대신에 다양한 주제로 세분화하여 크게 확장했다. 2020년 학사년도를 기준으로 살펴보면 초빙 강사를 제외하고 42명의 전임 교수들이 각기 다르지만 상호 연관된 32개의 가치투자 과목을 가르치고 있다. 2002년의 경우 그린왈드는 폴 존슨을 컬럼비아대학 EMBA^{Executive MBA} 프로그램 가치투자 세미나에 초청하기도 했다. 그는 비단 학생들뿐아니라 더 배우기 위해 컬럼비아대학으로 돌아온 수백 명의 전문 투자자들에게도 가치투자를 가르치고 싶어했다. 폴 존슨은 그린왈드가 안식년을 맞았을 때 그를 대신해 가치투자 과목을 가르쳤다. 당신은 아마도 폴 존슨을 1996년 워런 버핏에게 시스코를 추천하는 공개 서한을 보냈던 로버슨 스테븐스 소속의 36세 기술 기업 분석가로 기억할 것이다. 하지만 존슨은 컬럼비아대학에서 교수로서도 인기가 있었다. 그린왈드는 그런 그가 경영진을 대상으로 하는 가치투자 수업에 적임자라고 판단했다. 현재, 존슨은 컬럼비아 경영전문대학원에서 47학기 연속 강의를 맡은 기록을 보유하고 있다.

그린왈드가 가치투자 프로그램을 재탄생시키는 데 있어 세운 두 번째 공로는 성장에 대한 질문, 특히 '성장의 가치를 어떻게 측정할 것인가?'라는 중요한 질문을 제기하고 이에 정면으로 부딪쳤다는 데 있다. 수십 년간 성장투자는 가치투자 그룹에 초대받지 못한, 엇나간 아웃사이더 취급을 받아왔다. 하지만 1992년 워런 버핏이 성장을 가치 평가의 한 요소로 인정했을 때 그린왈드는 자신도 성장이 가치에 관계되어 있다는 그의 조언을 수용해야 함을 깨달았다. 그린왈드가 바라보는 모든 영역에서 성장의 가치를 찾을 수 있었고 점점 더 많은 유명 가치투자자들이 자신의 포트폴리오에 성장주들을 담고 있었다.

1991년 그린왈드가 컬럼비아대학에 합류했을 때 그는 오롯이 가치투자 연구를 부활시키는 데 집중했다. 하지만 그 이면에서 그는 이미 성장의 가치를 어떻게 가치투자 프로그램에 포함시킬지를 고민하고 있었다. 그린왈드는《가치투자》를 출간하며 이 이슈를 수면 위로 올린다. 이 책은 2003년 초판 발행 이후 곧 유명세를 얻게 된다. 그는 이 책을 쓰기 시작한 1990년 후반, 이미 인텔에 대한 이야기를 〈프랜차이즈에 담긴 성장의 가치〉라는 제목의 장에 포함시키기로 결정했다. 그로부터 4년 뒤, 그린왈드는 주드 칸과 함께《경쟁 우위 전략》이라는 책을 출간한다. 이 책의 16장인 〈전략적 측면에서의 가치 평가〉에서 그린왈드는 가치평가란 "자산가치, 수익 창출력 가치, 경쟁 우위 평가, 성장 가치"를 포함해야 하는 그 어떤 것이라고 자신의 생각을 정리하고 있다.

동시에 그린왈드는 가치투자 프로그램에 성장 기업들의 가치를 평가하는 방법을 포함시키며 수업 범위를 확장해갔다. 마이클 모부신도 교수진에 합류했다. 그는 크레딧 스위스에서 폴 존슨과 함께, 이후 레그 메이슨 캐피탈 매니지먼트에서 수석 투자 전략가로 빌 밀러와 함께 일한 경력이 있었고 이후에는 산티페 연구소의 이사회 의장을 역임하기도 했다. 모부신은 신 경제 네트워크 기업들의 가치를 어떤 관점에서 봐야 하는지와 더불어 복합적응계에 대한 내용들을 컬럼비아대학에 전수했다. 폴 존슨은 이를 자연스럽게 흡수했다. 그는 이미 학생들에게 성장에 대해 어떻게 생각해야 하는지 가르치고 있었다. 현재 그가 가르치는 가치투자 관련 세미나에서는 애플, 아마존, 우버 테크놀로지 사례들이 다뤄진다. 폴 손킨과 공동 집필한 폴 존슨의 최근 저서《완벽한 투자 제안*Pitch the Perfect Investment*》은 컬럼비아대학교 학생들 사이에서 유명세를 얻고 있다. 이 책의 3장 제목은 〈경쟁우위 및 가치 성장 측정법〉이다. 폴 손킨은 과거 컬럼비아대학에서 폴 존슨에게 수업을 들은 적이 있고 경영대학원에서 16년간이나 학생들을 가르쳤으며 1998년 컬럼비아대학 가치투자 응용 과정을 개설하기도 했다. 손킨은 브루스 그린왈드와 함께《가치투자》책의 공동 저자로 참여하기도 했다.

오늘날 컬럼비아 경영대학원 학생들은 컴파운더들compounders, 즉 빠르게 내재가치를 키워가는 기업들에 대한 과정과 더불어 고군분투하는 가치투자에 대한 과정도 수강할 수 있다. 데이비드 L. 및 엘시 도드 재무학 석좌 교수이자 하일브론 센터 연구소장인 타노 산토스가 현대의 가치에 대한 내용을 가르친다. 여기에는 새롭게 떠오르며 기반이 쌓인 기존 기업들의 시장 점유율을 빼앗고 있는 기업들, 즉 파괴자들에 대한 연구도 포함된다. 컬럼비아대학교 학생들은 신용 시장에서의 가치투자, 특수 상황 투자, 전략적 행동의 경제학에 대한 과목들을 수강할 수 있다. 이 과목들은 모두 크게 그린왈드의 책《경쟁 우위 전략》의 내용을 기반으로 한다. 컬럼비아 경영대학원에서 배울 수 있는 가치투자의 영역이 극적으로 확장된 셈이다.

아주 오랜 기간, 투자자들은 가치투자의 정의를 너무 좁게 제한하는 실수를 범해왔지만 그 사이 워런 버핏, 찰리 멍거, 빌 밀러, 브루스 그린왈드, 폴 존슨, 그리고 마이클 모부신을 포함한 많은 투자자들은 가치에 대한 탐색 범위를 확장해왔다. 그 과정에서 합리적 개인 투자자들을 위한 기회의 문도 더욱 넓어졌다. 가치는 시장의 힘을 피해한 번에 몇 년씩이나 숨어 지내면서 겨울잠을 자지 않는다. 가치는 움직인다. 때로 가치는 빠르게 성장하는, 자본수익률이 높은 기업들을 통해 발견된다. 반면 더디게 성장하고 보다 자본 집약적인 기업들에게서 발견되는 경우도 있다. 종종 가치는 이 두 기업이 속한 양쪽 진영모두에서 발견되기도 한다. 가치투자자들이 시장이 다시 가치를 알아차리기 시작하면 자신들의 성과가 입증될 것이라는 주장은 가치에 대한 관점을 가치를 발견할 수 있는 모든 기회들 가운데 극히 일부로 한정하고 제한하고 있다는 자기 고백이기도 하다.

워런 버핏과 찰리 멍거는 우리에게 아주 강력하게 이야기한다. 모든 현명한 투자는 가치투자에 속하며 가치투자라는 용어 자체가 아무 쓸모 없는 것이라고 말이다. '투자'가 적어도 지불한 금액을 정당화할 수 있을 만큼 충분한 가치를 추구하는 행위가 아니면 과연 무엇이란 말인가?

4부에서 우리는 가치주가 아니라 가치가 측정된 기업을 산다는 관점에서 워런 버핏의 머니 마인드 구조를 보다 자세히 들여다볼 것이다.

머니 마인드 관점에서 바라본 기업분석

"기업을 운영하듯이 투자하는 것이 가장 현명한 투자이다." 이는 벤저민 그레이엄이 자신의 대표 저서 《현명한 투자자》에서 한 말이다. 이를 두고 벤저민 그레이엄의 가장 유명한 제자, 워런 버핏은 지금까지 기록된 투자 관련 글 중 가장 중요한 7어절이라고 표현했다. 우리는 벤저민 그레이엄의 가치투자 방식 그 이상을 추구하고자 하지만 주식을 사업처럼 생각하라는 그의 조언은 시대를 초월해 아주 중요한 가치를 지닌다.

1917년 《월스트리트 매거진》에 처음 글을 쓸 때 벤저민 그레이엄은 투자에 대한 더 나은 관점이 있을 것이라는 확신이 있었다. 적어도 내 옆자리에 있는 사람이 자신의 주식을 어떻게 할지 추측하는 것이 최선의 투자는 아니며, 본질적으로 투자 세계에서는 사업가적 기질을 가진 사람이 투기꾼 기질을 가진 사람보다 훨씬 더 뛰어날 것이

제4부 머니 마인드 관점에서 바라본 기업분석

라 판단했다. 하지만 그는 많은 유명 사업가들이 자신들의 합리적인 성공 원칙들은 무시한 채 투자 세계에 뛰어드는 것을 보고 굉장히 당혹스러워했다.

그레이엄은 누군가 어떤 기업의 보통주를 매수했다는 것은 그에게 '이중 지위'가 생기는 것이고 어떠한 선택을 할 것인가는 투자자의 몫이라고 믿었다. 첫째 지위는 자신이 얻는 실적이 기업의 이익이나 자산 가치 변동에 영향을 받는 소액 주주이다. 그리고 둘째 지위는 주식증서를 보유한 투자자 지위이다. 이 경우 재무상태표상 가치와 무관하게 주식을 수시로 변하는 가격에 언제든 매도할 수 있다. 즉 투자자들은 사업주business owner와 주식 투기꾼 가운데 한쪽의 입장을 취해야 한다.

그레이엄은 이러한 관점 간 힘겨루기를 심각하게 우려했다. 그는 일생 동안 '지는 게임'에 대한 글을 써왔다. 1973년 "최근 몇십 년간 주식시장이 발전하는 과정에서 전형적인 투자자들의 경우, 주식의 시장 가격에 대한 의존도는 높아진 반면 예전에 비해 스스로를 기업의 사업주라고 생각하는 경향은 줄어들었다."라고 말하기도 했다. 특정 시점에 일시적으로 시장을 휩쓰는 뉴스들로 인해 투자자들이 장기적 관점 형성에 필요한, 보다 중요한 금융 데이터들을 외면하게 됐다고 생각했다. 그레이엄은 "보유하고 있는 종목이 근거 없이 하락할 때 투자자 스스로 투매에 가담하거나 이를 지나치게 염려한다면, 기본적으로 이로운 상황을 자신에게 불리하게끔 바꿔놓고 있는 것입니다. 이 경우 아예 주가가 없는 편이 더 낫습니다. 다른 사람들의 판단 착오에서 비롯된 정신적 고통을 겪지 않아도 되기 때문입니다."라고 했다.

그레이엄의 가장 유명한 제자, 워런 버핏이 그와 동일한 생각을 가졌다는 것은 일견 당연한 일이다. '사업으로서의 주식stock as business'은 65년에 걸친 워런 버핏의 투자 인생에 주춧돌이 되는 아이디어였다. 과거 그는 "투자할 때 주식시장은 결코 핵심 요소가 아닙니다. 우리가 보유하고 있는 종목들이 오랜 기간 매매되지 않는 것은 버크셔 해서웨이의 자회사인 월드 북World Book이나 페크하이머Fechheimer의 주가가 매일 고시되지 않는 것과 마찬가지로 우리에게는 중요한 문제가 아닙니다. 결국 우리의 경제적인 운명은 우리가 부분적 또는 전체적으로 소유하고 있는 기업들의 경제적 운명에 의해 결정될 것이기 때문입니다."라고 말한 바 있다. 또 "제 생각에 주식시장이란 건 존재하지 않습니다. 그저 어떤 사람이 무언가 바보 같은 짓을 제안하는 것을 보기 위한 장場일 뿐이죠"라고 덧붙였다.

재무 분석의 아버지와 전 세계에서 가장 위대한 투자자, 이 두 사람이 우리에게 동일한 메시지를 던지고 있다. 주식시장에서 제공되는 주식시세는 성공 투자를 위해서는 불필요한 요소라는 것이다. 실제로 대부분의 투자자 입장에서 주식시세는 득보다는 실이 많다. 전 세계 투자자들은 매일매일 금융 관련 소식을 접하고 주가 시세, 특히 자신이 보유하고 있는 종목의 매수 거래량, 매도 거래량까지 실시간으로 업데이트되는 휴대폰을 들고 다니며 주식시장에서 일어난 사건들에 이리저리 휩쓸린다.

하지만 벤저민 그레이엄과 워런 버핏은 투자를 할 때 투자자 대다수가 반드시 떠올리게 되는 바로 그 요소, 주식시장을 거의 염두에 두지 않았다. 다음과 같은 상황을 잠시 생각해보자. 만약 주식시장에서 매일 주가가 결정되는 시스템이 아니라면? 주식시장이 일 년에 한 번 열린다면? 그리고 투자자들이 그 당일 딱 하루에만 보통주를 사고 팔 수 있다면? 나머지 364일 중 접할 수 있는 주식 관련 소식이라고는 분기 재무보고서와 주주 대상 기업 자료가 전부라면? 당신의 투자는 어떻게 달라질 것인가?

이러한 상황을 가정한다면, 우리는 재무적 관점에서 새로운 세상에 살게 될 것이다. 로드 셜링[24]의 아이디어를 빌려, 목적상 이를 투자 존investment zone이라고 부르도록 하자. 당신이 주식을 사거나 팔기 위해 알아야 하는 모든 것이 바로 이 투자 존에 있다. 이곳에서 교훈을 얻을 수도 있고 교육을 받을 수도 있다. 성공적 투자자가 되기 위해 필요한 모든 요인들이 이 투자 존으로 넘어올 각오를 한 사람들을 위해 준비되어 있다. 이 세계로 넘어온다면 당신은 여러 동반자들을 만나게 될 것이다. 이곳은 워런 버핏이 1956년부터 살고 있는 바로 그 세계이다.

투자 존

버크셔 해서웨이의 수장으로서 워런 버핏은 보통주에 투자할 때 주가에 대해 생각하지 않았다. 그의 입장에서 주식은 추상적 개념이

---

24   미국의 유명 시나리오 작가로 TV시리즈 〈The Twilight Zone〉이 대표작이다.

었다. 워런 버핏은 "우리는 보통주를 매수할 때 특정 기업 전체를 사들이는 것과 동일한 방식으로 임했습니다."라고 했다. 또 어떤 기업의 주식을 매수하고 나면 언제쯤 또는 어느 정도 가격에 팔아야겠다는 생각을 아예 하지 않았다. "기업의 내재가치가 만족스러운 속도로 증가하고 있다면 우리는 그 주식을 영원히 보유할 각오가 되어 있습니다."라고 말한다. 월스트리트에는 시장 기업 분석가와 증권 분석가들이 넘쳐나지만 워런 버핏이 버크셔 해서웨이에서 맡은 역할은 이러한 것들이 아니었다. 그는 "우리는 스스로를 기업 분석가로 생각합니다."라고 이야기한다.

워런 버핏은 투자할 때 기업을 본다. 반면 대부분의 투자자들은 주식 가격만 본다. 이들은 너무 많은 시간과 노력을 주가가 어떻게 변하는지 관찰하고 추측하고 예견하는 데에 쓰는 반면 자신들이 일부를 소유하고 있는 기업을 이해하는 데에는 너무 적은 시간을 투자한다. 워런 버핏은 투자자들과 사업가들이 동일한 방식으로 기업을 보아야 한다고 주장한다. 사업가는 기업 전체를 사고 싶어하고 투자자는 기업의 일부를 사고 싶어한다는 차이만 있을 뿐, 이 둘은 본질적으로 동일한 것을 원하기 때문이다. 이 둘은 모두 자신들이 보유한 기업의 내재가치가 성장하면 수익을 얻게 되어 있다.

기업을 소유하고 동시에 운영하게 되면서 워런 버핏은 분명한 경쟁력을 갖게 되었다. 워런 버핏은 "당신은 물고기에게 땅 위를 걷는 것이 어떤 느낌인지 설명해줄 수 있습니까?"라고 물으며 "땅 위를 직접 걷는 하루는, 땅 위를 걷는 느낌에 대해 듣는 천년만큼의 가치를 지닙니다. 직접 회사를 경영해보는 것도 마찬가지입니다."라고 설명한다. 그는 오랜 기간 기업을 경영하며 성공과 실패를 경험했고 이 과정에서 얻은 교훈들을 주식시장에 적용했다. 대부분의 투자자들은 워런 버핏이 얻은 것과 같은 유익한 교훈을 얻지 못했다. 왜냐하면 이들이 자본자산가격모델, 베타, 현대 포트폴리오 이론에 대해 공부하느라 바쁠 때, 워런 버핏은 그가 소유한 기업의 손익계산서, 자본 재투자 준비금, 현금 창출 능력에 대해 연구했기 때문이다.

이번 장의 목표는 당신에게, 매일매일 주식시장으로부터 날아드는 소식들 없이도 기업에 투자할 수 있는 사고체계가 어떤 것인가를 전하는 데에 있다. 워런 버핏처럼 주식시장이 존재하지 않는 것처럼 기업에 투자하는 방식을 생각해보자.

매우 중요한 사실은 주식시장과 의도적인 거리두기를 해야 한다는 것이다. 이것이 머니 마인드를 만드는 근간이 된다. 정신적 차단막을 설치해, 주식시장이 당신이 깨어있는 모든 시간 당신의 관심을 앗아가지 않도록 해야 한다. 주식시장은 당신의 최우선 관심사가 아닌 시장이 거칠게 오르고 내릴 때 주기적으로 인식하는 부수적 존재로 여기는 정도면 족하다. 시장의 부침이 심할 때가 머니 마인드를 가진 주주들이 주식시장에 관심을 가져야 하는 유일한 때일 것이다. 자신들이 보유하고 있는 주식을 사고팔 수 있는 좋은 기회를 물색할 수 있기 때문이다. 하지만 이를 제외한 다른 모든 경우, 주식시장에 대한 일일, 주간, 월간 소식들은 관심의 대상이 아니다. 우리는《워런 버핏의 완벽투자기법》에서 워런 버핏이 기업을 분석할 때 적용했던 투자 원칙들에 대해 이야기했다. 그는 기업을 살 때나, 그 기업의 주식을 살 때나 같은 기준을 적용했다. 이 기준들은 기업, 재무, 시장, 경영, 네 개의 카테고리로 구분된다.

기업 요소

워런 버핏은 투자자들의 성공은 자신이 그 투자를 어느 정도 이해하고 있는가와 직결된다고 믿었다. 미네커의 충고를 기억하는가? 창업을 하거나 기업을 인수하는 첫 번째 단계는 바로 그 비즈니스에 대해 아는 것이다. 머니 마인드를 가진 이들은 자신이 보유한 기업의 비즈니스, 경쟁사, 산업 분석에 관련된 글들은 물론, 기업의 연간 그리고 분기 보고서를 읽는다. 기억하라. 두사 존에서 당신이 당신의 투사에 대해 얻을 수 있는 유일한 정보는 바로 기업보고서뿐이었다. 일일 주가 관련 자료는 존재하지 않았다. 이를 이해하고 있느냐 여부가 기업에 초점을 맞춘 투자자와 주식을 매수해 치고 빠지는 투기꾼을 구분짓는 결정적 차이다.

워런 버핏은 상장기업과 비상장기업을 포함해 그가 매수하는 기업에 대해 높은 수준의 지식을 가지고 있었다. 그가 의도적으로 자신이 이해할 수 있는 범위 안에 있는 기업들로 투자의 폭을 제한했기 때문이다. 워런 버핏은 "당신의 능력 범위 내에서 투자하십시오."라고 조언한다. "중요한 것은 능력 범위가 얼마나 넓은가가 아니라 능력 범위의 한계를 얼마나 정확히 알고 있는가입니다."라고 부연했다. 즉 투자 성공은 당신이 얼마나 많이 알고 있느냐가 아닌 당신이 모르고 있는 것에 대해 얼마나 정확히 파악하고 있느냐에 달려있다는 것이다. "큰 실수를 피하기 위해 투자자들이 해야하는 일은 그렇게 많지 않습니다."라며 워런 버핏은 평균 이상의 수익을 얻기 위해서는 평범한 일만 잘하면 된다고 이야기한다. 하지만 핵심은 그 평범한 일들을 아주 특출나게 잘 수행해야 한다는 것이다.

워런 버핏은 복잡한 기업을 싫어할 뿐 아니라, 사업적 난관을 해결하는 과정에 있거나 혹은 회사의 사업 방향을 근본적으로 전환하고자 모색 중인 기업들에는 투자하지 않았다. 후자에 관련해 워런 버핏은 경험상 최고의 수익은 수년간 동일한 제품과 서비스를 꾸준히 제공해온 기업들에 의해 얻어질 수 있다고 믿었다. 코카콜라와 애플이 적절한 예로, 워런 버핏은 통상 극심한 변화가 기업에 놀랄 만한 수익을 가져다주기는 힘들다고 판단했다. 기업이 겪고 있는 주요 문제들은 그렇게 쉽게 '호전'되지 않는다는 사실을 직접적인 기업운영과 투자경험을 통해 알고 있었기 때문이다. "찰리와 저는 기업들이 처한 난관을 헤처가는 방법을 배우지 못했습니다. 우리가 배운 것은 이러한 문제를 가진 기업들을 피하는 방법입니다. 우리가 이 정도까지 성공을 거둔 이유는, 우리가 2미터짜리 허들을 넘을 수 있는 능력을 얻었기 때문이 아니라, 우리가 넘을 수 있는 30센티미터짜리 허들을 찾는 데 초점을 맞추었기 때문입니다."라는 것이 워런 버핏의 분석이다.

성공적으로 기업을 소유하고 싶다고 해서, 투자 가능한 모든 기업에 대한 전문가가 될 필요는 없다. 하지만 당신이 투자하려는 한 기업에 대해서는 알고 있어야 한다. 당신은 그 회사의 목표가 무엇인지 알고 있는가? 그 기업이 어떤 서비스와 물건을 생산하고 누구에게 팔고 있는지 아는가? 나아가 경쟁사는 어디인지, 당신이 보유한 기업보다 사업을 더 잘하고 있는지 못하고 있는지 파악하고 있는가? 마지막으로 실패한 사업을 회생시키는 것이 얼마나 흥미진진한 스토리인가와는 별개로, 사업주 마인드를 가진 투자자라면 기업 회생에 뛰어드는 일은 피해야 한다.

워런 버핏은, 보유하기 좋은 최고의 기업은 장기적 전망이 좋은 기업이라고 이야기한다. 그는 "훌륭한 기업의 정의는 향후 25년에서 30년간 실적이 뛰어날 것으로 예상되는 기업"이라며 이러한 기업들을 '프랜차이즈franchise'로 이름 붙였다. 이 기업들은 고객들에게 필요하고, 고객들이 원하지만 다른 대체재가 없는 제품이나 서비스들을 판매한다. 그렇기 때문에 프랜차이즈는 시장 점유율이나 매출 감소에 대한 두려움 없이 정기적으로 제품이나 서비스의 가격을 올릴 수 있다.

장기적 전망이 밝은 기업들은 전형적으로 규모가 크고 성장하는 시장에 터를 잡고 있다. 이때 총도달가능시장TAM, 즉 해당 기업이 100% 시장 점유율을 보유하고 있다고 가정할 때 올릴 수 있는 매출 규모는 기업의 잠재적 가치를 판단할 수 있는 결정적 요소가 된다. 그 기업이 얼마나 성장할 수 있는지, 여전히 주주 가치를 창출할 수 있을지 여부는 그 기업이 속해 있는 시장 규모에 달려있다. 1960년 이후 S&P 500의 가치 상승분 가운데 1/3가량이 미래 투자에 대한 성공에서 비롯된 것이다. 따라서 기업의 가치 창출 능력을 파악하기 위해서는 해당 기업의 잠재적인 재투자 능력과 전체 시장의 규모를 이해하고 있어야 한다.

프랜차이즈 기업을 보유하는 데서 오는 또 하나의 이점은 이 기업들이 경제적 타격을 견디고 생존할 수 있는 능력이 있다는 것이다.

경영상 실수가 발생하더라도 여전히 평균 이상의 수익을 올릴 수 있는 기업에 몸담고 있다는 것은 마음 편한 일이라고 버핏은 말한다. "프랜차이즈 기업들은 경영상의 실수를 견딜 수 있습니다. 미숙한 경영진들로 인해 프랜차이즈 기업의 수익성이 낮아질 수는 있지만 보통 치명적 피해를 입는 지경에까지 이르지는 않기 때문입니다." 이를 간결하게 워런 버핏식 표현으로 다시 정리해보면 다음과 같다. "제가 좋아하는 것은 제가 이해하고 있고, 계속 성장할 것으로 판단되는 분야에서, 경제적 힘을 가진 기업입니다."

재무 요소

만약 '재무 세계의 모세'가 있다면, 그는 신의 계시를 받은 뒤 산에서 삼계명이 쓰인 돌판 하나를 들고 내려올 것이다. 그 세 개의 계명은 바로 현금이익cash earnings, 투하자본수익return on invested capital, 그리고 안전마진margin of safety이다. 세 번째 계명인 안전마진에 대해서는 시장 요소에서 자세히 다루고, 지금은 사업주 마인드를 가진 투자자에게 가장 중요한 앞의 두 가지 재무적 요인들에 대해 살펴보도록 하자.

만약 당신이 기업을 소유한 이에게 최우선 목표가 무엇인지 묻는다면 이들은 수익, 구체적으로 현금 창출이라고 대답할 것이다. 기업 소유주들은 현금의 중요성을 이해하고 또한 인정하고 있다. 이들은 매월, 혹은 매년 말 현금이익을 정산해, 개인적 채무를 청산하고 일부는 여가 활동 비용으로 사용한다. 그리고 그 나머지는 은퇴 자금으로 투자한다. 버크셔 해서웨이의 경우, 워런 버핏은 사업으로 얻은 현금을 다시 사업에 투자하거나, 더 나은 투자 기회에 사용하기 위한 자금으로 배분해둔다. 여기에는 오직 현금만이 사용된다.

우리는 기업이 발표하는 주당순이익이 사업주가 얻을 수 있는 현금이익과 언제나 동일한 개념은 아니라는 사실을 기억할 필요가 있다. 워런 버핏은 투자자들에게, 주당순이익을 계산하는 것은 해당 기업의 경제적 가치를 판단하는 출발점임을 강조했다. 종착지가 되어서는 안된다는 것이다. 그는 제일 먼저 모든 이익이 동일하게 창출되지는 않는다는 것을 이해해야 한다고 설명한다. 자산이 많은 기업들의 경우 인플레이션으로 인해 보고 이익이 과장되는 경향이 있는데 이러한 이익들은 신기루와 같아서 어느 순간 시리질 수도 있다. 즉 기업이 보고하는 주당순이익과 같은 회계적 이익들은 투자자들이 기업의 대략적인 예상현금 흐름을 파악할 때에 한해 유용한 지표가 된다.

한편 '현금흐름'이라는 용어 역시 널리 사용되고 있지만 이 역시 주주들이 기대하는 현금이익을 측정하는 완벽한 도구가 되지는 못한다. 워런 버핏의 생각에, 현금흐름은 초기에 대규모 투자자금이 투입되고 이후 그보다 적은 자본지출이 발생하는 기업들의 가치를 측정하는 데 적합한 지표였다. 우리는 이러한 방식을 통해 적은 자본지출로 높은 현금이익을 창출해내는 신기술 기업들의 가치도 측정할 수 있다. 그러나 지속적인 자본지출을 필요로 하는 산업재 및 제조 업체들의 경우, 현금흐름 분석만으로는 기업의 가치를 정확하게 파악하기 어렵다.

한 기업의 공시된 현금흐름은 통상적으로 당기 세후 순이익에 감

제4부 머니 마인드 관점에서 바라본 기업분석

가상각, 분할 상환금 등 현금이 수반되지 않은 제비용을 합한 것으로 정의된다. 하지만 워런 버핏에 따르면 현금흐름이 이렇게 정의될 경우, 자본지출 비용이라는 결정적인 요소가 반영되지 않는 문제점이 발생한다. 회사의 연수익 가운데 어느 정도가 새로운 장비 구입, 공장 시설 개선, 그 외 기업의 경제적 지위와 매출 규모를 유지하기 위해 사용될까? 워런 버핏은 미국의 기계 장비 기업 가운데 95%가 자사의 감가상각률과 동일한 수준의 자본지출을 필요로 한다고 분석했다. 그는 1년 정도 자본지출을 미룰 수 있지만, 장기간 필요한 자본지출을 하지 않을 경우 그 기업은 침체가 불가피할 것이라고 이야기한다. 필요한 자본지출 비용은 인건비나 에너지 비용과 마찬가지로 기업의 입장에서 꼭 필요한 비용이다.

워런 버핏은 투자자들에게 현금흐름을 대신해 널리 사용되고 있는 (이자비용, 세금, 감가상각비용 차감 전 영업이익을 의미하는) EBITDA 수치에도 현혹되어서는 안 된다고 경고한다. 그는 기업 및 자사 주식을 홍보하는 사람들이 종종 정당화할 수 없는 것을 정당화하고, 그래서 팔 수 없는 것을 팔기 위해 이러한 수치들을 사용한다고 믿었다. 기업의 이익이 정크 본드 부채를 메꾸거나 터무니 없는 주가를 합리화할 정도로 충분한 수준이 아닐 때, 이들 입장에서 기업의 현금흐름을 강조하면 이러한 문제들은 손쉽게 해결할 수 있다. 하지만 워런 버핏은 의도적으로 필요 자본지출 요인을 배제할 생각이 아니라면 현금흐름에만 초점을 맞추어서는 안 된다고 경고한다.

현금흐름 대신에, 워런 버핏은 자신이 '주주이익owner-earnings'이라고 부르는 개념을 더 선호했다. 주주이익이란 당기 순이익에 감가상각비 등 현금 지출이 없는 비용을 더하고 자본지출 비용과 향후 소요될 것으로 예상되는 추가적인 운전자본을 차감해 산출한 금액이다. 워런 버핏의 주주이익은 사업주들이 자신들이 투자하고 있는 기업을 통해 얻을 수 있는 현금 규모와 일치한다.

현금이익은 얼마나 중요한 것일까? 2002년 마이클 골드스테인이 설립한 독립 리서치 기업 임페리컬 리서치 파트너스Empirical Research Partners는 1952년부터 2019년까지 750개의 대형주 종목들의 잉여현금흐름수익률free cash flow yields(주주이익과 유사한 개념이다.)을 조사해 상위 20%와 하위 20%를 추려냈다. 결과는 어땠을까? 월 이익을 계산하고 이를 연율화했을 때, 잉여현금흐름이 가장 높은 상위 20% 종목들은 하위 20% 종목그룹보다 그 값이 연 850bp 더 높았다. 상위 20~40%에 속한 종목들의 경우도 연환산 수익률이 하위 20% 종목 그룹 대비 연 200bp 더 높은 것으로 나타났다.

여기서 우리가 놓쳐서는 안 되는 부분은 이 주주이익은 한 기업의 입장에서 볼 때 자사의 사업을 총도달시장까지 확장할 수 있는 연료가 된다는 점이다. 따라서 투자 존 안에서 머무는 머니 마인드 투자자들은 특별히 기업의 주주이익에 초점을 맞춘다.

월스트리트의 기업 분석가들은 주당순이익을 측정함으로써 한 기업의 연간 성과를 측정한다. 이 기업의 주당순이익이 지난해에 비해 증가했는가? 이 수치가 자랑해도 좋을 만큼 높은가? 수익 성장에 대한 시장의 기대치를 상회했는가? 이러한 시장의 강박관념에도 불구하고 워런 버핏은 주당순이익을 일종의 연막이라고 판단한다. 대부분의 기업들이 자기자본을 늘리기 위해 이전 연도 이익을 유보한다는 점에서 워런 버핏은 주당 순이익이 사상 최대라는 소식에 그렇게 흥분할 이유가 없다고 한다. 주당순이익이 10% 증가했다 하더라도, 이 기업의 자기자본 역시 10% 증가했다면 이는 크게 눈여겨볼 변화가 아니라는 것이다. 그에게 이는 예금 계좌에 그냥 돈을 넣어두고 이자가 복리로 붙게 하는 것과 다를 바가 없었다.

워런 버핏은 "경영 성과를 판단할 수 있는 우선적 잣대는 투입한 자기자본에 대한 높은 이익률의 달성(지나친 레버리지, 회계 눈속임 등은 없다고 가정한다.)이지, 주당순이익의 지속적인 증가가 아닙니다."라고 말한다. 그는 기업의 연간 성과를 측정하는 지표로 자기자본 대비 영업이익 비율인 자기자본이익률을 더 선호했다. 워런 버핏의 목표는 구체적으로 해당 기업의 연간 성과를 따로 구분하는 것이었다. 그는 투하된 자본을 감안해 경영진들이 사업을 운영해 수익을 창출하는 임무를 얼마나 잘 수행했는지를 확인하고 싶었기 때문이다. 이것이 경영진들의 경제적 성과를 판단할 수 있는 최고이자 유일한 기준이었다.

워런 버핏은 기업이 부채가 거의 혹은 아주 없는 상태에서 자기자본이익이 높아야 한다고 생각했다. 기업이 부채자본비율을 높이는 방식으로 자기자본이익률을 높일 수 있다는 것을 알고 있었기 때문이다. 하지만 그는 우리에게 좋은 기업 또는 투자 결정이라면 레버리지의 도움 없이도 아주 만족스러운 결과를 얻을 수 있다는 사실을 일깨운다. 워런 버핏이 돈을 빌리는 것에 대한 공포를 가지고 있는 것은 아니다. 그저 자기자본이익률을 높이기 위해 부채를 급격히 늘리는 기업을 조심스러워할 뿐이다. 부채 비율이 높은 기업은 경기 하락 국면에서 타격을 입기 쉽기 때문이다.

투자 존 내에 머무는 사업주 마인드를 지닌 투자자들은 은행이나 채권자들로부터 자금을 빌린 기업들을 발견하게 될 것이다. 실제로 재무상태표상에 기록된 부채를 활용해 안전하게 사업을 운영하는 필수 소비재 관련 기업들도 존재한다. 그러한 경우 우리는 기업의 경제적 이익을 자기자본이 아닌 기업의 총투하자본, 즉 투자자에게 매각된 주식, 유보이익, 그리고 부채 전반에 근거해 산정할 필요가 있다.

투하자본이익률은 가치 창출을 측정하는 지표이다. 자기자본과 부채비중을 반영한 가중평균자본비용 이상의 사업 소득을 거둘 수 있다면, 경영진은 기업의 내재가치를 증가시키고 있다는 뜻이 된다. 하지만 투하자본이익률이 자본비용을 밑돈다면 그 기업은 주주가치를 훼손하고 있는 셈이다.

당신이 자기자본에 대비한 값을 측정하든, 투하자본 대비 이익률을 측정하든 회사의 경제적 성과를 온전하게 파악하기 위해서는 주당순이익의 증가와 더불어 이러한 수치들을 함께 파악하는 것이 중요하다. 투자 존에 있는 투자자라면 주주이익이 증가할 뿐 아니라, 주주이익을 투하자본으로 나눈 수익률이 자본비용 이상인 기업을 찾는다. 기억하라. 장기적 가치를 창출하기 위해서는 기업이 최소한 자본비용 이상의 이익을 벌어들여야 한다.

자본비용 이상의 주주이익을 창출하는 기업들을 선별해냈다면 이제 매출액 증가를 살펴봐야 한다. 우리는 장기 전망이 밝은 기업들의 경우 필연적으로 높은 성장 잠재력을 지니고 있다는 사실을 알고 있다. 따라서 기업이 최상의 비즈니스 모델을 보유하고 있다면, 매출성장은 기업의 내재가치 증가에 필요한 핵심 동력이 된다.

우리는 S&P 500 지수에 포함된 기업들의 2009년부터 2018년까지 10년간의 성과를 분석해 매출 증가와 경제적 부가가치로 정의되는 자본수익률 간의 관계를 연구했다. 우리는 종목들을 매출 증가가 평균 이상인 기업, 매출 증가가 평균 이하인 기업, 경제적 부가가치가 양인 기업(투하된 자본비용 이상의 이익을 얻은 기업), 경제적 부가가치가 음인 기업(투하된 자본비용 이하의 이익을 얻은 기업) 네 가지로 구분했다. 자, 어떤 결과가 나타났을까?

　　매출 증가세가 평균 이상이었던 주식의 경우 최근 3년의 성과를 바탕으로 분석해볼 때, 연 평균 수익률이 14.0%였다. 반면 매출 증가가 평균 이하인 기업들의 경우 연 평균 수익률은 12.3% 수준이었다. 경제적 부가가치가 양인 주식들의 경우, 연 평균 수익이 16.0%였으며 경제적 부가가치가 음인 기업들은 11.3% 수익률을 기록했다. 이 기간 동안 S&P 500지수의 연평균성장률은 13.0%였다.

　　매출 증가와 경제적 부가가치 요소를 교차로 결합해보면 어떤 결과가 도출될까? 매출 증가가 평균 이하이면서 경제적 부가가치가 음인 기업들은 연평균 11.0%의 수익률을 거두었다. S&P 500 지수의 수익률을 한참 밑도는 수치다. 평균 이상의 매출 증가를 보였지만 경제적 부가가치가 음인 기업들은 연 평균 수익률이 12%였다. 여전히 S&P 500 지수보다 낮은 성과다. 하지만 경제적 부가가치 값을 양으로 고정해볼 경우 성과가 크게 높아졌다. 매출 증가가 평균 이하인 기업이라 하더라도 경제적 부가가치가 양인 경우는 연 평균 15%의 수익률을 기록했다. 시장 수익률보다 높은 수치다. 성과가 가장 높았던 그룹은 매출 증가가 평균 이상이면서 동시에 경제적 부가가치가 양인 그룹이었다. 이 그룹은 연 평균 17.1%의 수익을 기록했다. 같은 10년 간 S&P 500이 거둔 수익보다 4%p가 더 높은 성과였다. 기업이 자본 지출 이상의 수익을 거둘 때, 내재가치를 가파르게 끌어올릴 수 있는 요인은 바로 매출 증가이다.

여기서 얻을 수 있는 교훈은 다음과 같다. 사업주 마인드를 가 진 투자자라면 총도달 시장이 큰 산업군 내에서 장기적 성장 전망이 좋은 기업에 집중해야 한다. 이러한 조건에서 기업은 매출을 안정적 으로 증가시킬 수 있다. 자본비용 이상의 주주이익을 창출하면서 말 이다.

이 같은 요인들이 종합적으로 우리 투자의 내재가치를 증가시키 는 동력이 된다.

시장 요소

주주 마인드를 가진 투자자의 세 번째 매수 계명은 주식의 가격 이 기업의 내재가치보다 낮을 때 사야 한다는 것이다. 가격은 주식시 장에 의해, 가치는 기업 분석가들에 의해 결정된다. 이 두 수치 간 차 이가 투자자에게 유리한 범위 내에 있을 때, 우리는 이를 안전마진이 라 부른다. 안전마진을 확보한 기업들만 매수하라는 벤저민 그레이엄 의 조언은 시대를 초월해 유효하다.

하지만 우리는 기업의 내재가치를 어떻게 계산할 수 있을까? 워 런 버핏은 다음의 간단한 식을 제시했다. 기업이 사업을 영위하는 동안 발생할 것으로 예상되는 미래 주주이익을 적절한 이자율로 할인해 현재가치로 환산하는 것이다. 워런 버핏은 "이 방식을 적용하면 구시대적 제조업체부터 무선통신 제조업체에 이르기까지 모든 기업을 같은 기준으로 평가할 수 있습니다."라고 한다.

워런 버핏에 따르면, 이러한 수학적 계산법은 채권의 가치를 평가하는 방식과 유사하다. 채권은 미래현금흐름을 결정하는 표면 이자coupon와 만기일을 가지고 있다. 채권의 이자를 모두 적당한 할인율을 적용해 현재가치로 바꾸고 원금에 더하면 채권의 가격이 계산될 것이다. 기업 분석가들은 기업이 미래에 창출해낼 것으로 예상되는 이자(주주 이익)를 계산하고 이를 전부 합하여 현재가치로 할인해 기업 가치를 계산한다.

이제 생각해보아야 할 두 번째 문제는 적당한 할인율은 얼마인가이다. 짧게 답변하면 바로 자본비용이다. 표준현금흐름모델에서, 기업의 자본비용은 기업의 미래현금흐름의 가치를 결정하는 데 필요한 할인율로 사용된다. 그렇다면 기업의 자본비용을 어떻게 측정할 것인가? 부채비용은 계산법이 분명하다. 발생한 채무의 가중평균이자율을 계산하면 된다. 하지만 기업의 자기자본비용은 조금 더 깊은 사고를 필요로 한다.

오늘날 자본비용을 측정하는 기본 모델은 주류 재무학, 1960년대 윌리엄 샤프에 의해 주창된 자본자산가격결정모델CAPM에 근간을 두고 있다. 우리는 다음 장에서 현대 재무학의 사제격인 다른 학자들과 함께 윌리엄 샤프에 대해 재고해볼 예정이다. 자본자산가격결정모델에 따르면, 한 기업의 자기자본비용은 개별 주가의 변동성에 전체 주식시장의 리스크 프리미엄을 곱한 값으로 계산된다. 여기서 리스크 프리미엄은 시장의 예상수익률에서 미국 국채 10년물 수익률로 정의된 무위험 수익률을 뺀 값을 의미한다.

하지만 워런 버핏의 투자를 공부해본 사람들이라면, 워런 버핏이 가격 변동성으로 리스크를 측정한다는 개념 자체를 터무니없는 소리로 여긴다는 사실을 잘 알고 있다. 워런 버핏과 찰리 멍거가 자본자산 결정모델에 내재된 개념들을 투자에 활용하고 있지 않다는 것은 어찌 보면 당연한 일이다.

워런 버핏은 "저는 우리의 자본비용이 얼마인지 모르겠습니다. 비즈니스 스쿨에서 배운 적은 있지만 그 쓸모에 대해서 회의적입니다. 저는 어태껏 저를 설득할 수 있는 자본비용 계산 방식을 본 적이 없습니다."라고 이야기한다. 찰리도 같은 목소리를 내며 "전 세계가 헛발질을 했습니다. 놀라울 정도로 완벽한 사고 장애인 셈이죠."라고 했다.

《워런 버핏의 완벽투자기법》이 처음 발간된 1994년, 워런 버핏은 자신이 주식 가치를 계산하기 위한 할인율로 무위험 수익률인 미국 국채 10년물 금리를 사용했다고 설명했다. 1990년부터 10년 동안, 미국 10년물 국채수익률은 평균 8.55%였다. 나는 책에다 워런 버핏이 할인율로 무위험 수익률을 사용했고 기업 리스크 수준에 따라 안전마진, 즉 매수 가격을 조정했다고 기술했다. 워런 버핏은 "저는 투자에서 확실성에 큰 비중을 둡니다. 그럴 경우 리스크 요소라는 개념 자체가 무의미해지죠. 리스크는 자신이 무엇을 하는지 모르는 데서 생겨납니다."라고 했다. 워런 버핏이 생각하기에 기업들의 미래현금흐름은 마치 채권 이자와 같이 예측 가능한 것이어야 했다. 그러나 현재 우리가 겪고 있듯이 금리가 0%에 가까워지면서 워런 버핏은 다른 할인율을 찾아야 하는 상황에 처했다.

워런 버핏과 찰리 멍거는 모두 해법을 찾은 것처럼 보인다. 워런 버핏은 "우리가 가진 자본을 통해 우리가 할 수 있는 가장 합리적인 선택이 무엇인지 찾고 있습니다."라고 이야기했다. 찰리 멍거 역시 "우리는 가진 대안을 끊임없이 분석하고 있습니다. 핵심은 당신은 당신의 자본을 가지고 다른 어떤 선택을 할지 생각해보는 것입니다."라고 덧붙였다.

대안에 대한 이야기를 함으로써 찰리 멍거는 우리의 질문을 기회비용에 대한 것으로 바꾸어놓는다. 폴 손킨과 폴 존슨도 이와 동일한 시각을 가졌다. 자신들의 저서 《완벽한 투자를 위한 조언*Pitch the Perfect Investment*》에서 "'적정 할인률'은 기업의 자본비용이며, 이는 곧 투자자의 기회비용이다. 둘은 동전의 양면으로 볼 수 있다. 자본비용은 투자자가 투자를 결정하면서 요구하는 수익률로, 그 투자자는 다른 투자에서 얻을 수 있는 수익을 포기했으므로 그 포기한 수익률이 투자자의 기회비용이 된다."라고 밝히고 있다.

주식시장에 투자하는 사람들은 통상 1900년 이후 주식의 평균 수익률인 10% 이상의 수익을 기대한다. 따라서 우리는 투자자들이 주식시장에 빌려준 자신들의 돈, 즉 자본비용을 10%로 측정해볼 수 있다. 반대로 주식시장에 투자하지 않기로 결정한 사람들은 연 10%의 수익률을 포기하기로 결정한 셈이다. 손킨과 존슨은 '모든 자본은 기회비용을 가진다.'라고 이야기한다.

자본 및 부채 비중에 따른 가중평균자본비용으로 주식을 할인하는 방식에 대해 간단히 언급하고 지나가자. 많은 기업들의 경우, 부채는 자본을 구성하는 요소이다. 신용등급이 높은 회사채 10년물 수익률이 3%이고 어떤 기업의 자기자본, 부채 비중이 각각 75%, 25%라고 할 때, 이 기업에 적용되는 할인율을 계산해보면 8.25%가 된다. 부채 비율이 25%가 넘는다면 할인율은 더 낮아질 수도 있다. 투자자들은 지금처럼 금리가 아주 낮은 상황에서 자기자본 및 부채의 가중평균자본비용을 이용해 주식을 할인할 경우, 위험한 투자 결정을 내리게 될 수도 있다는 사실을 깨달아야 한다. 내가 제시하는 해법은 이렇다. 나는 자본 구조에 상관없이 주식의 할인율을 10%로 적용한다. 이후 미래잉여현금흐름의 예측가능성에 따라 안전마진을 조정한다.

워런 버핏은 기업의 내재가치가 기업의 미래현금흐름을 현재 가치로 할인한 경제적 계산이라고 하며 '기업이 남은 사업 영위기간 동안 창출할 수 있는 현금의 할인가치'로 정의했다. 그는 2000년 버크셔 해서웨이 주주총회에서 "기업의 내재가치를 계산하는 사람은 미래현금흐름 예상치가 수정되고 금리가 달라지기 때문에 필연적으로 절대적이지 않은, 매우 주관적인 수치를 이야기할 수밖에 없습니다. 하지만 이러한 모호함에도 불구하고 내재가치는 아주 중요하며 투자와 기업의 상대적 매력을 논리적으로 측정할 수 있는 유일한 방법입니다."라고 말한 바 있다.

내재가치를 정확히 규정하기 힘든 개념으로 생각했던 것은 워런 버핏만이 아니다. 벤저민 그레이엄은 직접적으로 할인된 현재가치 모델을 사용하지는 않았지만, 내재가치는 정확한 예측치가 아니라는 점을 경고한 바 있다. "핵심은 증권분석이 특정 증권의 내재가치가 정확히 얼마인지를 측정하기 위한 것이 아니라는 점입니다. 증권분석은 채권이나 주식의 가치가 매수하기에 합당한 수준인지 검증하기 위해 필요합니다. 이는 내재가치에 대한 대략적 수치로도 충분합니다."라고 한다. 세스 클라만의 생각도 이와 같은 선상에 있다. 그는 책《안전마진*Margin of Safety*》에서 "많은 투자자들이 자신이 하는 투자의 가치를 정확하게 측정하고 싶어한다. 부정확한 세상에서 정확성을 추구하는 꼴이다. 하지만 기업의 가치는 정확하게 측정될 수 있는 것이 아니다."라고 언급했다. 워런 버핏도 그레이엄 그리고 클라만과 같은 이야기를 한다. 내재가치는 정확한 수치라기보다는 예상치에 가깝다고 말이다.

월스트리트가 목표가와 꼭 집은 예측치에 집착하고 있는 상황에서, 내재가치를 정확하게 측정하기 어렵다는 워런 버핏 주장은 다소 이례적으로 들릴 수 있지만 생각해보면 완벽하게 논리적인 이야기이다. 그는 확실한 현금흐름을 가진 기업을 합리적 가격에 사는 걸 선호하지만, 실제로 기업의 수익은 변동적일 수 있으며 실제 변동적이다. 따라서 기업 분석가들은 발생할 수 있는 여러 가지 시나리오들을 온전히 인지하면서 다양한 가능성들에 대비해야 한다. 생각한 것과 다른 결과가 발생했을 때 워런 버핏은 이를 어떻게 받아들일까? "우리는 수익을 거둘 확률에 가능한 수익 총액을 곱하고, 여기서 손실 확률에 가능한 손실 총액을 곱한 액수를 뺍니다. 완벽하지는 않지만 이것이 전부입니다." 즉 내재가치 추정치는 가능한 결과를 분포에 따라 가중평균한 값으로 정리해볼 수 있다. 워런 버핏은 종종 "저는 정확하게 틀리는 것보다 대략적으로 맞는 걸 더 선호합니다."라고 말해왔다.

경영 요소

워런 버핏이 경영자에게 보내는 최고의 찬사는 '사업주처럼 흔들림 없이 행동하고 사고한다.'였다. 사업주처럼 행동하는 경영자들은 기업의 최우선 목표, 즉 기업의 내재가치 제고를 등한시하지 않는다. 워런 버핏은 주주들에게 투명하고 상세히 기업의 사정을 공유하고 '제도적 관행institutional imperative'이라고 이름 붙인 바 있는, 동종 업계를 무작정 모방하는 흐름을 거부할 줄 아는 경영자들을 높이 평가했다.

기업의 재무 보고에 있어서도 성과를 알리는 것만큼 경영상 실수도 빠르게 인정하는 경영자들에게 후한 점수를 주었다. 사업을 경영하다 보면 모든 기업들은 크고 불가피한 실수들을 범하기 마련이다. 하지만 너무 많은 경영진들이 지나치게 낙관적으로 기업성과의 공功을 보고하는 반면, 실失을 검토하는 데는 충분한 시간을 쏟지 않는다. 워런 버핏은 스스로가 버크셔 해서웨이 성과의 공과 실을 공개적으로 공유하는 선례를 만들기도 했다. 1989년 연례 보고서에서 처음으로 워런 버핏은 '첫 25년간의 실수'라는 제목을 붙여 자신의 실수를 공표하기 시작했다. 현재 이 의식은 '오늘의 실수mistakes du jour'로 이름이 바뀌었다. 이러한 정직성은 적어도 주주들만큼이나 경영진 스스로에게도 도움이 될 것이라는 게 워런 버핏의 믿음이었다. 그는 "대중을 잘못된 길로 이끌 수 있는 CEO는 결국 개인적으로 그 자신도 잘못된 길로 들어설 수 있습니다."라고 이야기했다. 워런 버핏은 자신이 성공에만 집중하기보다 실수를 연구하는 일의 가치를 이해할 수 있었던 것은 찰리 멍거 덕분이었다며 그에게 공을 돌렸다.

회사를 경영할 때 가장 중요한 요인은 기업의 자본을 배분하는 것이다. 이를 가장 중요한 일이라고 보는 이유는 자본을 어떻게 배분하는가에 따라 미래의 주주 가치가 결정되기 때문이다. 워런 버핏의 생각에 사업에 재투자하거나 주주들에게 돌려주는 등 회사의 이익을 어떻게 사용할지 결정하는 것은 논리적이고 합리적인 사고가 밑바탕 되어야 하는 일이었다.

자본 배분이 그렇게 간단하고 논리적인 일이라면, 왜 이렇게 많은 기업들이 어려움을 겪는 것일까? 그 이유는 앞서 언급한 제도적 관행, 즉 얼마나 미련하고 비합리적인지와 무관하게 맹목적으로 남을 따라하는 레밍처럼 업계 다른 경영진들의 행동을 모방하는, 보이지 않는 힘 때문이다. 워런 버핏에 따르면, 제도적 관행은 (1) 기업이 현재 경영방침을 고수할 때 (2) 근무 시간을 채우기 위해 작업이 늘어나는 것처럼, 이용 자금을 모으기 위해 프로젝트나 인수가 진행될 때 (3) 경영자가 아무리 터무니없는 사업을 추진한다 할지라도, 부하직원들이 상세한 수익률과 전략 보고서로 그 근거를 마련할 때 (4) 사업 확장, 인수, 및 경영진에 대한 보상안 마련 등 무엇이든 동종업계 기업들의 행동을 생각없이 모방할 때, 기업 내에 자리 잡게 된다.

수익을 어떻게 배분할 것인가는 그 기업이 현재 라이프사이클 lifecycle상 어떤 단계에 와있는가와 직결되는 문제이다. 성장단계에서, 수익을 창출하고 있는 기업들은 기업의 내재가치를 끌어올리기 위해 그 수익을 자연스럽게 사업에 재투자하기로 결정한다. 사업이 성숙단계에 이르면, 성장은 더뎌지고 기업은 최적으로 재투자하는 데 필요한 금액 이상의 현금을 창출하기 시작한다. 이 시점에서 경영진에게는 세 가지 선택지가 놓인다. 첫째, 자신들의 뛰어난 경영능력으로 회사의 수익성을 다시 끌어올릴 수 있다고 과신하며 자본비용 이상의 수익을 얻을 수도 없는 사업에 계속해서 재투자하는 방법. 둘째, 다른 성장 기업을 인수하는 방법. 셋째, 수익을 주주들에게 돌려주는 방법. 워런 버핏은 이 시점에서 경영진들이 어떠한 결정을 내리는지를 유심히 살핀다. 바로 이때가 경영진의 합리성을 판단할 수 있는 시점이기 때문이다.

워런 버핏은 '경영진이 뛰어난 역량으로 침체 국면의 기업을 다시 회생시킬 수 있을까?' 하는 문제를 두고는 회의적인 입장을 취한다. 주주들이 기업 회생 스토리에 매력을 느끼는 것은 사실이지만, 경영진들 역시 곧잘 자신들의 위기 극복 능력을 과신하는 경향이 있기 때문이다. 이런 경우 결과는 뻔하다. 또 성장하는 기업을 인수하고자 하는 경영진에 대해서도 회의적이다. 이들은 십중팔구 필요 이상으로 비싼 비용을 지불하고 새로운 회사를 인수 기업에 통합시키고자 애쓴다. 두 경우 모두 상당한 주주 자금이 사용되며 결국 주주 가치가 훼손되는 결과를 낳는다.

워런 버핏의 생각에 재투자를 통해 평균 이상의 자본수익을 올릴 수 없음에도, 계속해서 현금이 증가하는 기업들이 취할 수 있는 합리적이고 책임 있는 유일한 선택은 바로 주주들에게 그 돈을 돌려주는 것이다. 여기에는 두 가지 방법이 있다. 주주들에게 직접 배당금을 지급하거나 자사주를 매입하는 것이다. 배당금을 손에 쥐게 되면, 주주들은 보다 높은 수익을 안겨줄 투자기회를 찾아나설 것이다.

하지만 경영진은 자사주 매입을 통해 이익을 주주들에게 돌려줄

제4부 머니 마인드 관점에서 바라본 기업분석

수도 있다. 자사주 매입은 여러 면에 있어서 주주들에게 돌아가는 혜택이 덜 직접적이고 덜 구체적이며 덜 즉각적으로 느껴진다. 하지만 적절하게 실행된다면 시간이 지나면서 주주가치를 극적으로 증가시킬 수 있다.

워런 버핏은 경영진이 자사주를 매입하면 기업은 두 가지 측면에서 이득을 볼 수 있다고 생각했다. 먼저 주식이 내재가치 이하 가격으로 거래되고 있다면 자사주 매입 자체로 수익을 기대할 수 있다. 다시 말해 기업의 주가가 50달러인데 내재가치가 100달러라고 한다면, 자사주를 매입할 때마다 1달러를 지불하고 2달러의 내재가치를 얻는 셈이 된다. 이러한 성격의 거래는 주주들에게는 아주 큰 이익이 될 수 있다.

그리고 자사 주식을 적극적으로 사들이는 것은 경영진이 회사를 무작정 확장하는 것보다 주주들을 더 우선시하고 있음을 시장에 공표하는 셈이 된다고 이야기한다. 이러한 행동은 시장에 긍정적인 신호를 보내면서, 주주들의 부를 증가시키고자 체계적으로 운영되고 있는 기업들을 찾는 또 다른 투자자들을 끌어들이게 된다.

하지만 여기서 주의할 점이 있다. 주가가 기업의 내재가치 이상으로 높을 때에는 자사주 매입에 신중을 기해야 한다. 이는 궁극적으로 주주 가치를 훼손하기 때문이다. 자사주 매입 행위는 좋은 결정이라고 생각하겠지만 경영진이 이를 분별없이 실행할 경우 향후 실제로 주가 하락을 초래할 수도 있다.

자사주 매입을 통해 주주들은 효율적 세제 혜택도 누릴 수 있다. 배당은 과세 대상 계좌를 통해 지급될 경우 배당의 일부를 세금 명목으로 정부에 납부하게 된다. 하지만 자사주 매입은 주주들의 보유 지분이 자사주 매입 이전보다 더 늘어나는 방식으로 그 혜택을 100% 온전히 주주들에게 돌려준다. 이후 회사가 수익을 창출하면, 주주들은 결과적으로 회사 지분을 늘리기 위해 단 1달러도 더 쓰지 않았지만 더 많은 회사의 수익을 공유할 수 있게 된다.

장기 복리효과와 마찬가지로, 경영진의 합리적인 자사주 매입은 처음에는 그 영향력이 미미해 보이더라도, 장기적으로 투자자들의 수익 지분을 크게 증가시킨다. 워런 버핏이 1988년과 1989년 10억 달러를 들여 코카콜라를 매수했을 때 버크셔 해서웨이는 코카콜라의 지분 7%를 보유할 수 있었다. 하지만 이후 주가가 내재가치 밑으로 떨어지자 코카콜라 경영진들은 전략적으로 자사주 매입에 니섰다. 2019년 말 기준, 버크셔 해서웨이가 코카콜라 매입에 쓴 13억 달러(워런 버핏은 1994년 추가적으로 코카콜라 주식을 사들였다.)는 221억 달러가 되어 있었다. 현재 버크셔 해서웨이는 코카콜라 주식 4억 주를 보유하고 있는데 이는 코카콜라 전체 지분의 9.3%에 해당한다. 워런 버핏은 오로지 코카콜라 경영진의 합리적인 자사주 매입을 통해 자신의 코카콜라 지분율을 늘릴 수 있었다. 수익 지분도 32%나 증가했다. 중요한 것은 워런 버핏은 지분율을 늘리기 위한 단 1달러도 쓰지 않았다는 사실이다.

우리는 버크셔 해서웨이의 아메리칸 익스프레스American Express 투자를 통해 자사주 매입 효과를 보다 확실하게 확인할 수 있다. 워런 버핏은 1994년, 1995년 두 해에 걸쳐 아메리칸 익스프레스 주식을 매수했다. 1996년에 이르자 버크셔 해서웨이는 아메리칸 익스프레스 전체 지분의 10.5% 가량을 보유하게 되었고 2019년 말, 이 지분율은 18.7%

로 증가했다. 아메리칸 익스프레스가 지난 20년간 충실하게 잉여 현금으로 자사주를 매입해 온 것이 그 배경이었다. 이는 곧 워런 버핏이 손가락 하나 까닥하지 않았음에도, 버크셔해서웨이의 아메리칸 익스프레스 지분율이 두 배로 늘어났다는 뜻이 된다.

여담이지만 흥미롭게도 코카콜라는 지난 30년 동안 버크셔 해서웨이에 버핏의 초기 투자자금 13억 달러의 몇 배에 해당하는 금액을 배당금으로 지급했다. 2019년만 해도, 버크셔 해서웨이는 코카콜라로부터 초기투자금액에 대해 총 6억 5600만 달러를 배당금으로 지급받았다. 아메리칸 익스프레스의 경우도 2019년 버크셔 해서웨이에 2억 4800만 달러의 배당금을 지급했다. 아메리칸 익스프레스는 2000년 이후, 버크셔 해서웨이에 21억 달러 상당을 배당금으로 지급했는데, 이는 버핏이 투자한 원금의 두 배에 가까운 액수다. 버크셔 해서웨이 입장에서 배당금은 세금이 발생할 수밖에 없긴 하지만 그렇다 하더라도 배당금 지급과 자사주 매입의 효과로 이 두 회사에 대한 버크셔 해서웨이의 투자지분이 크게 증가했음은 분명하다. 경영진이 합리적으로 자본을 배분한 결과이다.

《현금의 재발견》의 저자인 손다이크는 '문제는 분모'라고 콕 집어 이야기한다. 그는 "역량 있는 CEO들은 공통적으로 주당 가치value per shares 최대화에 집중했다. 이들은 주당 가치를 끌어올리기 위해 단순히 분자, 즉 전체 기업 가치에만 초점을 두지 않았다. 이들은 신중한 투자 프로젝트의 진행과 전략적인 자사주 매입을 통해 분모를 통제하는 데 큰 힘을 기울인다. 이러한 자사주 매입은 주가를 받쳐주기 위해서라기보다는 그 자체로 매력적인 투자 수익을 제공하기 때문이었다."라고 설명한다.

《현금의 재발견》의 〈탁월한 CEO 투자자〉에서 워런 버핏의 사례
가 강조된다. 손다이크는 워런 버핏이 큰 성공을 거둘 수 있는 원천은
버크셔 해서웨이에 현금을 제공하고 버핏으로 하여금 그 자본을 배분
할 기회를 제공하는 기업들에 있다고 분석한다. 워런 버핏은 1994년
버크셔 해서웨이 연례 보고서를 통해 기업의 내재가치가 자본 배분과
연관성이 있다는 사실을 언급했다. "내재가치를 이해하는 것은 투자
자들만큼 경영진에게도 중요한 일입니다. 경영진은 반드시 자사주 매
입을 포함한 자본 배분에 대한 결정을 내릴 때 주당 내재가치를 감소
시키는 방향이 아닌, 증가시키는 쪽으로 의사 결정을 해야 합니다." 워
런 비핏은 '주주들에게 보내는 버크셔 해서웨이의 사업 원칙'에서 주
당 내재가치의 중요성에 대해 명시한 바 있다. 그는 "우리의 경제적 목
표는 장기적으로 주당 내재가치의 연평균 증가율을 극대화하는 데 있
습니다."라고 이야기하면서 "우리는 규모를 기준으로 버크셔 해서웨
이가 지니는 경제적 의의나 성과를 측정하지 않습니다. 우리는 주당
내재가치의 증가를 그 지표로 삼습니다."라고 했다.

———

머니 마인드는 여러 요소들로 구성된다. 이제까지 이들 가운데
일부를 자세히 살펴보았다. 물론 아직 우리가 살펴보지 못한 부분들
도 존재하지만 요점은 자본 배분 기술은 그 자체로 투자행위가 되며,
머니 마인드를 구성하는 핵심 요소라는 점이다. 기억하라. 워런 버핏

이 처음으로 머니 마인드 개념에 대해 언급한 때는 한 주주가 버크셔 해서웨이의 승계 계획에 대해 물으며 자본 배분 관련 질문을 던졌을 때이다. 워런 버핏은 당시 차기 CEO는 반드시 검증된 자본 배분 능력을 갖추고 있어야 한다고 했다. 버크셔 해서웨이 이사회가 공유하고 있는 차기 CEO의 필수 자질을 분명하게 알려주는 답변이었다.

버크셔 해서웨이의 피지배 기업들에서 창출되는 현금이익들이 궁극적으로 버크셔 해서웨이의 내재가치 상승을 이끄는 연료 역할을 한다는 사실은 잘 알려져 있다. 또 버크셔 해서웨이가 재투자나 자사주 매입, 배당금 지급을 통해 그 이익들을 처리하는 과정은 자본 배분의 정석定石에 가깝다.

정확히 어떤 기준으로 재투자와 자사주 매입, 배당을 결정하면 되는가? 이는 간단한 문제이다. 수학적 논리에 의해 그 결과값이 미리 정해진 연산문제처럼 말이다. 기업이 자본비용 이상의 이익을 거두고 이러한 추세가 지속될 것이라 확신한다면, 그 이익을 다시 회사에 재투자하는 것이 현명한 결정이다. 하지만 사업이 자본비용 이상의 이익을 창출하기 어려운 경우라면 그 돈을 주주들에게 돌려주는 것이 합리적인 판단이다. 만약 주가가 사업의 내재적 가치를 밑돈다면, 자사주를 매입하라. 그렇지 않은 경우라면 배당 지급을 통해 주주들에게 그 돈을 돌려주라. 말했듯이 그렇게 복잡하지 않은 문제다.

그렇다면 생각해보자. 자본 배분이 이처럼 논리적이고 간단한 일임에도 왜 CEO들은 비극적인 실수들을 저지르게 되는가? 워런 버핏은 자본 배분의 실패는 사업적 판단의 실패라고 설명한다. 자본 배분의 실패를 초래하는 가장 흔한 원인은 바로 업계 다른 기업들을 모방하고자 하는 충동을 통제하지 못하기 때문이다. 워런 버핏은 이를 가리켜 '제도적 관행'이라고 이름 붙인 바 있다.

찰리 멍거가 강의했던 '오판의 심리학'의 2장 내용, 특히 '사회적 증거 경향social proof tendency'을 다시 떠올려보자. 이는 사회적 방식이 가치가 있는지 생각조차 해보지 않은 채 다른 사람과 완전히 동일하게 행동하는 경향을 의미한다. 그는 이러한 실수를 피할 수 있는 방법으로, 잘못된 것임이 명백하다면 다른 이들의 행동을 그저 무시해 버리라고 충고한다.

철학과 심리학에 대한 이야기들을 나누며, 우리는 옳지 않은 행동을 무시하는 능력을 길러야 한다고 했다. 그리고 이는 주변에 순응해야 한다는 입박감을 이거내고 옳은 일을 행하는 사신감에서 비롯된다. 랄프 왈도 에머슨은 우리에게 자신감은 직접적으로 자기신뢰와 연관되어 있다는 사실을 일깨워주었다. 이 자기신뢰는 워런 버핏이 자신의 아버지에게 배운 핵심 원칙이기도 하며 머니 마인드를 이루는 근간이기도 하다.

따라서 버크셔 해서웨이의 차기 CEO는 자산 분배 능력이 입증된 사람이어야 할 것이다. 하지만 궁극적으로 우리가 하고자 하는 말은 버크셔 해서웨이의 차기 CEO는 올곧은 자기신뢰를 가진 사람이어야 한다는 것이다.

우리는 이제까지 사업주 마인드를 가진 투자자들이 어떻게 각 기업을 분석하고 그 회사의 주식을 매수하며 이후 과정을 살펴야 하는지에 대해 이야기했다. 시장을 투자 성과의 판단 잣대로 삼지 않은 채 말이다. 자, 이제 주식시장에 의존하지 않은 상태에서 기업, 다시 말해 상장 기업들로 구성된 포트폴리오의 성과를 측정하는 가장 좋은 방법에 대해 살펴보도록 하자. 역시 이번에도 워런 버핏이 우리의 개인교사 역할을 해줄 것이다.

워런 버핏은 1980년 연례 보고서에서 "버크셔 해서웨이 몫으로 돌아오는 유보이익[25]의 가치는 우리가 해당 기업의 지분을 100%, 50%, 20% 혹은 1% 보유하고 있는지 여부에 의해 결정되지 않습니다. 그보다는 유보이익의 용도와 그 용도에서 창출되는 이익 수준에 의해 결정됩니다."라고 적었다. 지분 전체를 소유하고 있는 기업들 외에, 버크셔 해서웨이는 지분율이 발행 주식의 20% 이하인 보통주들에도 투자하고 있다. 버크셔 해서웨이의 재무상태표에는 이런 기업들로부터 받은 배당금은 반영이 되고 있지만 이런 기업들이 보유하고 자신들의 사업에 재투자하는 유보이익은 반영되지 않고 있다.

워런 버핏은, 버크셔 해서웨이가 보유한 상장기업들의 가치는 그 유보이익이 버크셔 해서웨이의 보고이익에 포함되는지 여부에 따라 달라지는 것이 아니라고 했다. 우리가 일부 소유권을 가진 숲에서 나무 한 그루가 자라고 있다고 한다면, 나무가 얼마나 자랐는지를 우리의 재무상태표에 일일이 기록하고 있지 않더라도 그 자란 몫에 대한 소유권 일부가 우리 것이라는 사실에는 전혀 변함이 없다고 말이다. 또 기업의 유보이익 가치는 (보통주) 투자자가 해당 기업에 얼만큼 많

---

25 주주에게 배당으로 지급하지 않고 사업에 재투자하기 위해 기업이 보유하고 있는 순이익 누적액을 말한다.

은 지분을 가졌는가가 아니라, 그 이익이 얼마나 효과적으로 사용되는가에 의해 결정된다고 부연했다.

이에 관련하여 워런 버핏은 자신이 포괄이익look-through earning[26]이라고 부르는 방식으로 이러한 투자 기업들의 유보이익들을 측정하는 것이 가장 바람직하다고 생각했다. 1991년 그는 버크셔 해서웨이가 보유한 보통주 상위 7개 종목을 정리했다. 그리고 이 기업들의 이익들이 버크셔 해서웨이에 지급됐을 경우 어느 정도가 될지 가늠해보기 위해 해당 기업들에 대한 버크셔 해서웨이의 지분율을 계산했다. 당시 버크셔 해서웨이가 투자하고 있는 주요 기업들의 미분배 이익 가운데 버크셔 해서웨이의 몫은 2억 3000만 달러 규모였다. 2019년의 경우 버크셔 해서웨이가 투자하고 있는 상위 10개 기업의 미분배 이익을 합치면 그 액수가 83억 달러에 달했다. 이 돈들은 각 종속회사들 내부에 남아서 재투자되었고 결국 버크셔 해서웨이를 대신해 그룹의 내재가치를 크게 키워냈다.

워런 버핏은 자신들의 투자가 어떻게 진행되고 있는지 파악하고 싶은 투자자들에게 다음과 같은 조언을 건넨다. "투자자들은 포괄이익에 집중하는 편이 유리할 것입니다. 포괄이익을 계산하기 위해서는 각 보유 주식에 귀속되는 이익을 합산해야 합니다. 모든 투자자들의 목표는 향후 10년 또는 그 이상의 기간 동안 자신에게 가장 높은 포괄

---

26 버크셔 해서웨이의 순이익과 버크셔 해서웨이 종속회사의 유보이익을 더한 뒤 법인세 등 관련 세금을 차감하는 방식이다.

제4부 머니 마인드 관점에서 바라본 기업분석

이익을 가져다줄 포트폴리오(실제로는 '기업')를 구축하는 것이어야 합니다." 워런 버핏은 만약 자신의 포트폴리오 내재가치가 연 10% 수준으로 증가하길 원한다면 포괄이익도 10% 수준으로 높일 필요가 있다고 재차 강조한다.

포트폴리오를 어떻게 주식시장과 분리해서 운용할지에 대한 한 가지 아이디어는 찰리 멍거를 통해 얻을 수 있다. 찰리 멍거에게 이것은 기회비용의 문제였다. 그는 기회비용이 우리가 일정 기회를 선택함으로써 포기한 수익이라고 생각하기 쉽지만 실상은 우리가 이미 보유하고 있는 수익으로도 생각할 수 있다는 것이다. 가령 버크셔 해서웨이 포트폴리오에 포함할 새로운 투자를 물색할 때, 찰리 멍거는 이 투자가 우리가 이미 하고 있는 투자보다 더 나은 것인가를 묻는다. 여기에는 여러 답변이 가능하다. 포괄이익을 포함해, 찰리 멍거는 매출 증가의 가중평균수익률, 자본수익률, 그리고 심지어 안전마진 등을 따져본다. 포트폴리오에 맞게 가중평균된 이런 수익들은 버크셔 해서웨이의 경제적 평가 척도가 된다. 이후 찰리 멍거의 질문은 '이 새로운 종목을 포트폴리오에 포함시킬 경우, 우리의 내재가치가 증가하면서 경제적 평가 척도도 높아질 것인가?'로 넘어간다. 그는 이러한 투자 정책으로 인해 버크셔 해서웨이의 포트폴리오는 소수의 종목들, 최선의 투자 아이디어를 중심으로 집중되는 양상을 보인다고 밝혔다.

여러분은 아마도 여기서 무언가 눈치챘을 것이다. 워런 버핏과 찰리 멍거는 모두 투자자들에게 자신의 포트폴리오를 '미니-버크셔 해서웨이'로 생각하라고 조언하고 있다. 버크셔 해서웨이처럼 보통주를 분석하고 매수하라. 버크셔 해서웨이처럼 포괄이익을 포함해 투자하고 있는 보통주들의 이익을 측정하라. 워런 버핏은 "이러한 방식의 접근은 투자자들로 하여금 단기적인 시장 중심의 관점이 아닌 장기적인 기업 중심의 관점, 더 나은 투자 성과를 안겨다줄 관점을 가지게 할 것"이라고 분석했다. 포괄이익에 근거한 성과 측정 방식은 투자 존 안에서 사고하는 투자자들에게 가장 완벽한 투자 방법이다.

—

기업 포트폴리오, 즉 보통주 포트폴리오를 운영할 때 종목 수와 보유 기간은 수익에 중요한 영향을 미친다. 버크셔 해서웨이를 운영하며 워런 버핏은 보통주 투자에 집중하고 그 종목들을 여러 해, 심지어 영원히 보유하는 것을 원칙으로 삼았다.

워런 버핏은 "우리가 선택한 전략은 분산투자의 기본적 신조와 상충됩니다. 많은 전문가들은 우리의 전략이 전통적인 투자자들이 선택한 방식에 비해 리스크가 더 클 수밖에 없다고 말합니다. 하지만 우리는 이에 동의하지 않습니다. 더 적은 종목에 집중투자하게 되면 해당 기업에 대한 분석 강도가 높아질 것이고, 매수 전 그 회사의 경제적 특성을 마음 편한 수준까지 충분히 살펴볼 수 있을 것입니다. 그렇다면 우리의 집중 전략은 오히려 리스크를 크게 낮출 수 있을 것이라고 생각합니다." 이는 워런 버핏과 찰리 멍거가 투자에 대해 가지는 핵심 전제를 말해준다. '당신이 보유하고 있는 종목이 무엇인지, 왜 그 종목을 왜 보유하고 있는지를 알고 있어야 한다.'

워런 버핏은 저명한 영국의 경제학자이자 전설적인 투자자이기도 한 존 메이너드 케인스의 말을 인용한다. 케인스는 사업 동료인 F.C 스콧에게 쓴 편지에 다음과 같이 적었다. "시간이 흐르면 흐를수록, 내가 잘 알고 있다고 생각하고 경영진을 전적으로 신뢰할 수 있는 기업에 큰돈을 넣는 것이 옳은 투자 방법이라는 확신을 가지게 된다네. 잘 알지도 못하고 특별히 확신을 가질 만한 이유도 없는 기업들에 분산투자하면서 투자 리스크가 줄어들 거라고 생각하는 건 오산이라네. 한 사람의 지식과 경험은 반드시 한계가 있지. 나는 한 번에 최대 두세 개 기업밖에 전력을 기울일 수가 없다네."

우리는 투자자가 보유한 주식의 수와 해당 기업에 대한 이해도 사이에는 직접적인 상관관계가 있음을 확인할 수 있다. 워런 버핏과 케인스는 모두 포트폴리오 내에 포함된 주식 수를 제한함으로써 자본의 영구 손실로 정의되는 리스크를 줄일 수 있다고 이야기한다. 다르게 말하면, 너무 많은 종목을 보유하고 있거나 지나치게 분산투자하고 있다면 그 투자자는 사실상 자본 손실 리스크를 증가시킨 셈이다. 50개 이상의 기업에 투자하고 있다면 어떤 기업들이 주주가치를 높이고 있고 어떤 기업들이 이를 훼손하고 있는지 철저히 관찰하기 어렵다.

소수 종목을 보유하는 데 더해, 워런 버핏은 이러한 기업들을 오랜 기간 보유하는 것을 전략으로 한다. "우리는 종목들이 단순히 상승했거나 오랜 기간 보유하고 있었다는 이유만으로 매도하지 않습니다. 월스트리트의 모든 명언들 가운데 가장 어리석은 말은 바로 '수익을 실현해서 망한 사람은 없다.'입니다. 보유하고 있는 종목의 자기자본이익률 전망이 밝고 경영진이 유능하고 정직하며 시장에 의해 고평가

되고 있지 않다면, 우리는 기꺼이 그 종목을 영원히 보유할 생각이 있습니다."

또 워런 버핏은 상장 기업이든 비상장 기업이든 버크셔 해서웨이가 보유하고 있는 기업들의 유보이익 사용에 관여하지 않겠다는 의지를 내비친 바 있다. 2019년 버크셔 해서웨이의 연례 보고서에서 워런 버핏은 주주들에게 에드가 로렌스 스미스와 그의 책《장기투자 대상으로서의 보통주*Common Stocks as Long Term Investments*》를 소개했다. 이 책을 쓰기 전까지, 스미스는 유명세 없는 경제학자이자 재무 상담가였지만 존 메이너드 케인스가 그의 책에 대한 서평을 쓰면서, 모든 것이 달라졌다.

케인스는 서평에서 "아마도 스미스가 뽑은 가장 중요하고 분명 가장 참신한 개념은 다음과 같다. 잘 운영되는 산업재 기업들은 그들이 거두어들인 이익 전부를 주주들에게 분배하지 않는 것을 원칙으로 한다. 전체 기간은 아니더라도, 실적이 좋은 기간에 이들 기업들은 수익의 일부를 유보하고 사업에 재투자한다. 따라서 건전한 기업에 투자하면 복리효과를 누릴 수 있다. 시간이 지남에 따라, 건전한 기업의 실제 자산가치는 주주들에게 지급된 배당과 무관하게 복리로 증가한다."라고 적었다. 워런 버핏은 "케인스의 이러한 명쾌한 설명 덕분에 스미스는 유명인사가 되었습니다."라고 서한에 덧붙였다.

워런 버핏은 유보이익의 복리효과가 궁극적으로 주주가치를 높이는 요소임에도 불구하고 왜 그토록 철저하게 투자자들 사이에서 외면당해 왔는지 납득하기 어렵다고 이야기한다. "결국, 천문학적 부를 축적한 카네기, 록펠러, 포드와 같은 거부들 역시 사업으로 거두어들인 이익의 상당 비중을 내부에 유보하면서 성장을 뒷받침하고 과거보다 더 큰 이익을 창출해내는 데 사용했습니다. 또한 미국 역사를 살펴볼 때, 아주 오래전부터 이와 같은 전략을 구사하며 부자가 된 제2, 제3의 소규모 자본가들을 찾아볼 수 있습니다."라는 것이 그의 의견이었다.

투자자들이 저지르는 실수들을 돌아볼 때 (물론 많은 것들이 있겠지만) 아마도 가장 잦은 실수는 종목들을 너무 빨리 매도해 유보이익의 복리효과로 생겨나는 최종적 보상을 누리지 못하는 것이다. 초기에는 복리효과가 미미해 보일 수도 있다. 하지만 시간이 흐를수록 궁극적으로 진정한 부가 창출되기 시작하면 복리효과에 의한 모멘텀이 발생하기 시작한다. 그럼에도 장기간 인내하며 좋은 기업을 보유하는 일은 실제적으로 쉽지 않아 보인다. 워런 버핏은 "사람들의 불행은 그들이 한방에 조용히 머무를 수 없다는 단 한 가지 원인에 의해 발생한다."라는 파스칼의 말을 인용했다.

에드가 로렌스 스미스의 핵심 주장들을 마저 전하자면 '투자'와 '투자 운용'이라는 용어에는 차이가 있다. '투자'는 단순한 행위를 의미하고 투자가 이루어지는 그 시점에서의 온전한 판단을 뜻한다. 반면 '투자 운용'은 계속적인 행위이고 판단을 지속적으로 적용해가는 과정을 의미한다. 투자 운용은 투자 행위는 물론 이를 훨씬 넘어선 그 이상을 포함하는 개념이다. 우리가 곧 배우게 되겠지만, 이 '판단을 지속적으로 적용해가는 과정'은 머니 마인드에 의해 강화된다.

여러분은 아마도 잭 트레이너라는 이름을 잘 모르고 있을 것이다. 하지만 그는 재무 설계 분야에서 지적인 거장으로 추앙받는 인물이다. 하버포드대학교에서 수학을 전공한 그는 1955년 하버드 비즈니스 스쿨을 우수한 성적으로 졸업한다. 그리고 컨설팅 회사인 아서 D. 리틀Arthur D. Little 리서치 파트에서 경력을 시작했다. 트레이너는 다작하는 연구가였다. 그의 논문들은《파이낸셜 애널리스트 저널》에서 수여하는 '그레이엄 앤 도드 상'과 '로저 F. 머레이 상'을 비롯해 많은 상을 수상했고 2007년에는 전문가적 탁월성을 인정받아 명망 있는 'CFA 협회 최고전문가상CFA Institute Award for Professional Excellence'를 수상하기도 했다. 트레이너의 논문들은 과거 여러 매체에 산발적으로 발표되었으나 현재는《트레이너의 기관 투자 연구》라는 574페이지 분량의 책으로 출간되어 있다. 책의 거의 마지막 부분, 424페이지에는 '장기투자'로 이름 붙여진 글이 수록되어 있다. 이 원고는《파이낸셜 애널리스트 저널》1976년 5-6월 호에 처음으로 발표되었다.

트레이너는 시장 효율성에 관련하여 항상 제기되어온 질문을 언급하며 글을 시작한다. 우리가 아무리 열심히 노력하더라도 시장에 의해 적절하게 관심을 받지 못한, 그래서 아직 할인되지 않은 투자 아이디어를 찾기란 불가능하다는 주장이 과연 사실일까? 이 문제에 대한 해답을 찾기 위해 트레이너는 우리에게 다음 '두 가지 종류의 아이디어'를 구분할 수 있어야 한다고 이야기한다. 예상되는 결과가 이해하기 쉽고 자명하며, 전문성이 없더라도 평가하기 용이해서 빠르게 확산될 수 있는 투자 아이디어. 그리고 충분히 숙고하고 분별하고 전문성을 동원해야 평가가 가능하기 때문에 더디게 전파되는 투자 아이디어.

　그는 "만약 시장이 비효율적이라면, 이는 의미가 분명한 첫 번째 아이디어에서 비롯된 비효율성 때문은 아닐 것이다. 이런 종류의 아이디어는 의미가 명확하기 때문에 다수의 투자자들에 의해 잘못 평가받을 가능성이 적기 때문"이라고 결론을 짓고 있다. 벤저민 그레이엄이 말한 '단순 회계 요소들'과 찰리 멍거가 언급한 '더 이상 추가 수익을 만들어낼 수 없는 종류의 투자 아이디어'들이 이러한 맥락에서 이해될 수 있다. 트레이너는 시장의 비효율성에 의한 투자 기회는 느리게 전파되는 두 번째 종류의 투자 아이디어에 관련해 생길 가능성이 높다고 보았다. 장기적 기업 발전의 관점에서 볼 때, 명료하기 때문에 빠르게 그 가치가 절하되는 첫 번째 아이디어와 달리 두 번째 아이디어는 장기투자의 의미 있는 근거가 된다. 톰 게이너의 비유를 기억해보자. 그는 우리에게 재무적 관점에서 빠르게 스냅샷을 찍는 것과 시간의 경과에 따라 천천히 전개되는 영화를 보는 것 간의 차이를 생각해보라고 한 바 있다.

　시장의 모든 활동은 시간의 연속성 위에 이루어진다. 왼쪽에서 오른쪽으로 움직이며, 우리는 백만분의 1초, 몇 분, 몇 시간, 며칠, 몇 주, 몇 달, 몇 년, 몇십 년 단위로 매매 결정들이 이루어지는 광경을 목격한다. 그 경계를 정확히 나누기는 어렵지만 일반적으로 (시간 프레임이 더 긴) 오른편에서 이루어지는 활동들은 투자에, (시간 프레임이 더 짧은) 왼편에서 이루어지는 활동들은 투기에 가깝다는 데에 의견이 모인다. 우리가 깨달은 것은 시간이 지날수록 오른편에 머무는 사람들의 수는 줄어드는 반면 점점 더 많은 사람들이 최단시간에 가능한 한 많은 돈을 벌기 위해 선의 왼편으로 몰려들고 있다는 점이다.

단기 전략과 장기 전략을 비교한 기념비적인 연구자료는 20년 전 하버드대학교 경제학과 교수이자 존 베이츠 클라크 메달의 수상자인 안드레이 슐라이퍼와 시카고 부스 경영대학원의 재무학 교수인 로버트 비시니 교수에 의해 탄생했다. 1990년 슐라이퍼와 비시니 교수는 《아메리칸 이코노믹 이슈》 저널에 〈새로운 기업 이론: 단기적 관점에서 투자자와 기업의 균형관계 *The New Theory of Firm: Equilibrium Short Horizons of Investors and Firms*〉라는 논문을 게재했다. 이 논문에서 이들은 단기 그리고 장기 차익거래의 비용, 리스크, 수익을 비교했다.

차익거래 비용은 당신의 자본이 투자된 전체 기간, 리스크는 결과에 대한 불확실성의 정도를 의미한다. 그리고 수익은 투자를 통해 거두어들인 금액을 뜻한다. 단기 차익거래의 경우 투자된 시간은 짧고 결과는 빠르게 확정되며 투자 수익은 적다. 반면 장기 차익거래의 경우 투자 기간은 더 길고 투자 결과가 언제쯤 확정될지는 보다 불확실하다. 하지만 상대적으로 수익이 더 높다.

슐라이퍼와 비시니 교수는 논문을 통해 "균형 상태에서, 각 자산의 차익거래 예상수익은 동일해야 한다. 장기 자산의 차익거래 비용은 단기 자산에 비해 높기 때문에, 순수익이 동일하게 균형을 이루기 위해서는 장기자산의 가격이 보다 왜곡되어 있어야 한다."라고 말한다. 다시 말해 장기 차익거래가 단기 차익거래에 비해 더 비싸기 때문에 투자 수익도 더 클 수밖에 없다는 것이다.

제4부 머니 마인드 관점에서 바라본 기업분석

단기 차익거래를 통해 상당한 수익을 창출하기 위해서는 전략을 자주, 그리고 성공적으로 실행해야 하고 이 과정을 계속해서 반복해야 한다. 슐라이퍼와 비시니는 당신이 투기꾼들이 노리는 것 이상의 투자 수익을 얻고자 한다면 더 많은 리스크(투자결과가 확정되는 시점에 대한 불확실성)와 자본비용(돈이 투자된 전체 기간)을 감당해야 한다고 이야기한다.

투기꾼과 투자자 모두에게 있어 통제 변수는 시간이다. 투기꾼들은 단기투자를 하고 보다 적은 수익에 만족하지만 투자자들은 장기투자를 하여 더 많은 수익을 얻기를 기대한다.

여기서 우리는 다음과 같은 질문을 맞닥뜨리게 된다. 보통주를 매수한 뒤 보유하는 장기차익거래를 통해 실제 높은 수익을 얻는 것이 가능한가? 간단한 예시를 통해 이를 입증할 수 있었다.

우리는 1970년에서 2012년까지 (주가만 반영해) 과거 1년, 3년, 5년 수익률trailing return을 계산해 보았다. 이 43년의 기간 동안, S&P 500 지수에 포함된 기업들 가운데 연 100% 이상 주가가 상승한 기업의 수는 1년 기준 1.8%, 즉 500개 가운데 9개 수준이었다. 3년을 기준으로 볼 경우, 이 수치는 15.3%로 500개 기업 가운데 77개 종목으로 늘어났다. 5년을 기준으로 하면 29.9%, 500개 기업 가운데 150개로 증가했다.

처음 질문으로 돌아가보자. 주식을 매수하고 보유하는 데서 실질적으로 큰 수익을 거둘 수 있는가? 대답은 '그렇다.'이다. 또 당신이 5년간 100% 수익을 거두는 것을 시시하다고 생각하지 않는다면 말이다. 이는 무려 연 평균 14.9%의 복리 수익을 얻는다는 뜻이 된다.

그렇다면 5년 이동수익률을 기준으로 볼 때, 어떤 투자자가 가치와 가격 간 격차를 가장 많이 좁힐 수 있을까? 정답은 장기투자자이다. 하지만 투자 시장은 점차 단기 거래자들이 장악하고 있으며 장기투자자 집단은 그 세를 잃어가고 있다.

1950년부터 1970년까지 평균적인 종목 보유 기간은 4년에서 8년 사이였다. 하지만 1970년대를 기점으로 보유기간이 꾸준히 감소했다. 오늘날 뮤추얼펀드의 보통주 보유기간은 평균 몇 달에 불과한 것으로 조사됐다. 우리가 조사한 바에 따르면 높은 투자수익을 기대할 수 있는 기간은 투자 시작 3년 이후부터였다. 포트폴리오 회전율이 100%에 육박하는 현재의 상황을 볼 때, 이는 곧 투자자 대부분이 엄청난 수익을 얻을 수 있는 기회를 놓치고 있다는 이야기이기도 하다.

전체적으로 주식시장은 '장기적으로 지속되는 성장'의 가치를 효율적으로 측정하지 못하는 것 같다. 물론 여러 해에 걸쳐 성장하는 기업들이 소수에 불과하다는 점에서 이러한 상황은 납득이 가지만 확실한 것은 재정적 여건을 단단히 하고 미래에 평균 이상의 가치를 창출해낼 수 있는, 장기적 전망이 밝은 기업들이 시장에서 저평가될 확률도 높다는 것이다.

물론 이러한 연구는 투자자들이 미리 시장 성과를 상회할 종목들을 선택할 수 있는 경우에만 의미를 가진다. 해법은 분명하게 투자자들의 종목 선택 과정과 포트폴리오 운용 전략이 얼마나 굳건한가에 달려있다. 하지만 워런 버핏이 제시한 투자 계명을 따를 경우, 확실히 시장을 이기는 종목들을 선별해낼 가능성이 높아 보인다.

　　　　　　　　제4부 머니 마인드 관점에서 바라본 기업분석

—

투자자들은 분산에 대해서 생각할 때, 통상적으로 포트폴리오 종목 및 보유하고 있는 산업 섹터의 개수를 떠올리기 쉽다. 어떤 투자자들은 가치주나 성장주와 같은 투자 스타일 또는 대형주나 소형주와 같은 시가 총액을 기준으로 분산하기도 한다. 하지만 투자자들 가운데 투자 기간을 기준으로 분산투자를 생각하는 이는 찾아보기 힘들다.

단기 차익거래는 장기 차익거래와 다르다. 각기 다른 '수익 연못'에서 두 부류의 낚시꾼들이 낚시를 하고 있다고 하자. 주목해야 할 점은 대부분의 투자자들이 투자스타일이나 시가총액과 상관없이 단기투자 연못 근처를 어슬렁거리고 있다는 점이다. 장기투자 연못은 주변이 한가하다. 장기투자 연못에는 기업 중심 투자자들이 대어를 낚아올릴 때까지 참을성 있게 찌를 바라보고 있는 반면, 단기투자 연못에서는 낚시꾼들이 한데 엉켜 피라미를 낚으려고 아우성치고 있다.

기업 중심 투자는 장기 차익거래와 만났을 때 최고의 성과를 얻을 수 있다. 기업 중심 투자자들은 주식시장을 근거로 해서 자신이 이기고 있는지 지고 있는지를 판단할 필요가 없다. 자신의 보유 종목들의 가치가 경제적 관점에서 어느 정도 증가했는가가 그들의 성과를 판단하는 유일한 지표이다. 이를 통해 투자 존에 머무는 투자자들은 스스로 자신감을 얻고, 그들이 옳은 길을 가고 있다는 사실을 조용히 확인받는다. 투자 존에 머무는 이들은 쉽게 흐트러지지 않는다.

주식시장과 시시각각 변하는 주가를 고려하지 않기에, 기업 중심 투자자들은 쉽게 다른 곳에 마음을 빼앗기지 않는다. 하지만 안타

깝게도 대부분의 투자자들은 투자 존을 잠시 머무는 쉼터이자 그들이 투자 태도를 재정비하면서 짧은 휴가를 보내는 5차원 세계 정도로 취급한다. 이들은 곧 투자 존 바깥으로 벗어나고 싶은 충동에 휩싸인다. 하지만 바깥 세상에서도 기업 중심의 투자 원칙들은 여전히 적용가능하다. 워런 버핏이 투자 존 내에서 우리에게 가르쳐준 모든 것은 시장 존에서도 통하는 이야기이다.

시장 존은 각기 다른 투자 기간을 두고 각기 다른 게임을 하는 여러 참여자들로 가득한 카니발 축제임을 깨닫는 것이 중요하다. 어떤 이들은 투자자, 어떤 이들은 거래자이지만, 결국 대부분은 투기꾼들이다. 그리고 쉴 새 없이 쏟아지는 고수익 비법을 알려준다는 경제 뉴스들로 쉽게 주의가 산만해진다. 하지만 기업 중심 투자자들은 이러한 소음으로부터 스스로를 차단한다. 우리에게 필요한 것은 투자 존에서 배운 교훈을 잊지 않는 것이다. 투자 존에서 배운 교훈들은 여전히 효력을 지닌다.

시장 존으로 건너와서도 기업 중심 투자자들은 일시적인 난센스들에 휩쓸리지 않도록 반드시 스스로를 지켜야 한다. 이들은 자신이 '가치를 창출하고 장기적으로 내재가치가 크게 증가하는 기업들로 구성된 포트폴리오를 운용하고 있다.'라는 진실을 잊어서는 안 된다.

이 정도만 해도 우리는 어느 정도 워런 버핏이 버크셔 해서웨이를 경영하는 것과 동일한 방식으로 우리 자신의 복합기업을 운영하고 있는 셈이다. 몇 주, 몇 달, 그리고 몇 년 내에 기업의 발전 정도와 성과를 측정하게 되겠지만 변덕스럽게 바뀌는 주가가 아니라 우리가 운영하는 기업들의 경제적 성과들이 그 판단 지표가 될 것이다. 롤러코스터를 타듯 시시각각 바뀌는 주가는 거의 아무런 의미를 가지지 못하는 한편 후자는 우리의 투자에 있어 아주 중요한 이정표가 된다.

기업 중심 투자자들이 시장 존에서 머물면서 마음의 큰 동요가 일 때면, 하워드 버핏에서부터 워런 버핏으로, 워런 버핏으로부터 또 우리에게 전해진 랄프 왈도 에머슨의 가르침을 찾게 될 것이다. 그의 가르침은 우리가 머니 마인드를 보다 단단히 다질 수 있게 도와줄 것이다.

"왜 우리는 우리와 같은 피를 나누고 있다는 이유로 친구들의 잘못을 끌어안아야 하는가? 인류는 나와 혈통을 나누고 있고 내 속에도 모든 이들의 피가 흐른다. 하지만 그 이유만으로 나는 친구들의 무례함이나 어리석음을 부끄러울 지경에 이를 때까지 끌어안을 생각은 없다. 우리의 홀로 있는 과정은 기계적인 것이 되어서는 안 된다. 오히려 정신적인 것, 그래서 마음을 드높일 수 있는 것이어야 한다. 때때로 전 세계가 작당하여 너무도 사소한 것들로 당신을 들들 볶는 것처럼 보인다. 전 세계가 동시에 당신의 벽장 문을 두드리며 '우리와 함께하자.'라고 외치는 꼴이다. 하지만 당신의 영혼을 쏟아서는 안 된다. 절대 내려와서는 안 된다. 당신의 고적한 상태를 유지하고 당신의 천국인 집에 머물러야 한다. 그들이 하는 이야기나, 말도 안 되는 왁자지껄함에 한순간도 넘어가서는 안 된다."

왜 버핏의 방식을
따라하지 않는가

1997년 버크셔 해서웨이 연례 주주총회에서 찰리 멍거는 중요한 질문을 하나 던졌다. 버크셔 해서웨이의 투자 스타일은 "정말 단순합니다."라고 이야기하면서 "하지만 우리의 투자 방식이 그렇게 널리 퍼지지는 않았습니다. 그 이유를 이해하기 어려운데요, 심지어 유수 대학들이나 기타 학문 기관들조차 투자 운용에 있어 이를 지침으로 삼지 않고 있습니다. 아주 재미난 현상입니다. 우리의 투자 방식이 옳다면, 왜 그렇게 많은 기관들이 잘못된 방식으로 투자를 하는 걸까요?"

실제로 왜 이런 일이 벌어지는 것일까? 사람들이 똑똑한 투자에 그렇게나 집중하고 있는 세상에서, 왜 버크셔 해서웨의의 투자를 따라하는 이들은 소수에 불과할까? 그렇다. 실제로 버크셔 해서웨이의 방식을 따르며 투자 업계에서 인정받고 있는 기관들이 일부 존재한다. 하지만 글로벌 전체 비중을 따지자면 버크셔 해서웨이의 투자 방식을

제5부 왜 버핏의 방식을 따라하지 않는가

따르는 경우는 극소수에 불과하다. 여타의 기관 및 기업들은 다른 접근, 흔히 '액티브 운용active management'의 특성을 지닌 투자 방식을 추구한다. 이들의 투자 성과는 상당히 부진하다.

투자자들 사이에서 액티브 투자에 대한 불만의 목소리가 점점 더 커지고 있다. 비용이 너무 많이 들고 거래가 매우 잦으며 시장 대비 성과마저 몹시 나쁘다는 것이다. 그래서 나온 해법은 액티브 투자를 대신해 패시브 인덱스 펀드로 투자자금을 돌리는 것이었다. 그 결과 액티브 전략으로 운용되던 돈들이 매년 수천억 달러씩 빠져나가기 시작했고 액티브 방식을 추구하는 매니저들 상당수가 일자리를 잃었다.

하지만 우리가 곧 살펴보게 되겠지만 문제는 액티브 운용 자체가 아니라 대부분의 액티브 매니저들이 사용하는 전략에 있었다.

휘청거리는 현대 포트폴리오 이론

당신이 만약 사람들에게 투자의 역사에 대해 어떤 것들을 알고 있는지 묻는다면, 대부분 악명 높은 1929년 대공황을 복기하는 데서부터 이야기를 시작할 것이다. 세계 제1차 대전 이후 10년간 이어진 광란의 20년대는 거대한 부의 축적과 거대한 투기라는 두 가지 경제활동으로 점철된 시기였다. 이때 있었던 투기는 미국 역사상 가장 큰 주식시장 붕괴로 막을 내렸다.

또 어떤 이들은 미국 투자의 시초는 1792년 5월 17일로 거슬러 올라간다고 할 것이다. 이날은 24명의 주식 브로커들이 뉴욕증권거래소의 효시이자, 훗날 버튼우드 협정으로 알려진 조약에 서명을 하기 위해 월스트리트 68번가 버튼우드 나무 아래에 모였던 날이다. 하지만 역사광들은 실제적으로 투자 세계의 시계가 돌아가기 시작한 것은 암스테르담 증권 거래소가 문을 연 1602년이라고 이야기할 것이다. 네덜란드-동인도 회사 설립 이후 암스테르담 증권거래소는 주식회사들joint stock compamies이 투자자들로부터 자본을 끌어모으고 투자자들이 이들 기업들의 주식을 거래하는 장이 되었다. 결론적으로 현대 투자의 역사는 420년 가량 되었다고 볼 수 있다.

하지만 오늘날 투자 운용의 기준으로 통하는 현대 포트폴리오 이론은 그 역사가 실제적으로 40년 정도에 불과하다. 시작은 70년 전인 1952년이지만 이마저도 처음 30년 동안은 학계를 제외한 이느 곳에서도 주목받지 못했기 때문이다.

현대 포트폴리오 이론은 투자자들이 리스크를 혐오한다고 가정한다. 그리고 기대 수익이 동일한 두 포트폴리오가 있다고 할 때 투자자들은 언제나 리스크가 적은 편을 선호한다고 전제한다. 이를 이해하면 투자자들은 가격 변동성을 견더낼 수 있는 감정적인 한계, 즉 자신들의 리스크 성향을 반영한 최적의 주식·채권 포트폴리오를 만들 수 있다. 앞으로 우리가 살펴보게 될 현대 포트폴리오 이론은 결국 주가의 변동성과 악재를 다루는 투자자 개개인의 능력에 대한 이야기이다. 보다 직설적으로 표현하자면, 이 표준 투자 운용의 원동력은 최우선적으로 투자자의 심리적인 불편함을 해결하는 데 있다. 이를 더 높은 투자 수익을 얻는 것보다 훨씬 더 중요한 것으로 여긴다.

현대 포트폴리오 이론의 핵심은 포트폴리오 전체의 리스크와 수익은 개별 투자의 리스크 및 수익보다 더 중요하다는 믿음이다. 현대 포트폴리오 이론에서 전체는 각각의 부분보다 더 중요하다. 그리고 오랜 기간 동안 투자자들로 하여금 불안을 최소화하면서 자신의 목표를 추구하게끔 하는 여러 전략들이 개발됐다. 하지만 곧 살펴보게 되겠지만 이 모든 전략들은 결국 투자자들을 목표에 도달하게 하는 해법이 되지 못한다. 잘못된 질문에 초점을 맞추고 있기 때문이다.

현대 포트폴리오 이론은 투자자들의 감정적인 만족감well-being[27]을 투자 수익보다 우선시한다. 투자 수익은 우선 순위에서 두 번째로 밀려나 있다. 따라서 이러한 리스크 중심의 잣대를 적용한다면 표준 액티브 운용은 패시브 인덱스 펀드의 성과를 능가할 수 없다. 부가가치가 없다. 투자자들이 액티브 운용에 대해 잘못된 생각을 가지게 되는 것이 어찌 보면 당연한 일이다.

시장보다 높은 성과를 얻는 데 필요한 핵심 요소들의 우선순위를 잘못 매김으로써 현대 포트폴리오 이론은 스스로 종말의 씨앗을 뿌린 셈이 되었다. 이 이론은 밀짚으로 만들어진 다리 위에 성립되었고 오늘날 투자자들이 돈을 빼가고자 달려들면서 이 다리는 휘청거리고 있다.

우리는 왜 여기까지 왔고 어떻게 이 위험한 사고방식에서 벗어날 수 있을까? 우선 정직하게 과거를 돌아보면서 안정적으로 머니 마인

---

27 저자는 원서에 '리스크 감내도risk tolerance'를 표현할 다른 방법이 없다며 '감정적인 만족감 well-being으로 표기한다고 적었다.

드의 기반 위에 서 있는 이들의 이야기를 듣는 일부터 시작해보자.

현대 포트폴리오 이론의 첫 번째 기둥_투자 리스크

우리가 왜 이렇게 골치아픈 사고방식을 받아들이게 되었는가 하는 문제를 거슬러 올라가다 보면 1927년 8월 24일 시카고에서 태어난 해리 맥스 마코위츠를 만나게 된다. 그는 모든 면에서 착실한 소년이었다. 바이올린을 연주했으며 공부도 열심히 했다. 또 물리학, 수학, 그리고 철학에 관심이 있었고 영국의 철학자인 데이비드 흄을 추앙했으며 〈이해의 작동에 대한 회의적 의심*Skeptical Doubts Concerning the Operations of Understanding*〉이라는 에세이를 가장 좋아했다고 전해진다. 이 에세이에서 데이비드 흄은 '관념의 관계들relations of ideas'과 '사실의 문제들matters of fact'을 구분 짓는다.

마코위츠는 유일하게 지원했던 대학인 시카고대학에서 인문학 학사 학위를 취득한 뒤 경제학 석사 과정을 밟았다. 대학원생 신분으로 그는 자연스럽게 당시 시카고대학교 산하 연구기관이자 1932년 알프레드 코울스에 의해 설립된 코울스 경제 연구소Cowles Commission for Research in Economics 소속이 되었다. 코울스는 과거 여러 투자정보 서비스들을 이용하고 있었지만 이들 가운데 어떤 곳도 1929년 주식시장 붕괴를 예상하지 못했던 현상에 주목했다. 그는 시장을 예측하고자 하는 이들이 실제로 시장의 미래 방향성을 예측해낼 수 있는지 확인해보고 싶었다. 코울스 연구소는 1929년부터 1944년 사이에 발표된

6,904개의 시장 예측 전망을 분석했고 이는 역대 이루어진 연구들 가운데 가장 세부적인 연구로 기록된다. 이 연구에서 코울스는 '주식시장의 미래 방향성을 예측하는 능력이 있다는 증거는 발견할 수 없었다.'라는 절제된 문장으로 결론을 지었다.

1950년대 초, 시카고대학은 경제계 기대주들의 산실과도 같았다. 밀턴 프리드먼, 찰링 코프만스, 제이콥 마샥, 레오나드 새비지 같은 이들이 교수진으로 포진해 있었다. 박사 학위 논문 주제를 정할 시기가 오자, 마코위츠는 당시 코울스 연구소 이사로 활동하던 마샥에게 논문 지도를 부탁한다. 어느 날 오후, 마코위츠는 마샥의 사무실 복도에 앉아 있다 중년 신사 한 명을 만난다. 마코위츠는 그 신사에게 자신을 소개했고 가벼운 대화가 이어졌다. 그 신사는 자신이 주식 브로커라고 밝히며 마코위츠에게 주식시장을 논문 주제로 삼아보면 어떻겠냐는 의견을 제시했다. 마코위츠가 그 아이디어를 지도교수인 마샥에게 말하자 마샥은 이를 적극적으로 반겼다. 그는 알프레드 코울스도 주식시장에 관심이 있는 만큼 좋은 논문이 될 것이라는 조언도 덧붙였다.

제이콥 마샥의 전공 분야는 주식시장이 아닌 경제학이었기 때문에 마코위츠를 경영대학원 학장이자 《저널 오브 파이낸스》의 공동편집장을 맡고 있던 마샬 케첨에게 보냈고 케첨은 마코위츠에게 대학교 도서관에서 존 버 윌리엄스의 《투자가치이론》을 읽어볼 것을 권했다. 독자 여러분은 아마도 눈치챘겠지만 버핏이 기업의 내재가치를 측정하는 데 도움을 얻고자 탐독했던 바로 그 책이다.

마코위츠는 즉각 빠져들었다. 그는 윌리엄스가 이야기하는 주식

가치평가를 위한 순현재가치NPV 모델에 매료되었지만 일견 당혹스럽기도 했다. 마코위츠는 순현재가치를 사용하라는 윌리엄스의 제안이 논리적 관점에서 따져볼 때 투자자들에게 소수의 몇 종목 혹은 딱 한 종목으로만 포트폴리오를 구성하도록 유도한다고 생각했기 때문이다. 여기서 마코위츠는 윌리엄스가 생각하는 리스크가 과연 어떠한 것인지를 생각했다. 마코위츠는 상식적인 투자자라면 분명 한두 종목만 보유할 가능성은 적다고 판단했다. 그 종목에 어떤 일이 일어날지 알 수 없는 불확실성을 고려할 때, 그러한 리스크를 떠안는 것은 어리석은 짓이었다.

또 마코위츠는 윌리엄스가 리스크를 어떻게 통제하는지 관련 내용을 찾아볼 수 없었다. 《투자가치이론》3장에서, 윌리엄스는 벤저민 그레이엄의 안전마진에 대한 개념에 동의한다는 의견을 밝히며 서문에서는 독자들에게 순현재가치보다 낮은 가격에서 살 수 있는 종목들을 선택하고 이보다 높은 가격에서 거래되고 있는 종목들을 피하라고 조언한다. 하지만 이를 제외하고 윌리엄스의 책에서는 리스크 관리에 대한 자세한 설명은 생략되어 있는 것이 사실이다. 그렇다 하더라도 그가 왜 윌리엄스가 분명히 밝힌 바 있는 리스크 관리에 대한 입장을 주목하지 않았는지는 의문이다. 마코위츠는 투자자들이 수익만큼이나 리스크에 관심을 가져야 한다는 강한 신념을 가지고 있었다. 마코위츠가 다른 이들과 논의하여 여러 차례 수정을 거친 뒤, 최종적으로 수립한 이론은 '투자자들의 입장에서 리스크는 온전히 주가 변동성에 관계된 것'이었다. 이러한 '투자 리스크'의 인식은 현대 포트폴리오 이론의 첫 번째 기둥이 된다.

1952년 3월, 당시 박사과정을 밟고 있던 대학원생 해리 마코위츠가 쓴 〈포트폴리오 선택*Portfolio Selection*〉이 《저널 오브 파이낸스》지에 게재됐고 그는 2년 뒤 경제학 박사 학위를 취득했다. 해당 논문은 14페이지 분량으로 학술 저널 기준으로 볼 때 그렇게 길지 않았다. 글 자체로만 따지면 4페이지에 불과했고(나머지 분량은 모두 그래프와 수식들로 채워졌다.) 참고문헌도 J.B 윌리엄스의 《투자가치이론》, J.R 힉스의 《가치와 자본*Value and Capital*》, J.V. 유스펜스키의 《수학적 확률 입문*Introduction to Mathematical Probability*》으로 세 권에 불과한, 그렇게 눈에 띨 바 없는 논문이었다. 마코위츠는 리스크와 수익이 불가분하게 연결되어 있다는 간단한 개념을 말하고자 했기에 그렇게 많은 분량이 필요하지 않았다. 경제학자로서, 그는 수익과 리스크의 관계를 계량화할 수 있고 이를 바탕으로 각각의 수익별 리스크 수준을 계산할 수 있다고 믿었다.

자신의 주장을 입증하기 위해, 마코위츠는 간단하게 기대수익을 세로축으로 하고 리스크를 가로축으로 한 트레이드–오프*trade off* 그래프를 그렸다. 좌측 하단에서 우측 상단으로 깔끔하게 그려지는 이 곡선은 현대 포트폴리오 이론의 핵심인 '효율적 투자 곡선*efficient frontier*'으로 불린다. 이 곡선 위 각각의 점들은 기대 수익과 그에 해당하는 리스크 수준을 나타낸다. 가장 효율적인 포트폴리오는 주어진 리스크에서 가장 높은 수익을 가져다주는 것, 반대로 비효율적인 포트폴리오는 기대 수익의 증가없이 리스크를 증가시키는 것이다. 마코위츠는 비효율적 포트폴리오가 되는 것을 제한하거나 피하면서 투자자의 리스크 감내 수준에 맞는 포트폴리오를 구축하는 것을 투자 목표로 삼아야 한다고 주장했다.

하지만 마코위츠의 설명에서 결정적 착오는 리스크를 측정하는 최선의 방법으로 분산, 즉 가격 변동성을 택했다는 점이다. 마코위츠는 자신의 논문 첫 번째 문단에서 "우리는 '투자자들이 기대 수익을 바람직한 것으로, 수익의 분산을 바람직하지 않은 것으로 여긴다(혹 여겨야 한다).'는 것을 기본 전제로 삼았다."라고 적었다. 또 "이러한 전제는 인간 행동에 대한 격언가설로서 여러 의미 있는 시사점들을 내포하고 있다. 우리는 이 '기대 수익-수익의 분산' 법칙에 따라 투자자의 믿음과 포트폴리오 선택의 관계를 기하학적으로 묘사했다."라고 이야기했다. 마코위츠는 "'수익'과 '리스크'라는 용어는 재무 관련 글들에 자주 등장하지만 언제나 정확한 의미로 사용되는 것은 아니"라는 점을 지적한다. 그는 "만약 '수익yield'이라는 용어를 '기대 수익expected yield' 또는 기대 이익expected return'이라는 용어로, '리스크'는 '수익의 분산'이라는 용어로 교체하면, 보다 정확한 의미가 전달될 것"이라고 한다.

잠시 마코위츠의 논리에 대해 생각해보자. 분산이 높은 자산은 사실상 영구적 손실을 겪을 수도 있다는 어떠한 경제적 설명이나 증거도 없이, '바람직하지 않은 것(가격 변동성에 대한 반감)은 사실상 리스크'라고 가정하는 것은 분명 상당한 비약이자 (25살의 대학원생이 하기에는) 대담한 주장이다. 그리고 그가 벤저민 그레이엄식 투자의 핵심이라고 알려져 있는, 주가 대비 기업 가치에 대해서는 전혀 언급하고 있지 않다는 점도 주목할 필요가 있다. 마코위츠는 그 어디에서도 리스크를 자본 손실과 동일한 개념으로 사용하고 있지 않다. 리스크는 그저 가격 분산과 같은 말로 쓰였다.

마코위츠가 왜 자신의 논문에서 이에 대한 언급을 하지 않았는지 또 지도 교수나 논문 심사 위원 교수들이 왜 당시 주류 교재로 꼽히던 《증권분석》을 참고해보라고 제안하지 않았는지도 의문이다. 그로부터 1년 뒤인 1951년에는 《증권분석》의 3판이 출간됐는데도 말이다. 마코위츠는 벤저민 그레이엄의 《현명한 투자자》도 참고하지 않았다. 이 책은 마코위츠가 논문을 발표하기 2년 전까지만 해도 널리 읽히던, 당시 저명한 투자 서적이었다. 그레이엄은 시세에 의한 단기적 손실과 영구적 자본 손실 간에는 차이가 있다는 점을 강조한 바 있다. 하지만 마코위츠는 이를 구분하지 않았다. 리스크 관리와 관련한 존 버 윌리엄스와 벤저민 그레이엄의 연구와 조언을 무시한 셈이다.

　마코위츠가 주장하는 리스크 이론의 근간은 자산이 가격 측면에서 어떻게 움직이는가에 있다. 그는 기업 가치에 내재된 재무적 리스크에 대한 언급은 없이, 포트폴리오의 리스크는 보유하고 있는 종목들의 가격 분산에 의해서만 결정된다고 말한다. 이후 한 단계씩 논리를 펼쳐갈 때마다 보유하고 있는 주식의 가치를 이해하는 데서 벗어나 오로지 주식의 낮은 가격 변동성에 기반한 포트폴리오 구축에 집중했다. 그러다 보니 투자의 최우선 목표가 기업 포트폴리오라기보다 가격 포트폴리오의 운용인 형국이 돼버렸다.

　애초에 마코위츠는 포트폴리오의 위험도를 단순히 포트폴리오를 구성하고 있는 모든 개별 주식들의 분산을 가중 평균한 것으로 계산했다. 물론 분산이 그 주식의 개별적인 위험도를 측정할 수 있는 척도는 될 수 있겠지만, 두 종목(혹은 100개 종목)의 분산을 평균한다고 해도 두 종목(혹은 100개 종목)으로 이루어진 포트폴리오 전체의 위험에 대해서는 거의 아무런 정보도 제공하지 못한다. 따라서 포트폴리오 전체의 위험도를 측정하기 위해 마코위츠는 포트폴리오 운용에 '공분산covariance' 개념을 도입했다.

공분산은 전체 주식들이 움직이는 방향을 측정한다. 두 종목의 가격이 어떤 이유에서든 같은 방향으로 움직이는 경향을 보이면 두 종목은 공분산 값이 높은 것이고 다른 방향으로 움직이는 두 종목은 공분산 값이 낮다고 말할 수 있다. 마코위츠는 포트폴리오의 리스크가 개별 종목들의 분산값이 아닌 보유 종목들의 공분산이라고 이야기한다. 마코위츠는 종목들이 같은 방향으로 움직이면 움직일수록, 포트폴리오의 위험도는 높아진다고 생각했다. 반대로 포트폴리오의 공분산 값이 낮을수록 보수적인 포트폴리오일 것이라 판단했다.

1959년 마코위츠는 박사 학위 논문을 바탕으로 자신의 첫 번째 책인《포트폴리오 선택: 효율적 분산 투자Portfolio Selection: Efficient Diversification of Investments》를 출간했다. 그로부터 2년 뒤, 윌리엄 샤프라고 하는 젊은 박사 과정 학생 한 명이 당시 랜드 연구소Rand Institute에서 선형 계획법Linear Programming을 연구하고 있던 마코위츠를 찾아왔다. 샤프는 박사 학위 논문 주제를 찾고 있었고 UCLA 대학 지도교수 중 한 명이 마코위츠의 연구를 이어가보면 어떻겠냐고 제안했기 때문이었다. 우리는 앞서 4부에서 샤프와 그가 소개한 자본자산가격결정모델CAPM에 대해서 살펴본 바 있다. 여러분은 아마도 샤프가 기업의 자본비용은 주식 가격의 변동성과 연관성을 가진다고 주장했던 것을 기억할 것이다. 마코위츠는 샤프에게 포트폴리오 이론에 대한 연구 결과를 공유했고 끊임없이 주식 간 공분산을 측정해야 하는 부담에 대해서도 의견을 나눴다. 샤프는 그의 이야기를 경청한 뒤 UCLA로 돌아왔다.

이듬 해인 1963년 샤프의 논문 〈포트폴리오 분석의 단순화 모델 *A Simplified Model of Portfolio Analysis*〉이 완성됐다. 샤프는 자신이 마코위츠의 이론에 근간을 두고 있다는 점을 분명히 인정하면서도 끊임없이 공분산을 계산하지 않아도 되는, 보다 간단한 리스크 측정법을 제안했다.

모든 증권들은 어떠한 근본적 요소base factor와 공통적 특성을 가진다는 것이다. 그 증권의 움직임에 가장 중요한 영향을 미치는 단일 요소가 무엇인지에 따라 어떤 증권은 주식시장이, 어떤 증권은 국내 총생산이, 어떤 증권은 또 다른 가격지수가 근본 요소가 된다. 샤프의 이론을 활용하면 기업 분석가들은 증권과 그 증권의 지배적인 근본 요소와의 관계만 측정을 하면 된다. 마코위츠의 투자 방식을 크게 단순화한 것이다.

샤프에 따르면 주가의 근본 요소, 즉 주가 움직임에 가장 큰 영향을 미치는 단일 요소는 바로 주식시장 그 자체이다. 또 중요하지만 영향력이 다소 적은 요소는 산업군과 해당 주식의 개별적 특성이다. 샤프는 만약 특정 주식의 가격이 시장 전체보다 더 큰 변동성을 보인다면 그 주식이 포함된 포트폴리오 수익률 역시 시장에 비해 더 큰 변동성을 지니게 될 것이고 결과적으로 포트폴리오의 리스크는 높아질 것이라고 이야기한다. 반대로 만약 주식의 가격이 시장보다 변화가 적다면 이 종목을 포트폴리오에 편입할 경우, 포트폴리오의 변동성, 가변성, 위험성은 줄어들게 된다. 샤프에 따르면 전체 포트폴리오의 변동성은 개별 증권들의 변동성을 가중 평균함으로써 쉽게 산출할 수 있다.

샤프의 변동성 측정방식은 베타 계수beta factor라는 명칭이 붙었는

데 베타는 시장 전체와 개별 주식이라는 별도의 두 가격 사이의 상관관계를 의미한다. 시장과 정확히 동일하게 오르고 내리는 주식 가격의 경우 베타 계수가 1.0이다. 주식 가격이 시장 움직임 대비 두 배로 오르거나 내린다면 이 주식의 베타 계수는 2.0이 된다. 주식이 시장 움직임 대비 80%만 움직인다면 베타 계수는 0.8이다. 온전히 이 정보만 활용하여 샤프는 전체 포트폴리오의 가중 평균 베타 계수를 측정해낼 수 있었다. 마코위츠의 가격 분산 이론과 완전히 동일한 맥락으로, 샤프는 베타 계수가 1.0보다 큰 포트폴리오는 시장 전체보다 위험도가 높고 베타 계수가 1.0보다 작은 포트폴리오는 전체 시장보다 위험도가 낮다고 결론지었다.

머니 마인드를 지닌 사람은 마코위츠와 샤프의 이론을 통해 무엇을 얻을 수 있을까? 잠시 과거로 돌아가보자. 1951년 해리 마코위츠가 연구하고 자신의 논문 〈포트폴리오 선택〉을 집필할 때, 워런 버핏은 컬럼비아대학에 등록해 벤저민 그레이엄의 봄학기 투자 세미나 수업을 듣고 있었다. 1963년 윌리엄 샤프가 박사학위 논문을 발표했을 때 워런 버핏은 버핏 합자회사 경영 7년 차를 맞아 눈부신 성과를 기록해가던 참이었다. 당시 마코위츠와 샤프는 모두 주식 가격 변동성이 지니는 위험성을 투자자들이 반드시 피해야 하는 그 어떤 것으로 묘사했다. 하지만 워런 버핏은 그의 스승인 벤저민 그레이엄을 통해서 주식 가격의 변동성을 이용하는 법을 배웠고 이를 합자회사 자산 투자에 적용했다. 마코위츠와 샤프가 변동성으로 정의되는 자신들의 리스크 이론을 구축하고자 애쓰는 시기, 워런 버핏은 이미 다른 방면에서 자신의 입지를 굳게 다져놓은 상태였다.

1974년 버크셔 해서웨이는 워싱턴 포스트의 클래스 B 주식 46만 7,150주를 1062만 8,000달러를 주고 매입했다. 이는 당시 버크셔 해서웨이 입장에서 가장 큰 규모의 주식투자였다. 그리고 그해 말, 주식시장은 대공황 이후 최악이었던, 심각한 하락장을 맞은 탓에 50% 가까이 하락했다. 워싱턴 포스트의 주가도 마찬가지로 하락했다. 하지만 워런 버핏은 변함없이 평정심을 유지했다. 1975년 버크셔 해서웨이의 연례 보고서에서 워런 버핏은 "시장의 출렁거림은 우리에게 매수 기회를 제공한다는 점을 제외하고는 그렇게 중요한 문제가 아닙니다. 우리에게 중요한 것은 기업들의 경제적 성과입니다. 이 기준으로 볼 때, 우리가 현재 상당한 비중으로 투자하고 있는 기업들 전부가 실제적으로 과거보다 나은 성과를 기록했습니다. 우리는 이 사실에 크게 만족하고 있습니다."라고 언급했다. 워싱턴 포스트도 이러한 기업들 가운데 하나였다.

1990년 스탠퍼드 로스쿨 강의에서 워런 버핏은 다음과 같이 자신의 생각에 대해 밝혔다. "1974년 우리는 워싱턴 포스트사가 시장가치 8000만 달러일 때 매입했습니다. 100명의 기업 분석가에게 우리가 매입하던 당시 워싱턴 포스트의 자산가치를 물었다면 아마도 100명 모두 4억 달러로 평가했을 것입니다. 베타 계수나 현대 포트폴리오 이론하에서는, 우리가 워싱턴 포스트사의 시장가치가 4000만 달러일 때 매수했다면 8000만 달러일 때 매수한 것보다 더 위험한 거래를 한 것이 될 수도 있습니다. 워싱턴 포스트의 자산가치가 무려 4억 달러인데도 말입니다. 단순히 변동성이 더 높다는 이유에서이지요. 저는 이런 점들이 선뜻 이해가 가질 않습니다." 워런 버핏이 현대 포트폴리오 이론에 대해 어떻게 생각하고 있는지를 완벽하게 대변해주는 구절이다.

워런 버핏은 주가 하락을 언제나 피해야 할 무언가가 아니라 추가 수익을 벌어들일 수 있는 기회로 인식했다. 그의 방식에 따르면 회사의 내재가치가 측정된 상태에서 주가가 하락한다면 이는 당신의 투자 리스크를 줄여줄 뿐이다. 사업주(이것이 버핏이 주주들을 대하는 방식이다.) 입장에서 볼 때, 학계의 리스크에 대한 정의는 비합리적일만큼 현실에서 동떨어져 있다.

워런 버핏은 다른 방식으로 리스크를 정의하고 있다. 그가 볼 때 리스크는 손해나 손실의 가능성이고 리스크는 지속되는 단기적 주가 변동이 아니라 기업 내재가치에 관련된 요소라고 판단했다. 또 손실은 투자의 미래 수익을 결정하는 '핵심 요인'들을 잘못 판단하는 데서 발생한다고 보았다.

이 '핵심 요인'들을 워런 버핏의 언어로 표현해보자. 첫째, 기업의 장기적 경제성을 어느 정도 확신할 수 있는가? 둘째, 경영진이 기업의 잠재력을 극대화하고 현금흐름을 현명하게 활용할 수 있는 능력이 있다고 어느 정도 확신할 수 있는가? 셋째, 경영진이 사업 성과를 기업 자체보다는 주주들과 나누고자 한다고 어느 정도 확신할 수 있는가? 넷째, 기업의 매수가격은 적정한가?

워런 버핏은 리스크는 불가분하게 투자 기간과 연관되어 있다고 한다. 즉, 만약 당신이 내일 팔 생각으로 오늘 주식을 매수한다면 당신은 위험한 거래를 시작한 것이다. 단기간에 주가가 올라갈지 내려갈지를 예측할 수 있을 확률은 동전의 앞면이 나올지 뒷면이 나올지를 예측하는 확률과 동일하다. 당신이 질 확률은 50%에 이른다. 하지만 워런 버핏은 만약 당신이 투자 기간을 몇 년으로 늘린다면, 그 투자가 위험한 거래가 될 확률은 크게 줄어든다고 한다. 물론 애초에 합리적인 매수를 했다는 가정하에서 말이다.

우리가 리스크 중심의 현대 포트폴리오 이론 그리고 베타 계수에 관련해서 말할 수 있는 최선은 이것들이 단기투자자들에게는 적용 가능하지만 장기투자자 입장에서는 큰 의미가 없다는 것이다. 현대 포트폴리오 이론에서 정의하는 리스크, 즉 주식 가격이 전체 시장 대비 얼마나 오르내리는가는 순자산가치가 1달러 줄어들 때마다 움찔하며 자신들의 포트폴리오를 단기금융계좌로 취급하는 사람들에게나 해당되는 것이다.

그리고 여기에는 선행되어야 하는 질문이 있다. 장기적인 투자 목표와 목적을 가진 투자자들이 굳이 왜 시장의 움직임에 단기적으로 반응해야 하는가? 단기 가격 변동을 최소화하는 방식으로 포트폴리오를 운용할 경우, 장기투자 측면에서는 최상의 결과를 끌어낼 수 없다. 둘째, 보다 심각한 문제는 단기적인 가격 하락에 집착하는 투자자는 자신들의 포트폴리오 가격이 떨어지는 것을 막기 위해 소득도 없이 분주하게 주식을 사고팔면서 결국 투기적 성향을 가지게 될 가능성이 크다. 이에 관련해 워런 버핏은 다음과 같이 간단명료하게 지적한다. "투자자가 가격 변동을 위험의 척도로 잘못 판단하여 이를 두려워하게 되면, 아이러니하게도 그는 더 위험한 투자결정들을 내리게 될 것입니다."

기업 중심 투자자의 입장에서는 안전마진의 규모, 즉 내재가치 대비 얼마나 할인된 가격으로 매입하는가가 리스크 수준을 측정하는 더 나은 기준이 된다. 기업 가치와 주가의 괴리가 클수록, 투자자가 지는 리스크도 더 적어진다.

버핏은 "만약 코카콜라를 오늘 아침에 사서 내일 아침에 파는 거래를 할 예정이고 그 리스크가 어느 정도일지를 제게 물어온다면, 저는 그 거래가 아주 위험하다고밖에 할 수 없습니다."라고 말한다. 그는 1988년, 10년 보유를 생각하고 코카콜라를 매수했을 때 이 거래의 리스크가 0에 가깝다고 판단했다. 마찬가지로, 1974년 약세장에서 워싱턴 포스트사를 매수했을 때 그는 이 종목을 최소 10년 이상 보유할 생각이었던 만큼 리스크가 거의 없는 투자라고 생각했다. 현대 포트폴리오 이론을 믿는 학자들은 1974년 워런 버핏의 워싱턴 포스트 매수 결정이 버크셔 해서웨이 포트폴리오의 리스크를 높였다고 평가했다. 하지만 버크셔 해서웨이가 워싱턴 포스트에 투자했던 1000만 달러는 10년 후인 1985년 2억 달러로 증가해 있었다. 20배 수익을 거둔 것이다.

워런 버핏은 "성공적인 투자를 위해 꼭 베타나 현대 포트폴리오 이론을 이해할 필요는 없습니다. 실제로 당신은 이런 이론들을 아예 모르는 편이 더 나을 수도 있지요. 물론 이런 주제들로 재무과목 커리큘럼을 구성하고 있는 대부분의 경영대학원들은 제 의견에 동의하지 않겠지만 말입니다. 제 생각에 투자를 공부하는 학생들은 두 가지 과정만 잘 배우면 됩니다. 바로 기업의 가치를 평가하는 법, 그리고 시장 가격에 대해 판단하는 법."이라고 했다. 그리고 이것이 바로 머니 마인드의 주춧돌이다.

기업 중심 투자자들은 시장 존에 나타나는 가격 변동성을 주기적으로 찾아오는 기회로 본다. 그 외에 이들은 주가의 분산에 대해서는 거의 또는 아예 신경을 쓰지 않는다. 정리하자면 기업 중심 투자자들은 시시각각 변하는 주가에 집착하지 않는 대신, 그들이 보유한 기업의 경제적 발전 상태에 집중하는 쪽을 선택한다. 기업 중심 투자자들이 시장 존에서 활동하고 있다고 해서 이들이 반드시 현대 포트폴리오 이론을 숭배해야 하는 것은 아니다.

현대 포트폴리오 이론의 두 번째 기둥_분산

현대 포트폴리오 이론의 두 번째 기둥은 포트폴리오 분산이다. 마코위츠는 그의 논문 〈포트폴리오 선택〉에서 그가 기대수익법칙이라고 명명한 존 버 윌리엄스의 순현재가치 법칙을 인정하지 않는 이유에 대해 "분산의 우월성을 포함하고 있지 않기 때문"이라고 이야기한다. 마코위츠는 분명한 어조로 투자자들은 반드시 집중 투자된 포트폴리오를 피해야 한다고 덧붙였다. 잘못된 판단을 할 경우 그 충격을 완화할 수 있다는 점에서 분산된 포트폴리오가 언제나 더 선호된다는 것이다. 하지만 그냥 분산된 포트폴리오로는 불충분하다. "상호 공분산 정도가 높은 종목들에 투자하는 것은 피할 필요가 있다. 우리는 투자하는 산업군을 분산해야 한다. 다른 영역, 특별히 경제적 특성이 다른 기업들의 경우, 같은 산업군에 속한 기업들에 비해 공분산 정도가 더 낮기 때문이다."라는 것이 마코위츠의 설명이다.

요약하자면, 마코위츠는 편입되어 있는 종목들이 음의 공분산 관계에 있다고 전제할 때, 언제든 넓게 분산된 포트폴리오가 집중된 포트폴리오보다 낫다고 확신했다. 분산은 관찰이 가능하고 합리적이라고 주장하는데 "분산의 우월한 기능을 포함하고 있지 않은 투자 조언은 가설로든 격언으로든 피해야 한다."라는 것이 직접적인 자산운용 경험도 없는 한 대학원생으로부터 나온 대담한 발언이었다.

머니 마인드를 갖춘 사람의 관점에서는 이를 어떻게 받아들일까? 당연하게도 워런 버핏은 포트폴리오 분산에 대해 다른 관점을 가지고 있고 현대 포트폴리오 이론과 정반대 입장에 서있었다. 현대 포트폴리오 이론에 따르면, 넓게 분산된 포트폴리오의 가장 큰 혜택은 개별 주식들의 가격 변동성을 낮출 수 있다는 것이다. 하지만 당신이 워런 버핏처럼 가격 변동성에 신경 쓰지 않는 투자자라면, 분산을 완전히 다른 관점에서 바라보게 될 것이다.

워런 버핏은 넓게 분산된 포트폴리오의 맹점을 몇몇 훌륭한 기업들을 보유하는 데서 오는 합리성과 비교해 다음과 같이 명쾌히 설명한다. "만약 제가 투자할 수 있는 기업이, 가령 오마하의 비상장 기업들로 제한된다면, 저는 우선 각 기업들의 장기적 경제성을 분석하고자 노력할 것입니다. 그리고 두 번째로 각 기업들의 운영을 책임지고 있는 경영진들의 자질을 분석하겠지요. 이후 세 번째, 최고의 사업들을 영위하고 있는 기업들을 합리적 가격에 매수하고자 할 것입니다. 분명한 사실은 이 도시에 있는 모든 기업을 동일한 비중으로 보유하지는 않을 거라는 점입니다. 투자 대상이 상장 기업 전체로 더 크게 확장된다고 해서 버크셔 해서웨이의 투자 방침이 달라질 이유는 없습니다."

현대 포트폴리오 이론이 제안하듯 경제적 성과와 상관없이 모든 기업들이 동일한 비중으로 구성된 보통주 포트폴리오를 구성하게 된다면, 수익을 극대화하기보다는 가격 변동성을 낮추는 데 우선순위를 두게 된다. 워런 버핏은 "만약 당신이 기업의 경제성을 이해하고 장기적으로 핵심적 경쟁 우위를 점하고 있는 합리적 가격의 기업 5~10개를 찾아낼 수 있는, 무언가를 아는 투자자라면 전통적인 분산투자는 당신에게 아무런 의미가 없을 것입니다. 이러한 방식은 당신 포트폴리오의 리스크를 높이고 성과를 갉아먹는 결과를 초래할 뿐입니다."라고 말한다.

자, 정리를 해보자. 첫째, 워런 버핏은 리스크가 가격의 변동성과 동일한 개념이라는 생각에 동의하지 않으며 폭넓은 분산이 최적의 포트폴리오 전략이라는 주장에도 분명한 반대 입장을 취한다. "저는 왜 투자자들이 투자자금을 단순하게 최고의 선택지, 즉 자신이 가장 잘 이해하고 있으며 그래서 잠재 수익이 가장 크고 리스크는 적은 기업들에 더 투입하지 않고 스무 번째로 선호하는 기업에 나누어 넣는지 이해하기가 어렵습니다."

그렇다면 워런 버핏의 포트폴리오 운용 전략은 어떤 특징을 가졌을까? 여기에 어떤 이름을 붙일 수 있을까? 워런 버핏은 과거 내게 "로버트, 우리는 몇몇 뛰어난 기업들에 집중할 뿐입니다. 우리는 집중투자자focus investors들이에요."라고 말했었다. 그래서 나는 워런 버핏의 포트폴리오 운용 전략에 대한 책 《워런 버핏 포트폴리오》를 쓸 때, 그 부제를 '집중투자 전략 정복하기'라고 붙였다.

단순히 워런 버핏은 집중투자가 통했고 그렇기 때문에 당신도 그의 투자 방식을 따라야 한다고 말하는 것으로는 부족하다는 판단이 들었다. 나는 실제 시장 데이터가 가설을 뒷받침하는지 확인하기 위해 여러 단계에 걸쳐 심도 깊은 연구를 진행했다. 만약 관심이 있다면 《워런 버핏 포트폴리오》에 연구 과정 전체를 상세하게 담았으니 참고하길 바란다. 그 가운데 이 책에서 우리가 이야기하고자 하는 바에 부합하는 몇몇 부분들만 살펴보겠다.

우선 집중투자되고 회전률이 낮은 포트폴리오는 통상적으로 일정 기간 시장 대비 성과가 나쁠 수도 있다는 점을 기억해야 한다. 주식시장이 지속적으로 각기 다른 주식과 산업들로 중심축을 옮겨가며 역동적으로 움직이기 때문이다. 사실상 단기적 관점에서 볼 때 집중투자자들은 흔히 투자 기간의 1/3이니 그 이상 시장 대비 저조한 성과를 얻기도 한다. 그러나 기억해야 할 핵심, 중요한 것은 내가 몇 번 옳았고 몇 번 틀렸는가가 아닌, 옳았을 때 얼마나 많은 수익을 얻었으며 틀렸을 때 얼마만큼을 잃었는가이다. 빈도 대對 강도의 문제이다.

연구를 진행한 결과, 집중투자된 포트폴리오가 분산투자된 포트폴리오에 비해 수익률에 있어서 최고치는 더 높았고 최저치는 더 낮았다. 즉 집중투자할 경우 분산된 포트폴리오 성과를 하회할 확률이 더 높아지지만 동시에 상회할 확률도 더 높아진다.

종합하면 우리 연구는 포트폴리오에 포함된 종목 수가 줄어들 경우 시장을 이길 확률은 높아진다는 사실을 증명했다. 그 역 또한 참이다. 보유한 종목의 수가 늘어나면 시장 수익률을 하회할 확률도 높아진다. 만약 당신이 포트폴리오에 100개에서 250개 사이의 종목을 보유한다면 당신은 시장 자체와 동일한 수익률을 얻게 된다. 하지만 이는 운용 보수와 매매 비용을 차감하기 전이라는 사실을 기억하라.

물론 집중투자 포트폴리오를 성공적으로 운용하기 위해 필요한 전제조건은 종목 선택이다. 만약 당신이 장기간 시장보다 좋은 성과를 낼 수 있는 종목을 훌륭하게 매수할 수 없다면, 패시브 인덱스 펀드처럼 넓게 분산된 포트폴리오를 보유하는 것이 최선이다. 하지만 만약 내재가치가 성장하고 있음에도 시장에서 제대로 평가받지 못하고 있는 기업들을 선별해낼 수 있다면 집중투자 포트폴리오를 운용하고 활용하는 것이 가장 유리한 투자이다. "분산은 무지에 대한 보호막입니다."라고 워런 버핏은 설명한다. "만약 당신이 시장 수익률을 하회하는 걸 확실하게 막고자 한다면, 종목 전체를 보유하면 됩니다. 여기에는 아무런 문제도 없습니다. 이는 기업 분석에 문외한인 이들의 입장에서는 완벽하게 올바른 투자 방식인 셈이죠." 여러 가지 측면에서 볼 때, 현대 포트폴리오 이론은 지식과 기업 가치 분석에 제약이 있는 투자자들을 보호할 수 있다. 하지만 이러한 보호에는 대가가 따른다. 워런 버핏은 "현대 포트폴리오 이론은 어떻게 하면 평균을 계산하는지를 알려주지요. 하지만 저는 초등학교 5학년만 되어도 평균은 계산할 수 있다고 생각합니다."라고 이야기했다.

—

왜 그렇게 많은 투자자들이 액티브 운용 전략을 포기하는지 충분히 납득이 간다. 사람들은 더 적은 비용으로 더 나은 결과를 얻을 수 있는데도 나쁜 결과를 얻는 데 돈을 지불하는 것에 싫증이 난 것이다.

데이터로 보면 논쟁의 여지가 없다. 상대적으로 비용이 더 적게 드는 패시브 인덱스 펀드들은 지속적으로 대부분의 액티브 펀드들의 수익률을 상회하고 있다. 하지만 패시브 인덱스 펀드들이 반드시 모든 액티브 펀드들보다 성과가 좋은 것은 아니다.

25년 전 나는 집중 포트폴리오에 대한 글을 썼고 오늘날의 학자들도 여기에 동참하고 있다. 비분산 포트폴리오nondiversified portfolio 관련 가장 유명한 이론가로는 K.J. 마틴 크레머스와 안티 페타지스토가 있다. 하지만 이들은 더 이상 '집중투자'라는 말을 사용하지 않고 현재는 '액티브 투자 비중이 높은 투자high active-sharing investing'라는 용어를 사용하고 있다.

2009년, 크레머스와 페타지스토는 모두 예일대 경영대학원 국제재무 센터에 몸담으면서 포트폴리오 운용에 대한 기념비적 논문 〈당신의 펀드 매니저는 얼마나 액티브한가?How Active Is Your Fund Manager?〉를 공동으로 집필했다. 정의부터 살펴보자면 액티브 투자 비중은 포트폴리오가 벤치마크와 어느 정도 다른지를 백분율로 나타낸 수치로, 벤치마크 대비 포트폴리오 내 종목과 비중의 차이를 계산해서 측정한다. 벤치마크 대비 공통된 종목이 하나도 없다면 해당 포트폴리오의 액티브 투자 비중은 100%가 된다. 벤치마크와 종목 및 비중이 완벽하게 일치한다면 액티브 비중은 0%가 된다. 포트폴리오의 액티브 비중이 75%라면 보유하고 있는 종목 가운데 25%는 벤치마크 종목과 일치하고 나머지 75%는 다르다는 이야기가 된다.

크레머스와 페타지스토는 1980년부터 2003년까지 2,650개의 뮤추얼펀드들을 조사했다. 이들은 무엇을 발견했을까? 액티브 비중이

80% 이상으로 높은 펀드들은 세전 성과를 기준으로 벤치마크 지수를 2.0~2.7% 상회했다. 세후로 따지면 1.5~1.6% 수익률이었다. 벤치마크 수준의 수익률을 얻기 위해 적극적인 운용을 하는 데서 유래된, 통상 '클로짓 인덱서closet indexer'라고 불리는 액티브 비중이 낮은 펀드들의 경우, 거래 비용을 제외하고 나면 벤치마크 성과를 상회하지 못하는 결과를 보였다.

액티브 비중이 가장 낮은 펀드들은 벤치마크 성과를 하회한 반면 액티브 비중이 가장 높은 펀드들은 벤치마크 대비 더 높은 성과를 보였다. 오늘날 액티브 비중은 펀드 성과를 예측하는 변수로 여겨진다.

첨언하자면 크레머스와 페타지스토는 포트폴리오 수익과 벤치마크 수익 간 차이의 표준편차값(표준 현대 포트폴리오 이론상 액티브 운용의 측정 척도)을 측정하는 트레킹 에러 변동성은 미래 수익을 예측할 수 있는 지표가 아니라고 지적했다. 포트폴리오의 트레킹 에러가 낮은지 혹은 높은지는 '포트폴리오가 벤치마크와 얼마나 다른가'가 아닌 '포트폴리오가 어떠한 투자 결정들을 내리고 있는가'를 알려줄 뿐이라는 것이다.

후속 연구로, 크레머스는 2016년 럿거스 경영대학원의 앤쿠르 파레크과 함께《저널 오브 파이낸셜 이코노믹스》에〈인내하는 투자가 시장을 이긴다Patient Capital Outperformance〉는 제목의 논문을 게재한다. 이 논문에서 저자들은 액티브 비중이 높고 회전율은 낮은 포트폴리오, 다시 말해 '매수 후 보유'하는 투자자들에 의한, 또 이러한 투자자들을 위한 포트폴리오의 성과를 분석했다. 이들은 "액티브 비중이 높은 포트폴리오, 즉 벤치마크와 보유 종목들이 상당히 다른 포트폴리오들 가운데, (2년 이상 보유하는) 인내 전략을 취했던 포트폴리오들이 평균적으로 벤치마크보다 좋은 성과를 거두었다."라고 분석했다. 중요한 점은 액티브 비중이 높더라도 포트폴리오가 회전율이 높으면 사실상 수익률이 시장을 하회했다는 사실도 발견해냈다는 것이다.

종합하자면 크레머스, 페타지스토, 파렉은 분산도가 높고 매매도 빈번한 방식을 최악의 포트폴리오 전략이라고 이야기한다. 반대로 시장을 이길 수 있는 최고의 운용 전략은 종목을 '매수 후 보유'하는 방식으로 운용되는, 액티브 비중이 높은 포트폴리오를 보유하는 것이다. 이는 버크셔 해서웨이에서 워런 버핏이 포트폴리오를 운용하는 방식과 동일하다.

이러한 증거들을 보면 액티브 비중이 높으면서 회진율은 낮은 포트폴리오 운용 방식이 증가하는 추세일 거라 짐작하기 쉽다. 실제로 크레머스와 파렉은 논문에서 "우리의 연구에 따르면 장기간 인내심을 갖고 액티브 전략에 사용되는 차익거래 자금은 그렇게 많지 않다. 그렇기 때문에 장기적으로 액티브 포트폴리오를 운용하는 매니저들은 미국 시장에서 좋은 성과를 거둘 기회를 잡을 수 있다."라고 주장한다. 그럼에도 현실은 다른 양상을 보인다.

액티브 비중이 높은 포트폴리오 자산은 꾸준하게 줄어들고 있다. 1980년, 전체 펀드 자산 가운데 액티브 포트폴리오 비중은 58%에 육박했지만 2003년 기준 이 숫자는 28%로 줄었고 현재도 계속해서 줄어들고 있다. 크레머스와 페타지스토는 이같은 현상을 벤치마크보다 좋은 성과를 거둔 액티브 포트폴리오들에서도 발견한다.

시장을 이기는 데 도움이 된다고 확인된 투자방식임에도 투자자들이 무관심한 이유는 무엇일까? 크레머스는 2017년 《파이낸셜 애널리스트 저널》에 게재한 〈액티브 투자 비중과 액티브 운용의 세 가지 기둥: 기술, 확신, 기회Active Share and the Three Pillars of Active Management: Skill, Conviction, and Opportunity〉라는 논문에서 이 역설을 풀고자 했다. 크레머스는 기술, 확신, 기회라는 이 세 가지 특성을 플라톤과 아리스토텔레스에 기원을 둔 일련의 추론과정과 연결시켰다. 플라톤과 아리스토텔레스는 "실천적 지혜를 얻기 위해서는 제대로 된 지식right knowledge – (기술)과 올바른 판단good judgement – (확신), 그리고 효과적인 적용effective application – (기회)의 3요소가 필요하다."라고 했다.

따라서 액티브 포트폴리오를 성공적으로 운용하기 위해 필요한 첫 번째 요소는 제대로 된 지식, 즉 장기적으로 내재가치가 상승할 것으로 보이는 (기업, 재무, 그리고 경영 관련) 특성을 지닌 종목들을 선별하는 기술이다. 두 번째 요소는 확신이다. 시장을 이길 종목들을 선별하는 기술을 실행할 수 있는 올바른 판단을 의미한다. 크레머스는 구체적으로 슐라이퍼와 비시니가 제시한 장기 차익거래 전략을 언급했다. 이 둘은 과거 장기투자는 단기투자에 비해 더 높은 수익을 제공한다고 주장했던 인물들이다(4부 참고).

하지만 포트폴리오를 운용하는 입장에서 기술과 확신을 가지는 것만으로는 충분하지 않다. 세 번째 요소, 효과적인 적용 즉 효과적으로 높은 액티브 비중과 낮은 회전율을 실천하는 실제 능력이 없다면 이러한 포트폴리오 투자는 성공할 수 없다. 크레머스는 액티브 비중이 높은 포트폴리오가 운용자산을 늘리기 위해서는 "투자방침을 지속적으로 실행할 수 있도록 충분한 기회가 주어지거나 (최소한) 이를 실제로 방해하는 요소가 없어야 한다."라고 이야기한다.

크레머스는 액티브 비중이 높은 포트폴리오를 제대로 운용할 경우 매니저들이 감당해야 할 리스크가 커질 수 있다는 점도 인정하고 있다. "장기적으로 보았을 때 수익성이 높은 전략은 단기적으로 보았을 때는 시장 수익률을 하회할 가능성이 있기 때문이다." 나는 이를 가능성이라기보다 기정 사실에 가깝다고 표현하고 싶다. 이러한 투자 방침을 실행하는 것은 회사의 안정성이나 포트폴리오 매니저의 고용 상태에 위기를 초래할 수도 있다. 크레머스는 "단기적인 수익률 부진은, 자산을 보유하고 계속해서 장기적인 투자 전략을 추구하는 매니저의 역량을 크게 제한할 수 있다. 투자자가 인내심이 부족한 경우라면 더더욱 그러하다."라고 기술하고 있다. 슐라이퍼와 비시니는 이 문제의 본질에 접근했다. "제한적인 (장기) 차익거래를 추구하는 매니저들은 장기적 관점에서 산정된 가격에 근거해 종목들을 편입한다. 이는 한 차원 높은 확신과 투자자들의 신뢰를 요구하기 때문에 매니저의 입장에서는 위험 부담이 더 클 수밖에 없다.

오늘날 액티브 포트폴리오를 운용하는 매니저들이 직면한 어려움은 투자전략의 실행 자체에 있지 않다. 그보다는 투자자들이 이 투자전략을 신뢰하고 인내할 수 있도록 설득시키고 참여시키는 데 있다. 투자자들의 신뢰와 인내가 확보되면 일종의 상승효과가 나타난다. 투자자들의 신뢰가 기반이 되면 포트폴리오 매니저들은 계속해서 전략을 실행할 추진력을 얻고, 장기 차익거래를 통해 추가 수익을 실현할 수 있다. 결과적으로 투자자들은 액티브 방식의 운용을 통해 기대한 것 이상의 수익을 얻게 된다.

액티브 포트폴리오 운용의 장점을 밝힌 연구들을 추가적으로 제시한다고 해서, 투자자와 매니저 간의 이러한 '신뢰의 간극trust gap'이 극적으로 좁혀지지는 않을 것이다. 이에 관해서는 더 이상 이야기할 바가 많지 않다. 투자자들이 주식 가격이 오르고 내리는 데에는 다른 많은 이유가 있기 때문이라는 사실을 깨닫게 되면 투자자와 포트폴리오 매니저 간 신뢰는 더욱 단단해질 것이다. 또 투자자들은 투자성과를 판단할 더 나은 평가방법을 찾기 시작할 것이다.

—

매년 투자자들은 포트폴리오 매니저들의 성과를 평가하는 시간을 가진다. 연례 보고서에는 각기 다른 전략을 지닌 포트폴리오들의 성과가 벤치마크 대비 퍼센트 수익률로 일목요연하게 정리되어 있다. 벤치마크 대비 나은 성과를 기록한 매니저들은 윗쪽에, 성과가 나쁜 매니저들은 아래쪽에 배치된다. 독자 여러분은 아마도 매니저를 교체하는 일이 매니저의 투자 프로세스와 수익 추구 전략, 결과 및 성과 수익률 비교를 통한, 합리적 판단에 근거해 이루어진다고 생각할 수 있다. 하지만 불행히도 실상은 그렇지 않다.

에모리대학교 재무학 교수인 아미트 고얄과 아리조나 주립대학 재무학 교수 선힐 워할은 1991년부터 2004년까지 1,475개 자산운용사에서 운용하는 6,260개의 포트폴리오를 분석했다. 이들은 담당자들이 포트폴리오 매니저를 채용하고 해고하는 일에 생각보다 간단한 기준을 적용하고 있었다는 사실을 발견했다. 이들은 최근 성과가 벤치마크보다 나빴던 매니저들은 해고했고 성과가 벤치마크 대비 좋았던 매니저들을 계속 고용했다. 이러한 단순한 방식에는 한 가지 치명적 문제가 있었다. 바로 합리적인 결정이 불가능하다는 것이다. 이후 기간들을 살펴보면 해고된 매니저들 가운데 상당수가 자신을 대신해 새롭게 고용된 매니저들보다 더 좋은 성과를 냈다.

성과가 중요하지 않다는 이야기가 아니다. 물론 성과는 중요하지만 매년 승리하는 포트폴리오를 운용해야 한다는 강박은 투자자들의 포트폴리오에 부정적 영향을 미치게 된다. 이러한 집착은 투자자들로 하여금 단기적 성과를 뒤쫓게 만들고 그 결과, 투자자들은 효과가 나타난 전략만 선택하고 효과가 나타나기까지 시간이 걸리는 전략들은 회피하게 된다. 하지만 결과를 만들어내는 과정에 대한 이해가 없으면, 투자자는 과정은 좋지 않지만 우연히 좋은 성과를 거둔 전략을 택하기 쉽다. 이러한 상황을 기술적 용어로는 '횡재dumb luck'라고 한다. 이와는 반대로 좋은 투자 과정에 기반한 전략들도 때로는 성과가 좋지 않은 때가 있다. 이런 경우를 우리는 '불운bad breaks'라고 한다. 전 미 재무부 장관인 로버트 루빈이 이를 다음과 같이 적절히 설명했다. "어떠한 개별적 결정이 나쁜 것으로 판단되더라도 결과적으로 성공적일 수 있다. 반대로 개별적 결정은 아주 뛰어나더라도 결과가 성공적이지 않은 경우도 있다. 하지만 시간이 경과할수록 보다 합리적인 결정 과정은 더 나은 결과를 낳을 것이고, 결과 자체보다 그러한 과정이 얼마나 잘 만들어졌는지를 바탕으로 높이 평가받기도 한다."

투자자가 액티브 투자의 혜택을 누리고자 한다면, 분명 이런 방식으로 진행되는 투자 과정과 그에 상응한 결과들을 이해하고 평가할 수 있어야 한다. 액티브 비중이 높은 포트폴리오들의 단기적 성과는 불안정하다. 하지만 장기 성과는 어느 정도 예측이 가능하다.

단기 성과가 투자를 판단할 충분한 정보가 아니라면, 투자자들은 무엇을 근거로 판단해야 할까? 주식 가격이 아니라면 다른 어떤 정보를 참고해야 할까? 답은 이 책의 4부로 거슬러 올라간다. 워런 버핏이 말한 바 있는, 가격과 상관없이 기업 투자 포트폴리오 성과를 측정하는 '포괄이익'을 참고하는 것이다. 여기가 바로 시장 존에서 머무는 기업 중심 투자자들이 투자 존에서 배운 가르침들을 적용하는 단계이자 머니 마인드의 진가가 발휘되는 지점이다.

이제 문제는 '어떻게 해야 투자자들이 포트폴리오 성과를 측정하는 관점을 바꿀까?'이다. 투자자들은 시장가격 수익률보다 경제적 성과를 기준으로 자신들의 투자 매니저들을 평가해야 한다는 점을 납득할 수 있을까? 문제는 단순히 포괄이익을 인정하는 차원을 넘어서 의미 있는 평가지표로 받아들여야 한다는 데 있다. 어느 누가 자신의 투자가 어떻게 진행되고 있는지 알고 싶어하지 않겠는가? 하지만 이를 위해서는 보다 근본적인, 이미 한참 전에 이루어졌어야 할 사고의 전환이 필요하다. 단기적 주식 가격은 대부분이, 그 자체로 신호이기보다 소음에 가깝다.

이 중요한 이슈를 커뮤니케이션 문제로 생각하면 도움이 된다. 1948년 수학자인 클로드 E. 섀넌이《더 벨 시스템즈 기술 저널》에 〈커뮤니케이션의 수학적 이론*A Mathematical Theory of Communication*〉이라는 획기적인 논문 하나를 발표한다. 이 논문에서 섀넌은 "커뮤니케이션의 근본적인 역할은 한 지점에서 선택된 메시지를 다른 지점에서 정확하게 또는 근접하게 '재생산'하는 데 있다."라고 주장했다. 다시 말해 커뮤니케이션 이론은 상당 부분 정확하고 완전하게 A지점에서 B지점으로 정보를 전달하는 과정을 이야기한다.

커뮤니케이션 시스템은 다섯 가지 부분으로 구성되어 있다. 메시지 또는 일련의 메시지들을 생산하는 '정보 원천information source'. 메시지를 채널을 통해 전송되는 신호로 만들기 위해 조작하는 '송신기transmitter'. 송신기로부터 그 신호를 받아서 수신기에 전달하는 매체, '채널channel'. 최종 '목적지destination'에 도달하기 전 송신기로부터 받은 메시지를 재구성하는 '수신기receiver'.

이 커뮤니케이션 시스템을 투자에 적용해보자. '정보 원천'은 주식시장이다. 주식시장은 계속해서 주식시장에 대한 메시지 또는 일련의 메시지들을 만들어낸다. 이 정보를 송신하는 '송신기' 역할을 하는 것은 기업 분석가, 작가, 리포터, 자문가, 포트폴리오 매니저, TV리포터 등 주식시장에서 일어나는 일에 대한 정보를 전달하는 모든 이들이다. '채널'에는 TV, 라디오, 인터넷, 웹사이트, 신문, 잡지, 저널, 기업 분석가 보고서, 심지어 일상적인 대화들도 포함된다. 이들은 모두 송신자들로부터 정보를 받아 수신자에게 전달한다. '수신기'는 투자자들의 마음이다. 투자자들은 송신자들에 의해 생산되고 채널에 의해 전달되어온 모든 신호들의 의미를 재구성하고 처리한다. 마지막 '목적지'는 투자자들의 포트폴리오이다. 재구성된 정보를 수용해 이를 기반으로 행동을 취한 결과물이다.

처음, 정보 원천으로 돌아가보자. 어떻게 해야 주식시장을 커뮤니케이션 시스템의 시작점으로 가장 잘 구현할 수 있을까? 전 세계 모든 주식시장의 상장 주식 전부를 포함시키는 방식으로 이 시스템을 구성할 수도 있다. 하지만 이는 감당하기 너무 벅찬 범위인 듯하다. 우리는 대상을 미국 주식시장에 상장된 3,761개 종목으로 제한하거나 미국 주식시장 시가 총액의 92%를 차지하는, 러셀 1000지수에 포함된 대형주들만 살펴볼 수도 있다. 하지만 여전히 데이터 범위가 너무 넓다. 다른 어떤 선택지가 있을까?

—

나는 그간 주식시장의 비밀을 밝힐 방법들을 깊이 고민했다. 그리고 많은 생각들은 결국 하나의 생각으로 귀결됐는데 바로 체스게임이다. 체스판은 2인치 크기의 정사각형이 가로 세로 8칸씩, 총 64칸이 그려져 있다. 주식시장의 커뮤니케이션 시스템을 설계하기 위해서, 우리는 가로 세로 정사각형이 각각 1,000개와 3,000개가 그려진 체스판을 만들어볼 수 있다. 가로 1,000개의 정사각형이 의미하는 것은 러셀 1000지수에 포함된 전체 종목이다. 세로 3,000개의 사각형은 각각 주당 가치 1달러를 의미한다. 보다 간단한 설계를 위해 각각의 주식은 소수자리에서 반올림한다. 왜 3,000칸인가? 알파벳이나 아마존, 그 외 주가가 높은 종목들을 포함하기 위해서이다. 버크셔 해서웨이 주식의 경우 클래스 'B' 주식들을 포함시켰다. 우리가 만든 주식시장 체스판의 가로는 55야드로 축구장보다 약간 더 넓으며 세로는 165야드 정도가 된다.

우리는 폰pawns[27]을 가지고 이 체스게임을 하게 될 것이다. 킹이나 퀸, 비숍, 나이트, 룩은 필요없다. 각각의 폰은 1,000주씩을 의미하며 시장의 주요 섹터별로 시가 총액이 큰 것부터 작은 순서로 왼쪽에서 오른쪽으로 차례대로 배치한다. 시작 전 말들은 각각의 주가에 해당하는 칸에 놓인다. 그리고 손가락을 딱하고 튕기면 주식시장이 시작된다. 이 말들은 상대가 가진 매수, 매도 티켓에 따라 위, 아래로 움직인다. 투자자로서 당신이 해야 할 일은 말들은 왜 움직이고 그 움직임은 무엇을 의미하는지 파악하는 것이다. 체스게임이 늘 그러하듯, 당신은 반대편에 누가 앉아있는지와 상관없이 그가 무슨 생각을 하고 있는지 간파해야 하고 그에 맞게 당신의 말을 어디에 두어야 할지 판단해야 한다.

　투자자들은 자신이 보유하고 있는 주식들에 대한 개인적 관점을 기준으로 주가의 움직임을 해석하는 경향이 있다. 가령 어떤 종목의 주가가 올라가면 투자자들은 다른 사람들이 자신의 판단에 동의하고 있다고 생각한다. 반면 주식 가격이 내려가면 대부분의 투자자들은 누군가 자신의 판단에 반대하고 있다고 생각한다. 시장이 갑자기 병적인 매도 혹은 매수세를 보이는 등 걷잡을 수 없는 움직임을 보이는 경우에 한해서만, 투자자들은 그러한 과장된 움직임을 시장의 일시적인 판단 착오 때문이라고 생각하고 개인적으로 받아들이지 않는다. 그 외 대개는 보유한 종목들의 주가가 변화하는 것으로 자신이 옳은지 그른지를 판단할 개인적 근거로 삼는다.

28 　장기에서 졸卒과 같은 역할을 한다.

하지만 우리가 이 거래의 반대편, 즉 체스판의 반대편에 앉아있는 '누군가'가 단순히 나와 반대로 투자하는 이가 아님을 명심해야 한다. 그렇다. 모두 각기 다른 전략을 펼치는 수많은 투자자들이 주식시장을 움직이고 그 결과 투자자는 애초에 자신이 판단했던 것과 무관한 방향으로 체스판 위 주식 말들을 움직인다. 기억하라. 주식의 가치 평가와 아무 상관없는 전략들을 구사하고 있는 사람들 역시 당신이 보유한 그 종목들을 보유하고 있다.

그 가운데 얼마나 많은 전략들이 주식시장에서 동시에 펼쳐지고 있을까? 완벽하다고 볼 수 없지만 아래 목록들이 포함될 가능성이 높다.

- 모멘텀 전략: 미래 수익을 예상하기 위해 주식의 과거 수익률 추세를 연구한다.
- 기술적 전략: 기술적 분석가들은 향후 주식의 변화 추이를 예측하기 위해 매매 데이터의 과거 패턴을 활용한다.
- 자산 배분 전략: 개별 주식들에 베팅하지 않고 자산군들을 구분하고 이를 기준으로 계속해서 자산을 재배분한다.
- 지수화 전략: 종목 집단, 시장 섹터를 반영하는 주식 그룹을 매수해 시장 전반의 수익을 추종한다.
- 헷지 전략: 단기적인 가격 손실을 상쇄하기 위한 리스크 관리 전략으로, 통상 옵션이나 선물과 같은 파생상품 등을 활용해 반대 포지션을 취하는 방식으로 이루어진다. 여기에 현물 시장과의 차익거래가 발생하면서 개별 주식들의 가격이 영향을 받

게 된다. 현재 옵션 거래량이 주식 거래량보다 규모가 크다.

- 세금 절약을 위한 손실 매도 및 증여 전략Tax-loss selling and gifting: 주식의 매도 시 손익통산한 총수익에 부과되는 세금을 줄이고 부의 이전을 세제 효율적인 방식으로 하기 위한 전략. 이 경우, 필요 시 주식을 무차별하게 매도해야 한다.

- ESG 전략: 환경Environmental, 사회Social, 지배구조Government, ESG 기준을 준수하는 주식들을 매수하는 반면, 이를 충족시키지 못하는 주식들은 매도한다.

- 매크로 투자 전략: 투자하려는 국가의 전반적인 경제적, 정치적 전망, 거시경제적 정책에 의거해 주식을 매수하거나 매도한다.

- 고빈도 거래 전략: 정량적이고 알고리즘에 근거한 고속매매로, 몇 초 되는 찰나에 대량 주문을 진행할 수 있다.

- 투기 전략: 다른 개인 투자자들이나 기관들이 어떠한 종목을 사거나 팔 것이라는 믿음을 전제로 주식을 사거나 판다.

위 언급된 전략들은 모두 내재가치와 거의 무관하게 주식 말들을 체스판 위아래로 움직인다. 그렇다면 우리는 주가의 단기적 변동을 누군가 현명하게 가치투자를 했는지에 대한 판단 근거로 삼을 수 있을까? 현재도 많은 투자자들은 여전히 주가 변동이 자신들의 옳고 그름을 판단하는 신호라고 믿고 있다. 하지만 실제로 주가의 단기적 움직임은 신호라기보다 소음에 가깝다. 그리고 커뮤니케이션 시스템에서 소음은 커뮤니케이션 시스템의 효능에 대한 신뢰를 잃게 하고 우리의 인지과정 및 다른 이들과의 상호작용에 심각한 피해를 준다.

클라우드 섀넌은 커뮤니케이션 시스템은 A지점에서 B지점으로 정보를 정확하고 완벽하게 전달하는 기능을 가져야 한다고 했다. 하지만 우리가 배운 바를 생각해볼 때, 장기적 가치투자자들은 단기적 가격 변동이 가치에 대한 제대로 된 메시지를 전달하고 있다고 생각하지 않는다.

에쿼티콤파스 투자 자문EquityCompass Investment Managemeent의 선임 투자 전략가인 리처드 크립스는 이를 명쾌하게 분석했다. 그에 따르면, 고빈도 매매를 포함한 비가치non-value 기반의 단기 전략들은 보유 종목들의 펀더멘털에 대한 판단을 흐리게 하고, 투자자들이 과도한 가격 변동성에 감정적으로 반응하게 함으로써 주가에 엄청난 부담을 준다. 때문에, 단기 수익률을 활용하거나 주가 변동을 투자 성과로 판단하는 주장들은 논리적으로 타당하다고 보기 어렵다.

커뮤니케이션 시스템에서 발생하는 소음을 극복하기 위해 섀넌은 수신자(투자자의 마음)과 목적지(투자자의 포트폴리오) 사이에 '교정 장치'를 마련해둘 것을 권고한다. 이러한 교정 장치는 채널(금융 뉴스 미디어들)에서 온 정보를 취해서 소음을 걸러내고 그 메시지를 재구성해서 가장 필요한 정보가 목적지, 즉 투자자의 포트폴리오로 정확하게 도달할 수 있도록 한다.

섀넌의 교정 시스템은 투자자들이 정보를 어떻게 처리해야 하는지를 잘 보여주는 완벽한 비유이고, 투자자들에게 필요한 교정 장치는 워런 버핏의 포괄이익이다. 기억하라. 포괄이익은 당신이 보유하고 있는 '주식의 가격'이 아니라 기업의 '경제성'에 초점을 맞출 필요가 있다고 강조한다. 버핏이 디자인한 이 교정 장치는 채널을 통해 전달되는 불분명한 신호들은 걸러내고 이것들을 가장 필요한 정보로 재구성한다. 우리는 이러한 일련의 과정을 충분히 통제할 수 있고 이는 우리가 투자 존에서 워런 버핏을 통해 배운 것으로 시장 존에 머무는 동안에도 반드시 붙들어야 하는 조언이다.

현대 포트폴리오 이론의 세 번째 기둥_효율적 시장 가설

하버드대학교에서 공부한 미국 경제학자 피셔 블랙은 로버트 머튼, 마이론 숄즈와 함께 그 유명한 블랙-숄즈 옵션가격모형을 창시한 인물이다. 하지만 개인적으로 그에 관해 가장 인상 깊은 기억은 1986년 그가 미국 재무 학회에서 의장 연설을 했을 때였다. 〈소음〉이라는 짧은 제목의 연설에서, 이 존경받는 석학은 거침없이 동료들의 주장에 이의를 제기했고 가격은 효율적이라는, 당시 정설로 받아들여지던 이론에 도전장을 내밀었다.

블랙은 주식시장에서 들려오는 대부분의 소식들이 합리적 가격형성의 토대가 되는 순수한 정보라기보다 혼란을 초래할 뿐인 소음이라고 판단했다. 그 혼란으로 인해 시장에는 더 큰 소음이 발생한다. 그는 "소음은 우리의 관찰을 불완전하게 만든다."라고 말한다. 블랙은 시스템 내 소음들로 인해 생산자와 소비자가 경제적 판단의 근거로 삼는 가격 정보의 유용성이 떨어진다고 주장한다. 마찬가지로 주식시장의 소음을 감안하면, 가격은 내재가치 판단지표로서도 그 유용성이 떨어진다. 결과적으로 소음은 시장가격은 본질적으로 그리고 지속적으로 효율적이라는 보편화된 생각에 의심을 품게 만든다.

'효율적 시장 이론'으로도 알려져 있는 '효율적 시장 가설'은 현대 포트폴리오 이론을 떠받치고 있는 세 번째 기둥이기도 하다. 경제학자 폴 사무엘슨을 비롯해서 여러 학자들이 효율적 시장에 대해 연구했지만 주식시장 움직임에 대한 종합적 이론을 정립하는 데 가장 큰 공을 세운 것으로 인정받는 인물은 바로 유진 파마이다.

유진 파마는 1939년 보스톤에서 태어나, 몰든 카톨릭 고등학교를 졸업했는데 체육 부문 명예의 전당에 이름이 올라 축구공, 농구공, 야구공에 이름이 새겨지기도 했다. 그는 1960년, 터프스대학교에서 로망스어를 공부했고 차석으로 졸업했다. 이후 대학원 공부를 위해 시카고대학교로 적을 옮겼고, 거기서 MBA학위와 경제 및 재무학 박사학위를 받았다.

유진 파마는 시카고에 도착하자마자 주가 변동을 연구했다. 독서광이었던 그는 당시 발표된 주식시장 움직임 관련 모든 연구자료들을 섭렵했는데 특히 프랑스 수학자였던 브누아 망델브로에게서 큰 영향을 받은 것으로 보인다. 망델브로는 종횡무진하는 연구가였다. 그는 IBM의 토머스 왓슨 리서치 센터에서 35년간 일했고 이후 예일대학교로 소속을 옮겨 75세의 나이에 학교에서 가장 고령인 종신교수가 되었다. 게다가 15개가 넘는 명예학위를 받기도 했다.

망델브로는 프랙탈 기하학(그는 이 용어를 만든 사람이기도 하다.)을 개발했고 이를 물리학, 생물학, 재무학 분야에 적용했다. 프랙탈은 단순화 또는 파편화된 기하학적 모양, 즉 해체된 조각이 각각 원래 모양과 아주 유사한 형태를 띠는 것을 말한다. 눈꽃, 산, 강, 개울, 혈관, 나무, 양치식물, 심지어 브로콜리 등이 프랙탈의 예이다. 참고로 망델브로는 재무에 대해 연구하면서 주식 가격은 너무나 불규칙하게 움직이기 때문에 어떠한 근본적인 또는 통계적인 연구의 주제가 될 수 없을 것이라고 주장했다. 불규칙한 주가 변동은 점차 강화하여 예상할 수 없는, 대규모 변화를 일으키는 양상마저 띠었다.

해리 마코위츠와 윌리엄 샤프처럼, 유진 파마는 학계의 신입생격이자 논문 주제를 찾고 있는 대학원생에 불과했다. 주식시장 투자자, 기업 소유주도 아니었다. 마코위츠와 샤프처럼, 파마는 머리끝부터 발끝까지 학자였음에도 그의 박사학위 논문 〈주가의 행태 *The Behavior of Stock Prices*〉는 금융업계의 관심을 사로잡았다. 이 논문은 1963년 《비즈니스 저널》에 발표되었고 이후 《파이낸셜 애널리스트 저널》과 《인스티튜셔널 인베스터》에 일부 발췌돼 게재됐다.

파마의 메시지는 아주 분명했다. 주식시장이 너무도 효율적이기 때문에 주식가격은 예측할 수 없다는 것이다. 그의 이론에 따르면 효율적 시장은 필연적으로 항시 공개된 모든 정보가 주가에 반영되고 주식이 정확히 적정가격에 거래되는 곳이다. 효율적 주식시장에서는 시장 정보가 공개되자마자 수많은 영리한 사람들(파마는 이들을 '합리적인 최대이익 추구자rational profit maximizers'라고 불렀다.)이 공격적으로 이 정보들을 이용하고 결국 누군가 이익을 취하기 전에 주가는 즉시 조정되어 버린다. 따라서 효율적 시장에서는 주가가 너무 빨리 조정되는 탓에 미래에 대한 예측이 불가능하다.

1970년 5월, 파마는 〈효율적 자본 시장: 이론 및 실증적 연구에 대한 개요*Efficient Capital Markets: A Review of Theory and Empirical Work*〉라는 논문을 발표한다. 이 논문에서 그는 시장의 효율성이 강형, 준강형, 약형 세 가지 유형이 있다고 이야기한다. 강형은 공개된 정보와 공개되지 않은 사적인 정보 모두가 현재 주가에 완벽하게 반영된 상태를 말한다. 준강형은 공개된 정보는 즉시 주가에 반영되는 반면 공개되지 않은 정보는 투자자들에게 시장 수익 이상을 얻을 수 있는 기회를 제공한다. 약형은 현재의 주가가 과거의 모든 가격정보를 반영하고 있기 때문에 어떤 형태의 기술적 분석도 투자자들의 판단에 도움을 줄 수 없는 경우를 의미한다.

그러나 시장의 효율성 중 약형을 주장하는 이들 중 일부는 파마가 어떠한 여지를 남겨두었다고 주장한다. 이들은 합리적인 펀더멘털 분석과 연구가 이루어진다면 투자자들이 어떤 종목들이 고평가되었고 어떤 종목들이 저평가되었는지 알 수 있을 것이라고 이야기한다. 이들은 대중에게 쉽게 공개되지 않는 정보를 이용하여 투자자들이 시장을 이길 수 있다고 믿는다. 이는 잭 트레이너가 말한 '전파가 느린 투자 아이디어', 즉 충분히 숙고하고 분별하고 전문적으로 평가하면서 평균 이상의 수익을 얻게 해줄 아이디어와 궤를 같이한다.

머니 마인드를 지닌 사람은 시장 효율성의 세 가지 형태, 즉 효율적 시장 이론 전체에 대해 어떻게 생각하고 있을까? 이 질문에 대한 답변은 그렇게 어렵지 않다.

1988년 버크셔 해서웨이 연례 보고서에 워런 버핏은 "이 이론(효율적 시장 이론)이 대유행하고 있습니다. 실제 1970년대 학계에서는 거의 성서처럼 취급되었죠. 이 이론이 본질적으로 말하고 있는 것은 대중에게 공개된 모든 주식 정보들은 적절하게 해당 주식의 가격에 반영되기 때문에 주식 분석은 쓸모없는 일이라는 것입니다. 다른 말로 하면 시장은 언제나 모든 것을 알고 있다는 것이죠. 당연한 이야기이겠지만 효율적 시장 이론을 가르치는 교수들은 주식 시세표에 그냥 다트를 던지더라도 가장 똑똑하고 가장 열심히 일하는 증권분석가가 골라낸 종목에 버금가는 전망 좋은 종목들을 골라낼 수 있다고 이야기합니다."라고 적었다.

여기에 이어, 버핏은 주주들에게 버핏 합자회사와 버크셔 해서웨이의 투자 성과와 더불어 1926년~1956년 사이 그레이엄-뉴먼이 거두었던 투자 성과를 상기시켰다. 우리는 여기에 '그레이엄과 도드 마을에 사는 위대한 투자자들'이 보여주었던 뛰어난 투자 성과와《워런 버핏 포트폴리오》에 소개된 '버핏 마을에 사는 슈퍼 투자자들'의 과거 성과들도 덧붙일 수 있다. 마지막으로 크레머스, 페타지스토, 파렉의 학문적 연구들도 같은 목소리를 내고 있다. 이외에도 가치투자 원칙에 따라 종목을 선택한 투자자들 그리고 회전율은 낮고 집중된 포트폴리오를 운용한 여러 투자자들은 지난 몇십 년간 뛰어난 성과들을 보여왔다. 이에 대한 예시들은 얼마든지 더 찾을 수 있다.

효율적 시장 가설 지지자들은 시장이 실제로 효율적이지 않다면, 더 많은 투자자들이 시장보다 좋은 성과를 거두었을 것이라고 이야기한다. 하지만 이들은 왜 대부분의 투자자들이 시장을 이기지 못하는지 그 이유에 대해 제대로 생각하지 않았다. 그것은 시장이 효율적이지 않기 때문이 아니라 대부분 투자 전략이 잘못되어 있기 때문이다.

만약 효율적 시장 가설이 유효하다면, 우연을 제외하고는 특정 사람이나 집단이 시장보다 좋은 성과를 거둘 가능성이 없다. 같은 사람이나 집단이 계속해서 시장을 이길 확률은 확실히 제로이다. 하지만 앞서 언급한 이들을 포함해 워런 버핏의 투자 성과 자체가 실제 이같은 일이 가능하다는, 부인할 수 없는 증거가 된다. 이를 효율적 시장 가설로 어떻게 설명할 수 있을까?

워런 버핏은 효율적 시장 가설에서 핵심적 문제 하나를 발견했다. 이 이론에는 가능한 한 모든 정보를 분석하고 이로써 경쟁 우위를 점하는 투자자들의 존재를 부정하고 있다는 것이다. 워런 버핏은 "시장은 '종종' 효율적인 것이 분명한데도, 효율적 시장 지지자들은 계속해서 시장이 '항상' 효율적이라고 잘못된 결론을 내고 있습니다. '종종'과 '항상'은 하늘과 땅처럼 현저하게 다른 의미를 지닙니다."라고 설명한다.

참고로 미국의 경제학자이자 효율적 시장 가설의 초기 지지자였던 폴 사무엘슨도 버크셔 해서웨이의 초창기 투자자였다. 《월스트리트 저널》에 게재된 〈회의론적 관점에서, 시장을 이기는 투자에 대한 조언From a Skeptic, a Lesson on Beating the Market〉이라는 칼럼에서, 제이슨 츠바이크는 사무엘슨이 1970년 주당 44달러 가격으로 버크셔 해서웨이에 투자했고 그해 노벨상을 수상했다는 사실을 언급했다. 사무엘슨은 컬럼비아 비즈니스 스쿨에서 벤저민 그레이엄과 함께 공부했던 개인 투자자 콘라드 태프를 통해 버핏과 해서웨이를 알게 되었다. 태프는 워런 버핏의 투자 성과에 대해 자랑했지만 사무엘슨은 그보다 버크셔 해서웨이가 당시 배당을 지급하지 않았으므로 세금 없이 자금을 불려나갈 수 있다는 생각에 크게 매료됐던 것으로 보인다.

하지만 츠바이크는 "오랜 기간 펀드 매니저들의 역할에 대한 무용론을 펴온 사무엘슨 교수는 자신의 신념을 뒤흔드는 어떤 일이 생겼음을 직감했다. 그는 곧 버크셔 해서웨이 주식들을 사들이기 시작했고 여러 해에 걸쳐 계속 추가 매수했다."라고 밝혔다. 폴 사무엘슨의 아들에 따르면, 사무엘슨은 버크셔 해서웨이의 주식들을 그의 자녀들과 손주들에게 물려주었고 여러 자선 단체들에 기부했다. 만약 그가 버크셔 해서웨이의 주식들을 그대로 보유하고 있었다면 그 가치가 1억 달러가 넘었을 것으로 예상된다. 이에 워런 버핏은 "사무엘슨 교수는 저와 같은 생각을 한 것으로 보입니다. 시장은 효율적이지만 완전히 효율적인 것은 아니죠."라고 이야기했다.

모든 것을 바꾸어버린 경제 재난

1950~1960년대 마코위츠, 샤프, 그리고 파마의 주장을 집대성한 현대 포트폴리오 이론은 이론가들과 학술 저널의 관심을 사로잡았지만 월스트리트에서는 어느 누구도 반응을 보이지 않았다. 그러나 1974년 10월, 대공황 이후 최악의 하락장을 겪으면서 모든 것이 달라졌다.

명실공히 1973년~1974년 하락장은 주식시장을 지탱해오던 오랜 토대이자 근본에 대한 믿음을 무너뜨렸다. 당시의 경제적 피해는 털어내기에 너무나 깊고 컸다. 1960년대 후반 니프티 피프티를 주창하며 명성을 얻었던 유명 포트폴리오 매니저들은 자신들의 포트폴리오를 잔해로 남긴 채 사라져버렸다. 오랜 기간 지속된 무분별한 투기는 심각한 상처를 남겼다.

피터 번스타인은 "피해 입지 않은 이를 찾아볼 수가 없었다."라고 당시를 회상했다. 그는 수십억 달러 규모의 개인 및 기관 자금을 운용하던 자산관리회사 번스타인 맥컬레이Bernstein-Macualay의 대표였다. 번스타인에 따르면 근로자들의 연금자산 가치는 스스로도 믿지 않을 만큼 줄어들었고 많은 이들이 그 돈으로 노후를 영위할 수 있을지 불안에 떨어야만 했다고 한다. 금융시장 전반에 퍼진 이 재난은 전문가들이 고객들의 돈을 운용하는 방식을 바꾸도록 촉구하기에 이른다.

번스타인은 "1974년 약세 국면을 겪으면서 나는 투자 자산을 운용하는 더 나은 방법이 있을 것이라고 확신했다."라고 이야기한다. 그는 "학자들이 세워놓은 이론을 외면할 수도 있었다. 하지만 대학에서 하는 이야기들은 '대부분 쓸데없는 것들'이라는 동료들의 의견에 동조하기에는 여전히 학계에서 얻을 것들이 너무도 많았다."라고 덧붙였다. 얼마 지나지 않아 피터 번스타인은《저널 오브 포트폴리오 매니지먼트》를 창간하게 된다.

그는 "내 목표는 사람들과 대학 사이에 다리를 놓는 것이었다. 학자들과 금융업계 사람들이 서로를 이해하고 그로 인해 서로 충분히 도움을 주고받을 수 있도록, 두 집단 사이의 소통을 촉진하고 싶었다."라고 했다.

이에 따라 역사상 처음으로 금융 시장의 운명이 월스트리트와 심지어 기업 소유주들의 손을 벗어나게 되었다. 1970년대 후반에서 1980년 초반까지 금융 시장은 대학 교수 무리들이 좌지우지하는 형국이 되었다. 그들은 자신들의 상아탑에서 벗어나 현대 금융의 새로운 대사제의 자리에 올라섰다.

학계와 현장 간 소통을 높이려는 번스타인의 의도는 선한 것이었지만, 이 두 집단은 여전히 서로 다른 언어를 사용하고 있었다. 현대 포트폴리오 이론은 학자들, 즉 주식시장 변동성은 반드시 물리쳐야 하는 것으로 치부하는 주식시장 외부 관찰자들에 의해 정립되었다. 포트폴리오 운용과 그에 따른 투자 수익 등 변동성을 제외한 모든 주제는 부차적인 것으로 취급됐다. 반면 기업 중심 투자자들은 내부자들, 회사를 보유하고 있거나 최소한 주식을 기업 소유권이라고 생각하는 시장 참여자들이다. 이들의 목표는 시장의 변동성을 정복하는 것이 아니라 이보다 한발 앞서 움직여 투자 수익을 높이는 것이다. 기업 중심 투자는 현대 포트폴리오 이론과 철학적 측면에서 분명 정반대 입장에 서있다.

하지만 기업 중심 투자는 몰아내야 할 적과 같은 존재가 아니다. 1973~1974년 약세장은 기업 중심 투자자들에 의해 초래된 것이 아니다. 그 사태는 투자자로 변장한 투기꾼들에 의해 일어난 것이었다. '니프티 피프티' 주식들의 성과에 열광하면서도, 이 투기꾼들은 자신들이 지불한 가격의 대가로 본인이 얻는 가치가 무엇인지 전혀 인식하지 않았다. "당신이 '가치'라고 말을 할 때 '가격' 외에 다른 의미가 포함되어 있다면 당신은 이를 반드시 설명할 수 있어야 한다."라는 말이 있다. 하지만 1974년 주식시장을 날려버렸던 투기꾼들은 가치투자가 지니는 메시지에 전혀 관심이 없었다. 이를 이해하려고 하는 시도조차 하지 않았다.

　　　　　　　　　제5부 왜 버핏의 방식을 따라하지 않는가

시장 관찰자들은 가치투자 집단이 이러한 부주의한 투기꾼들을 자제시키고 주식시장을 다시 정상으로 돌려놓는 데 힘을 쏟을 것이라고 생각했다. 하지만 가치투자 집단의 수는 많지 않았고 이들의 관심은 다른 곳을 향했다. 이러한 상황이 되자 자연스럽게 현대 금융의 대사제들이 무대 중앙에 서게 되었다. 피터 번스타인이 현대 포트폴리오 이론을 주제로 한 영양가 없는 연구들이 지나치게 많다고 했을 때, 나는 그가 아직 현대 포트폴리오 이론이 학계에 얼마나 깊게 또 넓게 전파되어 있는지 그 실상을 제대로 파악하지 못하고 있다고 생각했다. 시카고대학을 포함한 주요 대학의 논문 심사 위원회들은 매년 새로운 제자(박사)들을 임명하고 이 제자들은 다시 새 추기경이 되어 더 많은 제자들을 끌어모은다. 박사학위 논문 주제는 현대 포트폴리오 이론을 중심으로 선정되었고 그 결과 점점 더 많은 전문 저널들에서 동일한 메시지들을 쏟아내게 되었다.

현대 포트폴리오 이론 관련 연구가 급증하면서 월스트리트를 휩쓸었고, 때마침 시장 상황이 이에 유리하게 흘러갔다. 1973~1974년 약세장의 상흔이 가라앉자, 18년 가까이 이어진 유례없던 강세장이 시작된 것이다. 언제나 그러하듯 충분한 시간이 지나자 투자자들은 다시 무리지어 주식시장으로 돌아왔다. 번스타인에 따르면 1980년대 미국증권거래위원회에 등록된 새 투자자문과 뮤추얼펀드의 수는 각각 세 배, 그리고 네 배로 늘었다고 한다.

모든 것을 새롭게 시작했다. 투자 목적을 재정립했고 리스크 감내도 관련 질문지들을 만들었다. 질문 가운데 절반 이상이 투자자들에게, 주가 변동을 어떻게 느끼는가 묻는 것이었다. 리스크 혐오도가 높을수록 더 보수적인 포트폴리오가 제시됐다. 투자 전략이 세워졌고 성과 기준에 대한 합의가 성립됐으며 자문가와 고객이 상호 서명한 계약서로 이에 대한 공식적 승인이 이루어졌다.

수십억 달러가 주식시장으로 쏟아져 들어왔다. 1989년 거의 100개에 가까운 투자회사에서 평균적으로 100억 달러가 넘는 자산을 운용했다. 기관자금 총 5조 달러가 주식과 채권에 투자된 가운데, 상위 10위 자산운용사들은 8000억 달러가 넘는 자산을 보유했다. 투자 회사들이 빠르게 생겨나기 시작했고 현대 포트폴리오 이론은 자산운용 업계를 빠르게 장악해나갔다. 처음엔 조용히 그리고 나중엔 폭발적으로, 거대한 세력이 탄생했다. 그리고 이 세력은 낮은 가격 변동성과 넓게 분산된 포트폴리오, 그리고 보수적 수익을 설파했다. 그리고 대부분의 사람들이 무슨 일이 벌어지고 있는지 제대로 이해하기 전에, 현대 포트폴리오 이론은 투자 업계의 표준으로 자리 잡았다. 그렇게 투자 업계는 오늘날까지도 이를 투자 운용의 표준으로 삼고 있다.

지배적 패러다임은 깨기가 몹시도 어렵다

찰리 멍거가 왜 버크셔 해서웨이의 투자 모델이 널리 모방되지 않고 투자 운용 업계의 표준이 되지 않았는지 모르겠다는 의문을 제기했을 때, 그는 토머스 쿤의 책에 설명된 '새로운 생각들challenges'을 언급하고 싶었을 것이다. 1962년 출간된 《과학 혁명의 구조》는 20세기 후반 철학적으로 큰 영향력을 끼친 작품 가운데 하나로 평가받는 책이다. 이 책은 패러다임이라고 하는 개념과, 현재는 친숙해진 '패러다임의 전환paradigm shift'라는 용어를 소개하고 있다.

토머스 쿤의 학문적 관심은 물리학에서부터 시작되었다. 그는 하버드대학교를 최우수 성적으로 졸업했고 졸업과 동시에 하버드대학원 물리학 석·박사 과정을 시작한다. '양자 역학의 고체 물리학에의 응용'이 그의 연구 분야였다. 그는 권위를 인정받는 하버드 명예 교우회 정식 회원으로 선출되기도 하였다. 이후 당시 하버드대학교 총장이었던 제임스 B. 콘턴트가 설계한 일반 과학 과정 커리큘럼을 맡아 학부 인문계 학생들을 가르쳤다. 이 과목을 가르치면서 토머스 쿤은 과학의 역사에 집중하게 되었는데 특히 과학 혁명의 역사적 사례들을 심층적으로 연구하게 된다.

토머스 쿤은 자신의 기념비적인 책에서, 과학적 진보가 일련의 검증된 사실과 이론을 통해 한 단계씩 순차적으로 이루어진다는 전통적 관점에 반기를 들었다. 흔히 과학적 발견이 이미 구축된 견고한 건물 위에 지적 벽돌들을 얹는 과정이라고 생각하기 쉽지만 과학적 진보는 종종 위기에 의해, 기존의 모델이나 패러다임의 지적인 토대가 순식간에 해체되고 이것이 완전히 새로운 모델로 재탄생하면서 나타나기도 한다고 주장하였다. 토머슨 쿤은 오직 혁명에 의해서만 진보가 이루어지는 시기가 존재한다고 보았다.

그의 설명에 따르면 '정상 과학' 상황하에서는 퍼즐들이 지배적인 패러다임의 맥락 안에서 맞춰진다. 패러다임에 대한 일반적인 합의가 이루어져 있는 한, 정상 과학은 건재할 것이다. 하지만 예외적 상황이 출현하면 그때는 무슨 일이 벌어질 것인가?

"저는 항상 '예외적anomaly'이라는 단어가 흥미롭다고 생각해왔습니다."라고 워런 버핏은 이야기한다. "콜롬버스도 적어도 과거에는 예외적 존재였다고 생각합니다. '예외'란 학자들이 설명할 수 없는 그 어떤 것입니다. 그리고 학자들은 자신들의 이론을 재검토하기보다는 그러한 예외적 현상들을 뒷받침하는 증거를 폐기해버리는 쪽을 택합니다." 현대 재무학의 대사제들 역시 오랜 기간 액티브 비중이 높고 회전율은 낮게 운영해온 가치투자자들을 예외적 현상이라고 매도하며 외면해왔다.

토머스 쿤에 따르면 관찰된 현상이 기존의 지배적이던 패러다임으로 적절히 설명되지 않을 때 새로운 경쟁적 패러다임이 탄생한다. 기존 모델이 새로운 현상을 효율적으로 설명할 수 없게 되면 과학자들은 새로운 가설 수립에 나선다. 구 패러다임에서 신 패러다임으로의 전환이 진리를 추구하는 집합적 존재에 의해 평화적으로 이루어질 것으로 생각할 수도 있겠지만, 토머스 쿤은 정확히 그 반대 상황이 펼쳐진다고 이야기한다. 그래서 '혁명'이라는 단어를 사용했다.

지배적 패러다임을 지지하는 사람들은 새로운 대안을 맞닥뜨리게 되었을 때 두 가지 갈림길에 서게 된다. 오랜 기간 지녀온 믿음을 버리고 평생 유지해온 지적이고 전문적인 투자와 결별하거나, 새로운 패러다임에 맞서 싸우는 것이다. 후자의 경우 '패러다임 충돌'이라는 말로 잘 알려져 있고 이 충돌이 진행되는 방식은 간단하다. 우선 구 패러다임을 옹호하는 자들은 어떠한 방식으로든 새로운 패러다임의 논리를 공격하기 위해 애쓴다. 다음으로 새로운 환경에 더 잘 들어맞도록 지배적이던 과거 패러다임을 수정하기 시작한다. 파마가 시장 효율성의 세 가지 형식을 새롭게 제시하면서 기존 효율적 시장 가설은 고수했던 것이 완벽한 예시이다.

패러다임이 충돌하면 과학 집단은 두 부류로 나뉜다. 기업 중심 투자자들이 기존의 투자 방식에서 갈라진 것처럼 말이다. 다른 그룹(버크셔 해서웨이식 투자를 하는 이들)은 새로운 패러다임을 구축하려고 하는 반면, 더 오래된 기존 그룹은 기본 패러다임(현대 포트폴리오 이론)을 사수하고자 한다. '기업 중심 투자'는 (워런 버핏에 의해 50년 가까이 실행되어 온 바 있기에) 새로운 패러다임이라기보다 현대 포트폴리오 이론이 제시하는 비효율적 투자 방식의 대안적 패러다임이다. 즉 기업 중심 투자가 자리 잡게 하려는 새로운 의지의 발현에 가깝다. 토머스 쿤은 패러다임 충돌이 일어나면 양극화가 발생하고 정치적 타협은 불가해진다고 설명한다.

패러다임 충돌이 일어날 때는 통상 강렬한 지적 전투는 불가피하다. 하지만 다른 방식으로 문제를 해결할 수 있는 절묘한 해법이 존재하는데, 바로 시간이다. 독일의 이론 물리학자이자 노벨상 수상자인 막스 플랭크는 "새로운 과학적 진실은 반대편을 설득해 그들이 진리를 깨닫게 했을 때 승리하는 것이 아니다. 반대편이 모두 죽어 사라지고 새로운 진리에 친숙한 새로운 세대가 성장하면서 궁극적으로 승리한다."라고 했다. 플랭크를 인용하기를 좋아하는 찰리 멍거는 이를 다음과 같이 표현했다. "한 번의 장례식이 있을 때마다 한 걸음씩 진보가 이루어집니다."

패러다임의 전환은 몇십 년에 걸쳐 여러 세대를 아우르며 이루어진다. 이를 통해 새로운 지지자들에게 메시지를 전할 수 있는 충분한 시간이 주어진다. 기존 패러다임이 전반적으로 길을 잃었다는 사실을 더 이상 부인할 수 없는 시기가 오면, 새로운 패러다임을 지지하는 이들의 저지할 수 없는 힘이 수면 위로 떠오르게 된다. 우리가 하는 이야기에 적용해보면 새로운 패러다임 지지자들은 기업 중심 투자자 집단이 될 것이다.

그럼에도 경영대학원에서는 여전히 현대 포트폴리오 이론과 효율적 시장 가설을 종교처럼 가르치고 있고 이런 상황은 버핏의 투자를 유리하게 만들고 있다. "효율적 시장 이론을 그대로 받아들인 학생들과 순진무구한 투자 전문가들 덕분에 우리와 그레이엄식 투자를 지향하는 이들은 아주 큰 혜택을 보았습니다."라고 버핏 풍자적으로 말했다. 그는 "재무적, 심리적 혹은 육체적인 어떤 유형의 시합에서건, 상대가 '아무리 노력해도 이길 수 없다.'라는 생각을 가지고 있다면 이는 우리에게 엄청나게 유리한 게임인 셈입니다. 이기적으로 생각해볼 때 우리는 이 효율적 시장 이론을 계속해서 가르치도록 석좌교수 자리라도 하나 마련해주어야 할지도 모르겠습니다."라고 덧붙였다.

그렇다 하더라도 패러다임의 전환이 완전히 이루어질 때까지 '기업 중심 투자자들이 어떻게 이 적대적인 세상에서 살아남을 수 있는가?'라는 큰 문제가 남는다. 현대 포트폴리오 이론이 지닌 모든 약점들이 장기간 노출되었기 때문에 자산운용업계를 옥죄어온 영향력도 어느 정도 느슨해졌을 것이라고 생각할 수 있다. 하지만 애석하게도 더 많은 시간이 필요해 보인다. 그때까지 기업 중심 투자를 하는 이들은 다른 세상에서의 삶에 적응해야 할 것이다.

이를 돕기 위해 두 투자 패러다임의 기본 법칙들을 비교하며 주요 차이점들을 살펴보도록 하자. '표준 방식 투자'는 현대 포트폴리오 이론을 운용 원칙으로 삼고 있다. 이 투자 방식에서 분산(가격 변동성)은 전지전능한 존재이다. 따라서 장기적 목표 설정에서부터 포트폴리오 운용에 이르기까지, 모든 투자들은 개인이 주가의 부침을 감정적으로 어느 정도까지 감내할 수 있는가를 기준으로 결정된다. 가격 변동성을 계속해서 목표치 내로 유지하는 과정에서 회전율(매도와 매수의 발생 정도)은 높아지는 한편 수익의 변동성을 최소화하기 위해 포트폴리오는 넓게 분산된다. 계속해서 단기적 주가 상승을 통한 수익을 추구하다 보면 포트폴리오 회전율은 높아질 수밖에 없다. 결국 표준방식의 투자에 있어서 승부수는 단기 차익거래가 된다.

'기업 중심 투자'의 운용 원칙이 되는 것은 종목들, 즉 당신이 보유하고 있는 기업들의 경제적 성과이다. 복리로 불어나는 내재가치의 장기적 성장은 절대적인 힘을 가진다. 주가의 변동성이나 수익의 분산은 차후의 문제이다. 기업 중심으로 운용되는 포트폴리오는 경제적 복리효과를 누리기 위해 집중투자되고 액티브 비중이 높으며 회전율이 낮다. 주가의 단기적 상승은 투자가 잘 진행되고 있는가를 판단하는 유의미한 지표가 되지 못한다. 이를 대신해 기업 중심 투자자들은 장기적 경제 성과, 즉 기업들의 포괄이익에 더 큰 가치를 부여한다. 이들은 자주 "단기적으로 보았을 때 시장은 인기 투표 집계기처럼 보이지만, 장기적으로 봤을 때 시장은 결국 가치를 재는 저울에 가깝다."라는 벤저민 그레이엄의 말을 인용한다.

표준 방식의 투자자들은 계속해서 '투표' 결과를 쫓느라 바쁜 반면, 기업 중심의 투자자들은 불안이 덜하다. 대신 이들은 자신들이 보유하고 있는 종목들의 경제적 가치의 '무게'를 계속해서 신중하게 살핀다. 이들은 저울의 바늘이 궁극적으로 어느 정도 수치에서 멈출지 잘 파악하고 있다. 기업 중심 투자자들의 승부를 판가름하는 것은 장기 차익거래이다.

기업 중심 투자자들이 가지는 결정적으로 중요한, 마지막 이점은 스스로 투자와 투기의 차이를 아주 분명하게 이해하고 있다는 데 있다. 이들은 최고의 스승을 통해 이에 대한 가르침을 얻었다.

• 벤저민 그레이엄은 한평생을 투자와 투자 관련 글을 쓰는 데 바쳤다. 특히 투자 교과서로 불리는《증권분석》1부의 4장 〈투자와 투기의 구분〉과《현명한 투자자》의 1장 〈투자와 투기: 현명한 투자자들이 기대하는 수익률〉에 그가 하고자 하는 이야기들이 잘 정리되어 있다. 그는 투자자들이 마주하는 가장 큰 위험은 스스로 알아차리지도 못한 채 투기적 습관들이 몸에 배는 것이라고 경고했다. 투자자들은 스스로 투자를 했다고 생각하지만 투기꾼의 결과를 맞게 된다.

• 존 버 윌리엄스의《투자가치이론》3부의 7장 〈투자자와 투기꾼〉에서 그는 "투기를 통해 수익을 얻고자 한다면, 투기꾼들은 반드시 주가 변화를 예상할 수 있어야 한다. 주가는 한계 의견maginal opinion[29]의 변화에 의해 결정된다. 즉 궁극적으로는 시장의 의견 변화를 예상할 수 있어야 한다."라고 기록하고 있다.

• 존 메이너드 케인스는 1936년에 마지막 저술이자, 가장 중요한 책《고용, 이자, 그리고 화폐에 관한 일반이론》을 썼다. 이 책의 12장 〈장기 기대 상태〉에서 "투기라는 용어는 시장의 심리를 예측하는 행

제5부 왜 버핏의 방식을 따라하지 않는가

위이고, 투자enterprise라는 용어는 자산의 수명이 다할 때까지 그 미래 수익을 예상하는 행위"라고 정의했다.

• 물론 전 생애에 걸쳐 투자와 투기의 차이에 대한 이야기해왔던 워런 버핏도 빼놓을 수 없다. 그는 만약 당신이 보유하고 있는 자산이 무엇을 만들어내고 있는지 생각하고 있지 않다면 당신의 행위는 투기에 가깝다고 경고한다. 그는 말한다. "만약 당신이 내 다음 사람이 그 종목을 얼마에 매수할지, 하는 단기적 가격변화에 초점을 두고 있다면 당신은 투기를 하고 있는 셈입니다."

만약 기업 중심 투자자 진영에 합류하고 싶다면 우리 캠프의 창시자들은 단호하고도 확고하게 투자와 투기의 차이를 구분하고 있음을 기억해야 한다. 기업 중심 투자자가 된다면, 우리는 기업의 근본적인 경제성에 집중함으로써 주가 변동에 대한 불안을 낮추고 투기적 행위를 줄일 수 있을 것이라고 이야기할 수 있다. 기업 중심 투자자들은 주가에 변화가 생긴 후 시장 가격에 대한 행동을 취한다. 투기꾼들은 시장 가격을 예상하여 앞서 움직인다.

당신이 표준 투자자 진영에 합류한다고 하면, 투기를 피하고 투자를 택하는 방법을 논의할 사람을 하염없이 찾아나서게 될 것이다. 하지만 결국 조언을 구할 사람을 만나지는 못할 것이다. 표준 투자 방식을 온전히 받아들이고 있는 전문가 집단들은 투자와 투기의 차이를 규정해야 하는 자신들의 책임을 외면하고 있다. 물론 이들은 의욕적

---

29 주가를 결정하게 되는, 마지막으로 주식을 소유하는 사람의 의견을 말한다.

으로 이러한 논의에 참여하고자 하지만 무엇이 투자이고 무엇이 투기인지 공식적으로 규정해야 하는 시점이 오면 몸을 내뺀다. 그들은 투자자들이 더 나은 결정을 내릴 수 있도록 도와야 하는, 본인들의 가장 중요한 책임을 망각하고 있다.

장기투자는 신중한 행동 지침으로 평가받곤 했다. 하지만 지금 당신이 누군가에게 스스로 장기투자자라고 말하면, 당신은 구시대적이고 유행에 뒤떨어지며 지나간 시대에나 어울리는 독특한 아이디어에 집착하는 사람으로 평가받는다. 흔히 이 세상은 계속 움직이고 있다고 한다. 계속해서 사고팔지 않는다면 분명 뒤처질 것이라고 생각하기 쉽다.

시장 존 내에서 기업 중심 투자자로 활동한다는 것은 이따금씩 스스로를 사각 구멍을 통과하려고 안간힘 쓰는 원형 블록 같다는 생각이 들게 할 것이다. 하지만 우리는 투자 존에서 가르침을 받았고 시장 존을 근거로 우리가 잘하고 있는지 아닌지 판단하지 않아도 된다. 우리의 투자가 어느 정도 진전되고 있는지 합리적으로 측정하는 방법을 배웠기 때문이다. 문제는 기업 중심 투자자들이 온갖 역경들로 가득 찬 시장 존에서 성공할 수 있느냐 아니냐가 아니다. 본질은 궁극의 머니 마인드가 무엇인지 연구하며 우리가 올바른 기질을 얻게 되었는가이다.

시장이 더 빠른 속도로 달리고 모든 사람들이 물불 가리지 않고 미친듯이 단기적 성과를 추구할 때, 머니 마인드를 지닌 사람들은 어떤 시점에서 속도를 늦춘다. 그리고 그렇게 함으로써, 모든 것을 보게 된다.

제5부 왜 버핏의 방식을 따라하지 않는가

제6부

스포츠, 교육, 예술으로 본
머니 마인드

1부 내용을 상기해보자. 소년 시절의 워런 버핏이 벌인 독창적인 사업들과 그 투자 성과를 기억하는가? 어린 나이를 감안할 때 상당히 놀라운 행보임과 동시에 그가 어떠한 어른으로 성장할지를 가늠할 수 있는 매력적인 맛보기였다고 할 수 있다. 하지만 한 가지, 1부에서 별도로 언급하지 않은 것이 있다. 바로 '게임'에 대한 그의 열정이다.

　　워런 버핏은 여섯 살에 구슬 게임의 감독관 역할을 즐겨했다. 그는 누이들을 욕실로 호출해 각각 물이 가득차 있는 욕조의 양쪽 끝에 자리를 잡게 하고 구슬을 굴리게 했다. 버핏이 스톱 워치로 시간을 재는 가운데, 누이들은 자신들의 구슬이 배수구 마개로 질주하는 모습을 보며 환호성을 질렀다. 워런 버핏은 배수구 자리에 앉아 누구의 구슬이 더 빨리 도착하는지를 판정해 승자를 선언했다. 또 버핏은 어린 시절 친구인 밥 러셀과 함께 직접 여러 가지 게임을 만들기도 했다. 그

　　　　　　　　　　제6부 스포츠, 교육, 예술으로 본 머니 마인드

중에는 지나가는 자동차의 번호판을 기록하거나 일간지 《오마하 월드 헤럴드》에 알파벳 글자들이 각각 몇 번씩 나오는지를 세는 게임도 있었다. 또 모노폴리[30]나 스크러블[31]을 좋아했고 그리고 오마하의 모든 소년이 그러했듯이 야구와 네브래스카 축구를 사랑했다. 워런 버핏이 어린 시절 즐겨했던 게임들에서 찾아볼 수 있는 공통점은 바로 경쟁을 기반으로 한다는 것이다. 워런 버핏은 경쟁을 좋아했다.

많은 사람들이 알고 있듯이 워런 버핏은 열성적인 브릿지 게임 플레이어이다. 그가 컴퓨터를 사는 이유는 늦은 밤 집에서 온라인으로 브릿지 게임을 할 수 있기 때문이라는 얘기도 있다. 그는 "저는 브릿지를 할 수 있는 감방 친구 세 명만 있다면 감옥에 가는 것도 상관없습니다."라고 할 만큼 브릿지 게임을 즐겨했다. 사람들은 브릿지와 투자가 비슷하다는 점에 주목해왔는데, 이 둘은 모두 자신감 있는 의사결정이 승부수인 확률 게임이다. 그리고 두 게임의 가장 비슷한 점은 모두 계속해서 새로운 기회가 주어진다는 것이다. 판은 계속된다. 하지만 기억하라. 워런 버핏은 "투자가 최고의 게임입니다."라고 했다.

이 책의 2부를 투자는 신체적인 도전과제가 아니라는 얘기로 시작한 것을 기억하는가? 이는 사실이다. 하지만 그럼에도 투자는 게임이다. 바로 사고 게임이다. 다른 모든 게임들처럼 투자는 경쟁이고 게임 참가자들은 승리하고자 하는 강한 욕망을 가지고 있다. 그리고 이

---

30 땅이나 건물을 사고 파는 보드게임이다.

31 단어 만들기 게임이다.

것은 스포츠 철학이 투자자들에게 중요한 교훈들을 안겨줄 수 있지 않을까를 생각하게 한다. 정답은 '그렇다'이다. 아주 많이 그렇다.

과정과 결과의 게임, 스포츠

다수의 위인들이 출현했던 고대 그리스 문명은 인류에게 많은 선물을 남겨주었다. 그 선물들 가운데 가장 핵심이 되는 것을 뽑자면 스포츠, 철학, 그리고 민주주의 순이다. 여기서 순서는 중요도가 아닌 연대기 기준이다. 올림픽 게임이 최초로 개최된 시점이 철학과 민주주의가 싹트기 100년 전인 기원전 776년이라는 사실을 알고 있는가? 플라톤은 스포츠를 숭고한 노력이라고 평가했는데, 이는 스포츠가 자기 절제, 정신적 인내, 공동체에 대한 시민으로서의 헌신 등 철인왕guardian-philosopher-king에게 요구되는 모든 자질들을 소유한 사람들을 찾아내는 장場이었기 때문이다. 《국가론》에서 그는 스포츠에서 우승을 거두게 하는 용기와 인내 같은 덕목들은 동시에 철학적 성공을 이루는 바탕이 되기도 한다고 이야기했다. 지혜와 덕목으로 가는 길은 헤시오도스가 말했듯 멀고도 험하기 때문이다.

우리가 사는 세상에서 스포츠는 이렇게 고상한 용어들로 묘사되지 않는다. 대부분의 팬들과 운동선수들이 단순히 점수판에 나타난 최종 결과에만 집중하기 때문이다.

스포츠 심리학자들은 운동선수들을 결과형과 과정형 두 가지 유형의 그룹으로 나눈다. 예상하다시피 결과형 운동선수들은 승리, 그 자체에만 집중한다. 이들은 그 외에 다른 것들을 생각하지 못한다. 반면 과정형 운동선수들은 '참여, 팀을 향한 분투, 개인적 성취, 미적 감수성, 그리고 경쟁자들과의 연대감'을 포함해 스포츠 활동 자체에서 주어지는 여러 보상들을 찾아내며 보다 거시적인 관점에서 자신들의 활동을 조명한다.

《성과 vs 결과: 현대 스포츠의 가치에 대한 비평*Performance versus Results: A Critique of the Values in Contemporary Sport*》의 저자인 존 깁슨은 '성과보다 결과에 더 큰 가치를 부여하는 것은 스포츠에 내재된 내적 선善에 대한 무지 때문'이라고 지적한다. 철학자, 언론인, 소설가이면서 외교관이자, 40권이 넘는 책의 저자인 마이클 노박은 열성적인 스포츠 매니아이기도 했다. 그는 "설교에 익숙하지 않은 사제들이 있고 학생들을 혐오하는 선생님들이 있다. 또 자신의 철학을 설파하지 않고 이로부터 도망쳐버리는 현학자들도 있다. 마찬가지로 자신들에게 맡겨진 보물의 아름다움을 전혀 이해하지 못하는 팬들과 스포츠 기자들이 존재한다."라고 웅변적으로 말한다.

투자 역시 과정과 결과의 게임이다. 스포츠 팬들처럼, 주식시장에 참여하는 이들은 과정에 대해 그렇게 많은 생각을 하지 않는다. 하지만 이럴 경우 깊이 있는 사고와 결단이 필요한 투자 행위에서 오는 '아름다움'이나 '내적인 선善'들을 결코 이해할 수 없다는 아쉬움이 생긴다. 사업주 마인드를 가지고 투자 존에 머무는 투자자들은 이를 잘 이해할 수 있을 것이다. 스포츠나 투자에 있어 과정을 중시한다는 것은 단순히 결과만이 아닌 그 여정의 가치를 인정한다는 뜻이 된다. 펜실베이니아 주립대학 키네시올로지[32]학과 더글라스 혹스테틀러는 "내가 생각하는 '과정'은 스포츠 경험의 여정을 의미한다. 스포츠 경기의 최종 점수, 결승선 통과뿐 아니라 경쟁 프로젝트가 진행되는 동안 각 단계 혹은 국면에서 발생하는 스포츠 관련 요소들을 말하는 것."이라고 말한다. 마이클 노박은 이를 "운동 선수들의 경력 대부분은 시가 아니라 산문이다. 지루하고 절제되어 있으며 극적이지 않다."라며 아름답게 정리했다.

투자도 산문에 비유할 수 있다. 하지만 부침이 있고 엄청난 분투가 존재한다. 분명 워런 버핏도 자신의 몫만큼 분투를 겪었고 그는 그 사실을 숨기지 않았다. 다른 세계 최상급 운동선수들과 마찬가지로 그는 자신의 기록을 계속 갱신해야 했다.

위대한 투자자들은 투자는 긴 여정이라는 사실을 이해하고 인정한다. 이들은 스스로 자신들의 투자 능력을 측정하는 유일한 잣대를 단기적으로 증가하는 수익이나, 성과, 손실로 한정하지 않는다. 혹 스테틀러에 따르면 "스포츠를 과정으로 바라봄으로써, 우리는 '경험의 연속체continuum'를 스포츠의 핵심 요소로 볼 수 있게 된다. 경쟁을 과정의 프레임으로 보게 되면 어려운 순간들에 숨은 의미들을 발견할 수 있다."

투자도 이러한 '경험의 연속체'로 볼 수 있다. 이는 단순히 이기고 지는 결과를 이야기 하는 것과는 완전히 다른 관점으로, 모든 순간 뒤에는 더 깊은 의미가 있다는 것을 이해하게 되는 것이다. 스포츠처럼,

---

32 스포츠와 신체 운동을 역학적으로 연구하는 학문을 말한다.

투자에 심취하게 되는 것도 단순히 결과가 아닌 행위를 통해 이뤄진다. 운동선수들은 이를 가리켜 '게임과의 사랑'이라고 말한다. 이들은 어느 한날의 점수를 노리기보다 더 큰 것을 추구하기 위해 게임과 사랑에 빠진다. 과정을 존중하는 사람들은 자신들이 하는 스포츠와 투자방법이 지닌 가치를 지켜가고자 한다. 우리는 기업 중심 투자자들이 자신의 투자test뿐만 아니라 투자경쟁시장contest 자체도 보존하기 위해 애쓰고 있다고 할 수 있다.

운동선수들과 투자자들이 지닌 공통점은 이들 모두 최고의 결과를 추구한다는 것이다. 두 그룹은 모두 실용적이고 빠르게 적응하며 승률을 높이기 위해 자신들의 습관과 루틴을 만들어간다. 또 이를 위해 계속해서 지식을 습득하려 힘쓴다.

건강한 투자자를 만드는 건강한 스승

2부에서 만나보았던 미국 실용주의의 아버지 윌리엄 제임스는 어떻게 지식을 습득하는지에 관심을 가졌다. 제임스의 실용주의는 합리주의와 실용주의 사이에 다리를 놓는 일종의 칸트주의 형태를 띄었다. 그의 실용주의는 '급진적 경험주의'로 불리는데 이 이론의 핵심은 우리 자신의 경험을 다른 사람들의 집합적 경험과 연결하는 것이었다. 급진적 경험주의는 '직접적 지식knowledge by acquaintance[33]'과 '간접적 지식knowledge about' 두 가지 형태로 구분한다.

직접적 지식은 경험자, 실제적으로 경험을 한 사람들이 얻을 수 있는 지식이다. 워런 버핏을 경험자라고 할 수 있다. 그는 기업과 주식을 직접 사고파는 행위를 경험했고 이를 바탕으로 투자에 대해 이야기했다. 이와는 대조적으로 제임스가 말하는 '간접적 지식'은 어떤 한 개인의 인생 경험보다 더 큰 범주의 지식에 의해 정당성을 부여받는다. 이는 미국의 철학자이자, 심리학자, 교육 혁명가인 존 듀이가 1938년에 쓴 자신의 책《경험과 교육》에서 '공유된 경험shared experience'이라고 칭한 개념이다. 듀이는 사회적이고 상호작용하는 학습 과정을 강조했다. 그는 최고의 교육은 경험학습에 기반해야 한다고 믿었다. 하지만 효과적 교육을 위해서 교육적 경험은 학생과 환경 사이의 상호작용이 뒷받침되어야 한다고 믿었다. 학생들은 더 큰 범주의 지식인 공유된 경험과 상호작용함으로써 그에 따른 혜택을 얻을 수 있기 때문이다.

버크셔 해서웨이를 대학에 비유해볼 때 이는 공유된 경험체로 볼 수 있다. '버크셔 해서웨이 대학'은 대니엘 피컷, 코리 렌이 쓴 명저의 제목이기도 하다.[34] 이 책에서는 1986년부터 2015년까지 진행된 버크셔 해서웨이의 주주총회의 핵심 내용들을 다루고 있다. 오늘날 버크셔 해서웨이의 연례 행사는 자본주의의 우드스탁[35]으로 평가받고 있다. 이 행사에는 토요일 주주 총회뿐 아니라 그 전후로 여러 투자 관련

---

33 대상과 직접적인 인과관계를 가지거나 경험을 통해 알게 되는 지식을 말한다.

34 국내에는《워런 버핏 라이브》로 출간되어 있다.

35 뉴욕시티 교외의 우드스탁에서 열리는 록 페스티벌이다.

컨퍼런스들도 개최된다. 오마하를 찾는 수많은 버크셔 해서웨이 학생들은 이른 아침부터 오후 늦게까지 삼삼오오 모여 함께 시간을 보낸다. 주주총회 장소에는 버크셔 해서웨이의 모든 것이 담긴 서적들도 마련되어 있다. 그중 단연 돋보이는 책은 1965년부터 2019년 분까지 묶인 버크셔 해서웨이의 주주서한 합본이다. 55년의 가치가 담긴 이 서한은 버핏이 작성한 것으로 총 874페이지에 이른다.

버크셔 해서웨이 대학이 이뤄낸 성과는 학생들의 직접 경험을 간접 경험과 융합시켰다는 점이다. 과거 한 금융권 전문기자가 워런 버핏에게 향후 해서웨이가 시장보다 나은 성과를 얻을 수 있을지를 물은 적이 있다. 자신의 어린 아들을 위해 차라리 S&P 500에 투자하는 건 어떨까 하는 맥락에서 나온 질문이었다. "제 생각에 당신의 아들은 더 많이 배우게 되겠지요." 경험자인 워런 버핏은 질문에 대해 이렇게 간결하게 대답했다. "버크셔 해서웨이의 주주가 된다면 말입니다."

현재 전 세계 어느 누구나 버크셔 해서웨이 대학의 수업 내용을 온라인으로 들을 수 있다. 스스로 버크셔 해서웨이 대학의 학생이라고 생각한다면 말이다. 야후 파이낸스Yahoo Finance를 통해 버핏과 멍거의 동영상을 찾아볼 수 있으며, CNBC.com에는 워런 버핏의 동영상들이 카테고리로 정리되어 있다. 여기에는 과거 1994년부터 시작된 버크셔 해서웨이 정기총회 자료 26개 차가 전부 정리되어 있다. 버핏과 멍거뿐만 아니라 다른 관계자들과 몇 시간에 걸쳐 진행한 인터뷰들도 게재되어 있다. 유튜브에는 여러 강의와 인터뷰에 더해 멍거와 버핏 관련 영상들이 넘쳐난다. 심지어 워런 버핏이 1962년, 32살의 나이에 처음 진행한 텔레비전 인터뷰도 찾아볼 수 있다.

워런 버핏이 스승과도 같은 존재가 되었다는 사실은 그렇게 놀랄 만한 일이 아니다. 그의 영웅이었던 아버지는 교회와 정부기관에서 교사 직책을 맡았었고 워런 버핏의 멘토인 벤저민 그레이엄 역시 30년 동안 컬럼비아대학교에서 학생들을 가르쳤다. 그의 파트너인 찰리 멍거 역시 투자의 개념을 여러 학문들을 아우르는 포괄적 아이디어로 확장시킨 정신적 스승이었다. 워런 버핏은 1951년 대학에서 돌아온 직후 오마하대학에서 첫 번째 강의를 시작했다. 버핏 합자회사의 조합원들에게도 늘 투자에 대한 가르침을 전하고자 했고 또한 과거 55년 동안 한결같이 버크셔 해서웨이를 가르쳐온 장본인이기도 했다.

윌리엄 제임스 역시 교사였다. 《심리학 원론》을 출판하고 난 직후, 그는 1891년부터 1892년까지 캠브리지에서 교사들을 대상으로 일련의 강의들을 진행했다. 이 강의들은 '교사들에게 하는 이야기talk to teachers'라는 이름으로 알려지게 되었고 1899년 핸리 홀트 앤 컴퍼니 출판사에 의해 《교사들이 꼭 알아야 할 심리학 이야기》로 출간되었다. 이 강의에서 제임스는 교사들에게 교육자로서 자신들의 위치를 다시 한번 생각해보길 권유하고 있다. 그는 "책을 통한 학습이 사회의 악덕을 치료할 수 있는 만병통치약이라는 낡은 생각은 현재에는 완전히 권위를 잃었다."라고 이야기한다. 제임스의 주장은 책이 아무런 가치가 없다는 것이 아니다. 그가 우려하는 바는 선생님이 주는 가르침을 받지 않고 독서에만 의존하는 학생들은 길을 잃을 수도 있다는 점이었다. 그는 "교육은 필연적으로 자부심과 야심, 경쟁의식, 또는 내적 힘을 통해 한 국가의 리더가 될 남녀 집단을 만들어낸다."라는 명제를

제6부 스포츠, 교육, 예술으로 본 머니 마인드

믿었다. 그의 생각에 교육은 "그야말로 우월성을 습득하기 위한 훈련 장"인 셈이었다.

제임스가 판단하기에 최고의 스승은 연합association에 기초한 교육을 하는 이들이었다. "어떤 사람인지와 상관없이 당신의 제자들은 작은 연합하는 기계들associating machinery이다. 각 개인이 지닌 '특성character'을 의미하는 '기질nature'은 실제로는 연합하는 습관적 형태를 의미한다. 제임스는 이는 '하나를 다른 것에 비교하는 방식으로 가르치는 것'이라고 구체적인 교수법을 제시한다. 그 자체로 흥미롭지 않은 어떤 사물은 그 안에 이미 흥미를 지닌 다른 사물과 연합하는 과정을 통해 흥미를 얻을 수 있다."라는 것이 그의 설명이다.

추상적인 교육 이론으로 보이는 이 개념을 투자의 세계에서는 매우 실제적으로 적용해볼 수 있다. 벤저민 그레이엄이 "가장 사업처럼 하는 투자가 가장 현명한 투자다."라고 이야기할 때, 그레이엄은 연합에 근거한 교육을 하고 있었다. 워런 버핏이 투자자들은 주식을 사업에 대한 이익지분으로 생각해야 한다고 했을 때, 버핏 역시 연합을 통한 가르침을 전한 셈이다. 이를 통해 여러 투자자들에게 막연했던 보통주의 개념을 단번에 이해시킬 수 있었다. 제임스는 가르침의 목적이 학생에게 충격을 주는 것이 아니라, 그들이 긍정적이고 건전한 결론에 도달할 수 있도록 육성하는 데 있다고 한다. 워런 버핏이 말한 기업 중심 투자는 윌리엄 제임스가 말한 '건강한 정신'의 대표적 예이다. 건강한 정신이란 윌리엄 제임스가 개방적이고 열의 있는, 또 긍정적 삶을 향한 의지를 지닌 이들을 묘사할 때 사용하는 표현이다.

로마의 스토아 학파 철학자인 세네카는 "우리는 가르침을 통해 배운다."라고 했다. 미국국립과학원회보PNAS에 발표된 보고서를 통해 우리는 세네카의 주장이 사실임을 확인할 수 있다. 2019년 미국국립과학원에서 진행한 한 연구에서 조언을 건네는 행위는 조언하는 이의 학업적 성취를 증진시킨다는 사실을 입증했다. 교육자라면 누군가를 가르칠 때 그 주제에 대해 더 잘 알게 된다는 의견에 동의할 것이다. 워런 버핏은 버크셔 해서웨이와 대학교를 통해 몇십 년간 꾸준히 누군가를 가르쳐왔다. 오랜 기간 워런 버핏은 학생들을 자신의 터전인 오마하에 초청했다. 학생들은 끊임없이 직업적 조언, 인생 교훈, 투자나 주식시장에 관한 질문을 던졌고 워런 버핏은 여기에 답하며 자신이 가진 지혜를 나눴다. 학생들과 함께한 시간들은 분명 그의 사고를 더욱 날카롭게 했을 것이다. 하지만 스승의 위치에 있었기 때문에 얻은 것들은 그보다 훨씬 더 컸을 것이다.

CEO, 전문 투자자, 그리고 투자 자문가들은 모두 스승이다. 그들은 그들의 주주, 기관 고객들, 개인 고객 모두를 교육해야 하는 책임이 있다. 반면 주주들과 고객들은 그들이 배운 것들을 가까운 지인들과 나누어야 하는 2차적인 책임을 지게 된다.

앤드류 호로차크와 해더 리드는 자신들의 책 《아레테주의: 현대 스포츠를 위한 고대 스포츠 철학 Aretism: An Ancient Sports Philosophy for the Modern Sports World 》에서 "스포츠가 선이 되기 위해서는 반드시 더 많은 도덕적 시민들을 양성함으로써 참여자뿐 아니라 공동체를 이롭게 해야 한다."라고 이야기한다. 나는 투자에 있어서도 정확히 이와 동일한 목적이 필요하다고 믿는다.

우리는 어떤가? 우리의 전문적 행위들이 더 많은 도덕적 시민들을 배양해내고 있는가? 장기투자는 도덕적인가? 장기투자는 보다 고차원적인 도덕적 기준에 부합하는가?《국가론》에서 플라톤은 지혜, 정의, 용기, 절제, 이 네 가지 덕목이 필요하다고 했다. 이 네 가지는 근본 덕목으로 불리는데, 플라톤은 이 덕목들을 믿음, 소망, 사랑(자선)이라는 세 가지 신학적 덕목과 합해, 도덕적으로 올바른 삶을 살기 위해 필요한 기본적 자질들로 여겼다. 지혜는 미래를 위해 신중하게 행동하는 것을 의미한다. 지혜로운 투자는 투자의 초석이 된다. 정의의 중요성을 믿는 사람은 무엇이 적절하고 가치 있는지를 분별할 수 있다. 이는 투자 성과를 평가하는 데 있어서 핵심적인 기술이다. 용기는 역경 속에서도 강인함을 가지는 것을 의미한다. 우리 모두는 집중된 포트폴리오를 낮은 회전율로 운용하면서 이를 지속적으로 유지하는 것의 중요성을 잘 알고 있다. 마지막으로 플라톤은 절제를 '건강한 정신 soundmindedness'라고 정의했으며 모든 덕목 중에 가장 중요한 미덕이라고 믿었다. 건강한 정신은 머니 마인드를 완벽하게 묘사할 수 있는 놀라운 단어다. 이러한 네 가지 근본 덕목들은 장기투자를 위한 핵심이자 머니 마인드를 구성하는 결정적 요소이다.

워런 버핏의 삶을 연구한 이들은 그가 투자 영역에서뿐만 아니라 자신의 인생에 있어서도 도덕적 삶을 사는 사람임을 발견하게 된다. 그는 미국이라는 나라가 추구하는 선에 대한 '믿음'이 있으며, 더불어 마음에 '소망', 즉 미국이 지난 244년간 자국 국민들에게 부여해온 혜택을 앞으로도 제공하리라는 기대를 가지고 있다. 그리고 우리 모두가 잘 알고 있듯이 워런 버핏의 '자선' 활동은 타의 추종을 불허하는 수준이다. 그는 자신의 순 자산 가운데 99%를 자선 단체나 재단에 기부하겠다고 서약했다. 2020년 한 해 동안 그는 빌 앤 멜린다 게이트 재단Bill & Melinda Gates Foundation, 수잔 톰슨 버핏 재단Susan Thompson Buffett, 셔우드 재단Sherwood Foundation, 하워드 G. 버핏 재단Howard G. Buffett Foundation, 노보 재단Novo Foundation에 보유하고 있던 버크셔 해서웨이 클래스 B주 29억 달러 상당을 기부했다. 15년 연속 이어진 기부였다. 기부 당시 버크셔 해서웨이 주가를 기준으로 계산해볼 때, 모두 370억 달러 가량이 기부된 셈이다. 워런 버핏은 아직 버크셔 해서웨이 주식을 670억 달러 가량 보유하고 있다. 이는 곧 그가 1000억 달러가 넘는 자산을 사회에 환원하게 될 것이라는 이야기가 된다. 역사상 찾아보기 힘든 규모이다.

"덕목들을 스포츠 영역 내에서만 논의되는 것으로 한정한다면 이들의 가치는 제한적일 것이다."라는 평가가 있다. 이는 투자 영역에도 동일하게 적용되어야 한다고 생각한다. 만약 이러한 덕목들이 한 가지 활동에만 국한되어 발휘된다면 이들은 진정한 덕목이 아니다. 스코틀랜드 철학자 알래스데어 매킨타이어는 그의 책《덕의 상실》에서 "누군가 진정으로 어떠한 덕목을 함양하고 있다면 그는 아주 다른 유형의 상황에서도 이 덕목을 발휘할 것."이라고 적고 있다. 투자의 덕목은 실제 투자를 하는 이들이나 가르치는 이들의 생각에서뿐 아니라, 학생들이 얻은 교훈들에서도 발견되어야 한다. 앤드류 호로차크와 해더 리드는 "경쟁의 진정한 상으로서 주어지는 덕목의 아름다움은 승자뿐 아니라 공동체 전체를 이롭게 한다."라고 했다.

우리는 이 덕목을 머니 마인드를 개발하는 데 필요한 목록에 더할 수 있다. 도덕적인 삶을 살아가기 위해 꼭 필요한 전제조건은 가르침에 대한 헌신적 마음이 있어야 한다는 것이다.

포트폴리오라는 캔버스에 그림을 그리는 예술가

윌리엄 제임스는 자신의 논문 〈학생들에게 하는 이야기*Talk to Students*〉에 '어떠한 맹목성'라는 제목의 에세이를 실었고 여기서 인생의 의미에 대해 이야기했다. "삶의 과정이 그 삶을 사는 이에게 '절실하다'고 알리는 때가 있다면 그 순간 삶은 진정으로 중요한 의미를 가지게 된다." 그는 이 절실함은 스포츠, 예술, 글쓰기, 성찰적 사고 등 여러 가지 활동으로 나타날 수 있다고 이야기 했다. 하지만 "언제나 이 절실함이 발견될 때면 그곳에서 강렬한 열정, 짜릿함, 현실에 대한 흥분도 발견된다."

'강렬한 열정zest'는 엄청난 열의와 에너지를 가진 상태를 말한다. 윌리엄 제임스의 관점에서 "강렬한 열정은 인간적 의미에서 생동하는 내면"이라고 정의할 수 있다. 메사추세츠대학의 철학과 교수이자《미국 철학*American Philosophy: A Love Story*》저자인 존 케그는 "강렬한 열정, 경험으로부터 얻는 그 특별하고 고유한 황홀감은 존재 가치의 궁극적 원천이다."라고 덧붙였다. 이 열정이라는 단어는 워런 버핏을 묘사하기에 적절한 용어다. 누구든 그를 만나면 즉각적으로 그가 가진 에너지와 낙천성, 유머, 식지 않는 열의를 느끼게 된다.

25년 전《워런 버핏의 완벽투자기법》의 마지막 문단을 나는 다음과 같이 마무리했다. "그는 매일 일터로 향하는 것을 진정으로 즐거워하는 사람이다. 워런 버핏은 '저는 제 인생에서 원하는 모든 것을 바로 이 일터에서 얻었습니다. 저는 매일매일이 즐겁습니다. 여기서 탭 댄스를 추고 그저 제가 좋아하는 사람들과 일하죠'라고 말했다." 그로부터 25년이 지났지만 달라진 것은 아무것도 없다. 여기서 탭댄스를 추면서 일터로 가는 것은 '열정'의 은유적 표현이다. '탭 댄스를 추며 일하러 간다'는 캐롤 루미스가 쓴 놀라운 책의 제목이기도 하다. 이 책에는 46년간 워런 버핏에 대해 쓰인 86개의 기사들을 잘 정리해 두었다. 물론 기사의 상당 부분은 캐롤 루미스 본인이 작성한 것이다. 그녀는 "이 책을 다 읽고 나면, 당신은 워런 버핏의 비즈니스 인생, 그 큰 흐름을 이해하게 될 것이다."라고 소개하고 있다. 그는 얼마나 멋진 인생을 살아왔는가!

"저는 제 일에 아주 만족합니다."라고 워런 버핏은 이야기한다. "저는 매일 아침 사무실로 향할 때, 시스티나 성당에 그림을 그리러 가는 기분이었습니다. 세상 다른 어떤 일이 이보다 더 재미있겠습니까? 투자는 아직 완성되지 않은 그림과도 같아서, 푸른색이든 붉은색이든 제가 원하는 색깔로 캔버스를 칠하면 됩니다." 버크셔 해서웨이가 그림이라면 예술가 워런 버핏이 붓에 칠하는 재료, 물감은 자본이었다. 시스티나 성당 천장은 창세기의 아홉 장면을 그린 대형 프레스코화이다. 이 대작에는 숭고한 아름다움 외에도 놀라운 사실이 하나 있다. 바로 극도의 어려운 상황에서 한 사람이 단독으로 일궈낸 결과물이라는 것이다. 그런 면에서 워런 버핏이 스스로를 시스티나 대성당에 그림을 그리는 미켈란젤로에 비유한 것을 놓고 지나친 허풍이나 잘난 척이라고 말하기는 어렵다. 그가 인간적으로 겸손한 사람이라는 것은 분명하고 이는 이미 널리 알려진 사실이기에 이같은 비유는 워런 버핏이 인류의 여러 업적에 대한 방대한 관심을 지니고 있는 데서 비롯된 것이라고 본다. 그러한 관점에서 버크셔 해서웨이의 역사를 하나의 거대한 프레스코로 보는 것은 그저 또 다른 은유로 생각할 수 있다. 은유는 워런 버핏이 특별히 선호하는 교육 방법이다.

버크셔 해서웨이 프레스코화는 여러 장면과 많은 도전들, 그리고 다양한 사건들을 담고 있다. 어느 누구도 심지어 워런 버핏 본인조차도 이 프레스코화에서 가장 유명한 한 장면을 뽑기가 쉽지 않을 것이다. 애초에 버크셔 해서웨이라는 재무적 걸작을 만들어내는 데 기여한 가장 중요한 아홉 장면을 선정하는 것 자체가 결코 만만치 않은 작업이라 본다. 많은 사람들, 기업들, 그리고 크고 작은 투자들이 오늘날 버크셔 해서웨이를 만드는 데 영향을 주었다. 하지만 이러한 영향력들을 이해하고 그 통합된 그림을 '그리는 것'은 오직 한 사람에 의해서 이루어지는 작업이다. 괴테는 과거 "시스티나 성당을 보지 않고서는 한 인간이 어디까지 이루어낼 수 있는지 진정으로 상상하기 어렵다."라고 했다. 마찬가지로 우리는 버크셔 해서웨이의 이야기를 한 사람의 손으로 빚어낸 예술 작품으로 보지 않고서는 제대로 평가하기 어렵다. 이를 이해하고 나면, 당신은 "정말 놀랍군. 우리와 같은 일개 사람이 이런 일을 해내다니."라고 중얼거리게 될 것이다.

《월스트리트 저널》의 예술 평론가 랜스 에스플런드는 "우리는 예술에서 가장 중요한 것, 또 우리를 끌어들이는 것은 목적지가 아니라 그 여정이라는 사실을 잊곤 한다."라고 했다. 예술의 여정은 스포츠나 투자의 '과정'과 동일한 것이다. 그녀는 예술을 감상하기 위해서는 편안한 의자가 필요하다고 말한다. 왜 의자가 필요할까? 예술 작품을 제대로 감상하기 위해서는 편안하고 인내하며 집중할 필요가 있기 때문이다. "그렇게 되면 우리는 바라보는looking 예술의 단계를 지나 예술가처럼 의미를 발견하는finding 예술, 즉 이해하는seeing 예술의 단계로 넘어섰다는 사실을 깨닫게 될 것이다."라고 에스플런드는 이야기한다.

　미술관을 방문한 관람객들은 한 작품 앞에서 평균 15~30초 정도를 머무른다고 한다. 이들은 예술 작품들을 대충 훑어보면서 갤러리 안을 빠르게 움직인다. 대략적으로 작품 옆에 붙은 짧은 설명을 읽을 정도의 시간만 머물고는 이내 다음 작품으로 이동한다. 투자도 마찬가지이다. 사람들은 주식시장이라는 이름의 갤러리에서도 너무 빠르게 움직인다. 투자자들은 투자 관련 요점을 담은 자료들을 그저 몇 분 정도 힐끗 훑어볼 뿐이다. 그마저도 빠르게 쏟아지는 금융 뉴스들을 듣거나 투자 정보가 빠삭한 친구와 이야기를 나누면서 말이다.

　기업 매수 결정을 하는 것은 예술 감상과 상당히 유사하다. 투자자들은 판매하는 제품과 서비스, 보유하고 있는 경쟁력, 창출하는 수익, 자본 배분을 결정하는 경영진 등 기업이 훌륭한 비즈니스 예술을 빚어낼 자질을 가지고 있는지 검토한다. 진정한 투자는 예술의 관점에서 기업을 탐색하는 것이다. 종목 코드와 주가에만 혈안이 되어 있는 시장 존 사람들과의 차이점이다.

　투자자들은 종목을 볼 때look 빠르게 팩트 시트[36]에 제시된 숫자들

36　고객 등에게 제공하는 기업의 주요 사항 관련 요약서이다.

을 찾아 원하는 답을 정리한다. 정작 중요한 문제, 즉 이러한 수치들이 어떻게 해서 나오게 된 것인지는 이해^see^하지도 않은 채 말이다. 이러한 질문을 던져야만 당신은 그 답을 제대로 이해할 수 있고 궁극적으로 미래의 답에 대한 통찰을 얻을 수 있다. 한번 휙 훑어보는 걸로 온전히 이해하기엔 회화 작품 자체가 너무도 복합적인 결과물인 것처럼 기업분석 역시 마찬가지이다. 어느 누구도 단순히 몇몇 회계 수치나 스치는 의견들 또는 변덕스러운 평가들만을 가지고 기업을 파악할 수는 없다.

사람으로 계승되어 문화가 될 머니 마인드

윌리엄 제임스는 "인생을 가장 위대하게 사용하는 방법은 인생보다 더 오래 남는 것에 쓰는 것이다."라고 했다. 스티브 조던의 책《오마하의 현인*The Oracle of Omaha*》말미를 보면 워런 버핏은 버크셔 해서웨이에 대해 다음과 같이 말했다. "저는 제 인생 전부를 버크셔 해서웨이를 운영하는 데 쏟았습니다. 버크셔 해서웨이는 당신이 상상할 수 있는 만큼 오랜 기간 지속될 것이라고 생각합니다." 버크셔 해서웨이가 최초로 인수했던 버크셔코튼매뉴팩처링은 1889년 설립되었다. 이후 1965년 워런 버핏은 버크셔 방직 공장의 경영권을 인수한다. 설립 시점부터 따져보면 버크셔코튼매뉴팩처링의 나이는 132세이고 현재 버크셔 해서웨이의 나이는 이보다 짧은 56세 정도가 된다. 하지만 이는 현재 대기업들의 평균 수명과 비교하면 여전히 아주 긴 편이다.

기업의 수명은 기업이 장기적으로 지속가능한 경쟁우위를 확보하고 있는가를 판단하는 문제와 더불어 가치평가에 있어 핵심이 되는 요소이다. 기업들의 경우 대부분 생존율이 그렇게 높지 않다. 1965년부터 2015년 사이, 시가 총액이 2억 5000만 달러 이상인 글로벌 기업들 가운데 10년 넘게 살아남은 기업은 겨우 절반 정도에 그친다.

　　살아남아서《포춘》5000대 기업에 포함된 기업들은 비교적 수명이 더 길긴 했으나 그렇다고 그렇게 큰 차이가 있는 것은 아니다. 오늘날 대기업들의 생존 기간은 평균 16년에 불과하다. 기업의 수명을 이해하려면 기업의 수명이 조셉 슘페터가 '창조적 파괴의 끊임없는 광풍perennial gale of creative destruction'이라고 칭한 변화와 밀접한 관련이 있음을 파악해야 한다. 기업의 짧은 수명은 급속한 혁신과 관련이 있다. "변화의 속도가 빨라지면, 기업의 수명은 줄어든다."

　　미켈란젤로의 시스티나 성당 천장 벽화는 509년이 되었다. 버크셔 해서웨이가 500년을 살아남을 수 있을까? 상상하기 어렵다. 하지만 버크셔 해서웨이를 지난 56년간 이끌어온 중심에 338년 전 야고프 베르누이가 발견한 '복리효과'가 있었다는 점을 감안하면, 이는 그렇게 불가능한 생각 같지는 않다.

　　지난 300년 동안 발생했던 모든 경제적 변화들을 한번 생각해보자. 산업 혁명, 페니실린의 발견, 전기, 자동차, 비행기, 우주 여행. 그리고 우리는 이제 마이크로 칩, 컴퓨터, 스마트폰을 발명하고 이들이 모두 전 세계 인터넷망에 연결되는 기술 혁명의 시대에 들어섰다. 슘페터가 주장하는 창조적 파괴에도 불구하고 파괴되지 않은 한 가지는 자연 상수 e, 바로 복리이다. 따라서 버크셔 해서웨이가 향후 100년간 더 지속되며, 전 세계 주요 대기업들보다 더 오래 살아남을 것이라는 생각은 어쩌면 그렇게 허무맹랑한 것이 아닐 수도 있다.

현재 버크셔 해서웨이는 과도기를 지나고 있다. 2018년 워런 버핏은 네셔널 인뎀니티National Indemnity CEO인 아짓 제인과 버크셔 해서웨이 에너지Berkshire Hathway Energy CEO인 그렉 아벨이 각각 버크셔 해서웨이의 보험, 비보험 부문 부회장을 맡게 될 것이라고 발표했다. 또 2011년과 2012년에 각각 버크셔 해서웨이에 합류한 토드 콤브와 테드 웨슐러가 현재 버크셔 해서웨이의 포트폴리오의 일부를 운용하고 있으며 워런 버핏의 첫째 아들인 하워드 G. 버핏이 유사 시 회장직을 맡을 예정이다. 이처럼 워런 버핏이 연례회에서 주주들의 질문에 대답을 하지 못하는 때를 대비해, 필요한 사람들이 자기 자리를 지키고 있다.

그렇다 해도 워런 버핏 없이 버크셔 해서웨이가 살아남을 수 있을지에 관련한 여러 의문이 남는 것은 사실이다. 저명한 교수이자 워런 버핏과 버크셔 해서웨이에 관련된 명저를 쓴 로렌스 커닝험은 이렇게 말한다. "사람들은 워런 버핏이 너무도 특별한 존재이기 때문에, 버크셔 해서웨이는 그가 없이는 살아남기 힘들 것이라고 한다." 하지만 "버크셔 해서웨이가 너무나 특별하기 때문에 워런 버핏 없이도 살아남을 수 있을 것이라고 생각한다. 이는 그가 심어놓은 영속성을 추구하는 문화 덕분"이라고 덧붙였다. 커닝험은 버크셔 해서웨이의 영속성은 버크셔 해서웨이의 문화 안에 심겨져 있다고 분석한다. 버크셔 해서웨이의 이사회 구성원 가운데 한 명인 수잔 데커 역시 이에 동의한다. 버크셔 해서웨이가 워런 버핏이 사망한 후에도 살아남을 수 있을지에 대한 생각을 물었을 때 그녀는 "그건 문화에 관한 문제"라는 긍정적인 답변을 내놓았다. 오랜 친구이자 버크셔 해서웨이 연례 보고서를 몇십 년간 편집해온 캐롤 루미스 역시 "사람이 핵심"이라며 같은 목소리를 냈다.

　워런 버핏이 성공적으로 이루어낸 모든 것들 가운데, 명실공히 최고의 성취는 버크셔 해서웨이라는 살아있는 문화를 만들어낸 것이다. 버크셔 해서웨이의 중심에는 주주-동업자들, 운용역들 그리고 그 누구보다 합리적으로 자본을 배분하고자 애쓰는 경영진들이 위치하고 있다. 버크셔 해서웨이를 달리게 하는 엔진의 연료인 셈이다. 왜 버크셔 해서웨이가 미래에 몇십 년 혹은 그 이상 계속해서 달릴 수 없을 것이라고 생각하는가? 워런 버핏이 버크셔 해서웨이를 떠나게 되면 50년 넘게 지속되어 온 성공도 함께 끝이 날 것인가라는 질문을 받았을 때, 워런 버핏은 이렇게 간결하게 답변했다. "이제 명성은 버크셔 해서웨이가 이어가겠지요."

　　　　　　　　　　　　　제6부 스포츠, 교육, 예술으로 본 머니 마인드

에필로그

워런 버핏이 '머니 마인드'라는 말을 사용하는 것을 처음 들은 것은 2017년 5월 6일이었다. 나는 그 다음 날인 5월 7일부터 이 책에 대한 구상을 시작했다.

처음부터 체계적으로 쓸 내용이 잡혀있거나 집필 의지가 강한 상태는 아니었지만 오랜 기간 머니 마인드에 대한 개념은 내 머리속 한쪽 구석에 조용히 자리 잡고 있었다. 어떠한 소동도 일으키지 않았지만, 결코 그 자리를 다른 생각에 내주지 않은 채 말이다. 의도한 바는 아니었으나 나는 어느 순간부터 이 머니 마인드에 대해 더 자주 떠올리기 시작했다. 그리고 그럴 때마다 머니 마인드에 대한 생각이 조금 더 커지고 조금 더 무거워진다는 사실 역시 깨달았다. 그리고 2019년 어느 날, 더 이상 이 머니 마인드에 대한 생각을 외면할 수 없는 지경에 이르렀다는 사실을 알아차렸다. 모든 관심이 여기로 향했다. 새로운 책을 기획해야 하는 시점이 온 것이었다.

나는 스스로에게 근본적인 질문들을 던졌다. 정확히 머니 마인드가 무엇인가? 머니 마인드는 어디서 온 것인가? 머니 마인드를 구성하는 요인들은? 이 요인들은 배울 수 있을 것인가? 그렇다면 어떻게 배울 수 있는 것인가? 질문들을 정확히 머리속에 떠올리고 나자, 즉각적으로 답이 찾아졌다. 머니 마인드를 가진다는 것이 무슨 뜻인지 훌륭한 스승이자 궁극의 머니 마인드를 지닌 워런 버핏 본인 외에, 어느 누가 더 잘 답변해줄 수 있겠는가.

나는 본격적인 작업에 착수했다.

—

벤저민 그레이엄은 《현명한 투자자》의 결론을 "만족스러운 결과를 얻는 것은 대부분의 사람들이 생각하는 것만큼 어렵지 않다. 하지만 우수한 결과를 얻는 것은 생각보다 어렵다."라는 결정적이고 심오한 문장으로 마무리하고 있다. 그레이엄의 가장 유명한 제자 워런 버핏은 이 구절을 약간 축약한 형태로 오랜 기간 인용해왔다. "투자는 당신이 생각하는 것보다 쉽지만 보이는 것보다는 어렵다."

나는 이 말이 무엇을 의미하는지 정확히 이해하고 있다고 생각했다. 하지만 내 생각이 틀렸었다. 버핏이 "투자는 당신이 생각하는 것보다 쉽다."라고 했을 때, 나는 이를 투자자들이 떠안도록 강요되는 모든 어려운 재무적 과제들이 실제로는 전혀 필요 없는 것들이라는 뜻으로 이해했다. 가령 주식시장을 예상한다거나 금리가 어떻게 변할지 판단한다거나 혹은 경제 전반의 방향성을 예측하는 일처럼 말이다. 성공적인 투자자들에게는 투자가 조금 더 수월한데 모든 귀찮은 질문들을 그냥 무시하기 때문이다. 이는 현재도 여전히 유효한 사실이다.

내가 오해하고 있었던 부분은 "보이는 것보다 어렵다."였다. 처음에 이 말을 투자자들에게 보내는, 투자를 위해 해야 할 모든 작업들에 대한 사전 주의 정도의 의미로 생각했다. 가령 기업의 현금 주주이익을 분석하기 위해 손익계산서를 분석하고 투하자본수익을 파악하기위해 재무상태표를 검토하며 기업의 내재가치를 계산하기 위해 할인된 현금흐름 모델을 적용해 보는 등의 일 말이다.

종합적으로 볼 때, 나는 이런 계산과 분석을 통한 투자는 주가배수가 높은 모든 종목들을 일절 배제하고 단순히 PER과 PBR이 낮고 배당수익률은 높은 종목들을 선택하는 방법보다는 어려운 일이라고 생각했다. 후자의 경우 확실히 주주이익이나 투하자본이 수익률, 그리고 DCF 모델을 검토하고 분석하는 수고로운 일보다는 쉽지 않은가? 그럴 수도 있다. 하지만 이것이 그레이엄이나 워런 버핏이 이야기한 "보이는 것보다 어렵다."의 의미는 아니었다.

'어렵다.'가 의미하는 바는 적절한 기질, 머니 마인드에 대한 기질을 습득하는 것을 의미했다. 이 책의 목적은 우리가 머니 마인드를 형성하는 데 필요한 핵심 구성 요인들을 이해하도록, 그래서 우리가 그 원칙들을 실행할 수 있도록 돕는 데 있다.

—

우리의 여정은 시간의 흐름대로 진행되었다. 우리는 워런 버핏이 11살 때 읽었던 최초의 경영서적, 프란시스 메리 코완 미네커의《백만 장자가 되는 1,000가지 방법》으로 이 여정을 시작했다. 그녀는 어린 워런 버핏에게 "자신의 사업을 시작하는 첫 걸음은 사업 대상에 대해 아는 것이다. 그러니 당신이 시작하고자 하는 사업에 대해 쓰인 모든 것을 읽어라."라고 조언했다. 듣기에 너무 당연하고 실천하기에 너무 간단한 것임에도, 투자자 상당수는 자신들이 보유하고 있는 기업에 대해 거의 아무것도 읽지 않는다. 전체 지수에 투자하고 있는 이들이라면 예외가 될 수 있다. 그들은 특정 기업이 아닌 보통주들을 모은 묶음에 투자하고 있기 때문이다.

하지만 개별 주식들을 중심으로 액티브 투자를 하는 이들은 적어도 자신들이 투자하는 기업의 연례보고서 정도에는 관심을 가져야 한다. 놀랍게도 투자자 거의 대부분이 기업 회장이 쓴 주주서신을 읽는 데 필요한 10분조차 투자하지 않는다. 명심해야 한다. 만약 어떤 회사가 내부적으로 어떻게 돌아가고 있는지 이해하지 못한다면, 당신은 결코 머니 마인드를 갖추는 데 필요한 첫 단추조차 끼울 수 없다.

우리가 살펴보았던 머니 마인드의 핵심 구성 요소들에는 또 어떤 것들이 있었는가?

우리는 로저 로웬스타인이 과거 '버핏의 트레이드 마크'라고 언급했던 자기신뢰로부터 이야기를 시작해야 한다. 자기신뢰란 타인이 아닌 자기 자신이 가지고 있는 힘과 자원들에 의지하는 것을 말한다.

그리고 이는 자신감을 높이고, 높아진 자신감이 성공을 촉진하는 그래서 다시 자기신뢰가 더 강화되는 긍정적 상승 순환의 출발점이 된다. 아주 현실적인 관점에서 자기신뢰는 머니 마인드의 주요한 핵심 구성 요소이다. 이 자기신뢰가 만들어내는 정신적 힘에서 나머지 모든 것들이 비롯되기 때문이다.

자기신뢰는 머니 마인드를 가진 사람들로 하여금 자신이 보유하고 있는 주식의 내재가치를 이해하는 데 도움을 준다. 자기신뢰는 투자자들이 미스터 마켓과 상호작용하는 데 필요한 스토아 학파적 마음가짐을 가지는 데 필수적 요소이기 때문이다. 당신이 미스터 마켓을 바라보며 그가 당신보다 더 많이 알고 있는 건 아닌지 의심하는 순간 당신의 투자는 무너진다. 이 말이 당신이 실수를 하지 않는다는 뜻은 아니다. 워런 버핏도 실수를 저질렀고 나 역시 마찬가지이다. 당신도 그럴 것이다. 하지만 당신이 시장이 당신보다 더 많이 알고 있다고 믿기 시작하는 바로 그 순간 당신은 자기신뢰를 잃어버리게 된다.

머니 마인드는 합리성을 바탕으로 투자를 이해할 때 강화된다. 여기서 합리성이란 보다 넓은 지식 집합체인 '공유된 경험'을, 기업을 보유한다는 것이 무슨 의미인지 직접적인 사업 경험을 통해 알고 있는 '경험자'의 통찰과 결합하는 것을 의미한다. 합리적인 투자자들은 시장이 어떻게 움직이는지 이해하고 작동하는 투자 방식과 작동하지 않는 투자 방식을 구분할 수 있다.

머니 마인드는 찰리 멍거가 '세상 사는 지혜를 얻는 기술'이라고 부르는, 다른 영역들에 내재된 정신모형을 연구함으로써 더욱 힘을 얻게 된다. 실수로부터 교훈을 얻기 위해 '오판의 심리학'을 익히는 것도 머니 마인드를 더욱 단단하게 만들어준다.

머니 마인드를 지닌 사람은 이 세상이 계속해서 변화하고 있으며 우리는 '변화의 도전'에 적응해야 한다는 사실을 이해하고 있다. 이들은 과거의 정신모형 뒤에 숨는 것을 거부하고 자신을 더 나은 투자자가 되게 하는 아이디어들을 찾아 탐구 영역을 넓힌다. 안주하는 대신 실용주의를 받아들이는 것이다.

더불어 머니 마인드를 갖춘 사람은 변화의 도전을 잘 헤쳐나가기 위해서는 단순한 과학적 기술 이상의 것이 필요하다는 사실을 인지하고 있다. 그 기술이 아무리 최첨단이라 하더라도 말이다. 한마디로, 머니 마인드는 대부분의 투자자들에게 결여되어 있는 분석적 경쟁 우위를 지니고 있다. 투자 성공의 핵심은 올바른 사고방식을 가지는 것이다. 단순히 더 많은 수학적 정보를 끌어안는 것이 정답은 아니다.

머니 마인드를 지닌 사람은 기업 중심 투자자이다. 머니 마인드를 얻기 위해 반드시 기업을 소유할 필요는 없지만 기업을 소유한 것처럼 사고해야 한다. 당신이 보유한 주식을 단숨에 팔아버릴 수 있는 일시적 돈벌이 수단이 아니라 회사와의 장기적 동업자 관계를 통해 제공받는 이익으로 생각할 수 있어야 한다. 이들은 기업 소유의 불가침 조항을 준수한다. 즉 현금을 창출하지 않는 기업, 자본지출 이상의 이익을 거두지 못하는 기업, 안전마진을 확보하고 있지 않은 기업은 절대 소유하지 않는 것을 원칙으로 한다. 이 같은 예리한 통찰을 가지고 오랜 기간 주주가치를 복리로 끌어올릴 수 있는 기업들에 관심을 가진다. 그리고 실제 사업주들이 그러하듯 도시에 있는 모든 기업들을 소유할 필요는 없다. 가장 유능한 경영진들이 운영하는 장기적으로 전망이 좋은 최고의 기업들만 보유하면 된다.

머니 마인드를 갖춘다면 시장 존에서 떠도는 우스운 소식들을 웃어넘기고 편안한 마음으로 투자 존에서 배웠던 교훈들을 실천해갈 수 있다. 머니 마인드는 매일매일의 주가를 기준으로 자신의 투자가 옳았는지를 확인할 필요 없이, 자신이 투자한 기업의 경제적 발전 상태를 지켜보는 것으로 만족한다. 시장의 소음을 인지하게 되면 가치 신호들에 더 집중하고, 적절한 시기에 이 가치 신호들이 시장에 의해 제대로 평가받게 될 것이라는 믿음을 가지고 있기 때문이다. 이처럼 단기적 성과 지표들을 성공의 잣대로 삼지 않는다. 그보다는 투자 수익을 얻는 장기전을 편다. 또 본질적으로 머니 마인드를 갖춘 이는 투기꾼이 아니라 투자자이다. 이들은 자신(기업)에 집중한다. 그리고 투기꾼들이 벌이고 있는 미인대회에는 관심을 기울이지 않는다.

머니 마인드를 가진 이는 경쟁적이고 이기기를 열망하는 스포츠맨이다. 하지만 투자라는 모든 경기에서 이기는 것, 그 이상을 추구한다. 이들은 투자와 그 궁극적 경험의 아름다움을 인정하고 첫째는 과정에, 그 이후 결과에 초점을 맞추는 투자를 하게 된다.

머니 마인드는 답을 얻기 위해 주식을 '보는' 차원을 넘어, 기업이 어떻게 그러한 성과를 얻게 되었는가를 더 알고자 주식을 예술가처럼 '이해하는' 차원을 추구한다. 그리고 머니 마인드는 교육을, 다른 이들에게 투자에 대해 가르치고 이들이 다음번 스승이 되게끔 하는 신성한 노동이라고 인정한다.

마지막으로, 머니 마인드를 지닌 사람은 덕을 추구하는 마음을 지녔다. 머니 마인드는 신중한 행동, 공정한 보상, 그리고 정신적 힘

에필로그

이라는 기본 덕목들에 의해 강화되며 이 덕목들로 인해 투자에 적합한 기질, 즉 머니 마인드를 결정짓는 건전한 정신sound-mindedness을 가지게 된다. 그렇게 되면 자본 시장에 대한 믿음, 미래의 재무적 성과에 대한 기대를 가진 채, 머니 마인드는 너그러운 마음으로 동업자들과 주주들, 고객들을 돕고 헌신하며 앞으로 나아갈 수 있다.

—

여기서 우리의 여정을 마친다면 이 책은 해피엔딩이 될 것이다. 우리는 이제 머니 마인드를 형성하는 요소들을 완전히 이해하게 되었다. 하지만 행동이 결여된 이해로는 부족하다. 다음 단계는 무엇일까? 미네커의 책은 다시 한번 우리에게 옳은 방향을 제시한다. "돈을 벌기 시작하는 방법은 시작하는 것이다."

만약 당신이 내일 아침에 일어나 머니 마인드를 받아들이고 기업 중심 투자자가 되기로 결심한다면, 몇 가지 알아두어야 할 것이 있다. 기업에 근간을 두고 있는 투자자는 주식시장에서 불순응주의자로 구분된다. 아마도 기억하고 있겠지만 랄프 왈도 에머슨은 "세상은 그대들에게 노여움을 벌로 내릴 것"이라고 말하는 한편 세상에 순응하지 아니하는 자들은 "반드시 그 못마땅한 표정들을 어떻게 받아들여야 하는지 알고 있어야 한다."라고 말한 바 있다.

당신이 만약 투자 존에서 배운 원칙들을 지키는 기업 중심 투자자가 된다면, 곧 당신에게 어떠한 행동을 요구하는, 시장 존은 고유의 잣대가 있음을 깨달을 것이다. 금융 관련 미디어들은 계속해서 다음에 무엇을 해야 하는지, 요청한 적도 없는 충고들을 쏟아내며 당신의 관심을 사로잡을 것이다. 주변 모든 사람들이 이 종목은 사야 한다, 저 종목은 팔아야 한다고 속삭이겠지만 기업 중심 투자자들은 그러한 시끄러운 소리, 즉 주식시장의 소음을 무시한다. 대신 자신들이 보유하고 있는 기업들을 부지런히 관찰하는 파수꾼이 된다.

머니 마인드를 지닌 사람은 시장 존으로부터 몇 걸음 거리를 두고 있는, 참여자가 아닌 관찰자가 되는 것이다. 관찰자들에게는 그렇게 하면 안 된다는 비난이 쏟아지겠지만 머니 마인드를 지닌 사람들은 여론 조성자들이 계속해서 웅웅거리게 둔 채 조용히 미소지을 뿐이다. 조용히 뒤돌아 서서 아무런 행동도 취하지 않는다.

나는 기업 중심 투자자가 되는 것이 덜 선택된 길을 가는 것과 비슷하다고 말하고 싶다. 머니 마인드는 겁쟁이들에게 어울리는 길이 아니다. 조용한 역발상 투자자가 되는 것, 그 이상이 필요하다. 윌리엄 제임스는 진실은 자기 자신의 믿음을 행동으로 옮길 수 있는 용기를 가진 자에게만 발견되는 것이라고 했다. 위대한 투자자들의 가장 위대한 성취는 불확실한 상황 가운데서도 담대한 결정을 내리는 용기로부터 시작된다.

내가 《워런 버핏의 완벽투자기법》을 썼을 때 이 책을 읽는다고 해서 워런 버핏과 동일한 투자 성과를 얻는 것은 아니라는 점을 분명히 밝혔다. 하지만 독자들이 책에 언급됐던 투자 계명들을 실천한다면, 과거보다 더 나은 성과를 거둘 수 있을 것이라는 점만은 확실하게 약속했다. 《워런 버핏 머니 마인드》역시 마찬가지이다. 이 책을 읽는다고 해서 여러분이 워런 버핏과 동일한 사고체계를 가지게 될 것이라고 장담할 수는 없다. 하지만 당신이 머니 마인드를 가진다는 것이 무엇인지 그 체계에 대해 연구하고 생각하는 데 기꺼이 시간을 투자한다면 주식시장에서 기질적으로 훨씬 균형잡힌 사고를 할 수 있게 될 것이다. 확신하건데 이 점 하나만으로도 이 책은 읽을 가치가 있다.

—

하지만 이게 전부가 아니다. 부자들의 삶에 은행 계좌 그 이상의 것이 있는 것처럼, 머니 마인드의 삶을 살아가다 보면 투자 이상의 보상을 얻을 수 있다. 감정보다 합리성에 근거해 인생의 결정을 내리는 사람들은 이 원칙만으로도 최고의 위치에 오를 수 있다. 심각하고 골치 아픈 문제에 대한 해결 방안을 생각할 때, 잘못된 생각에 고집스럽게 얽매여있는 것이 아니라 실용적인 관점을 취하는 것이 낫지 않겠는가? 우리 모두는 직업과 상관없이 여러 분야를 아우르는 종합적 사고를 통해 더 나은 길을 찾을 수 있다. 일반적인 기술과 더불어 넓은 지식 기반을 갖추고 있는 사람은 훨씬 쉽게 특정 영역에 대해 파악하고 이해할 수 있다. 우리는 성공을 학습하도록 부추김 당하고 있지만, 실패와 판단착오 역시 우리에게 동일한 유익을 준다.

머니 마인드는 움직이는 체계로, 계속해서 변화하고 배우고 적응하는 역동적인 마음이다. 주식시장 역시 역동적이라는 점에서 이는 긍정적으로 작용한다. 당신이 주식시장에 대해 얼마나 확고한 신념을 가지고 있는가와 상관없이 그 생각들은 앞으로 시장의 변화에 맞게 바뀔 필요가 있다. 그리고 이는 머니 마인드가 계속해서 겸손하게, 기존 생각들에 대한 약점을 파악하고 자신은 성공할 수밖에 없다는 순진한 생각을 버린다는 뜻이기도 하다. 또 실패를 잡아가는 과정을 올바르다고 여기며 이에 대한 자신감을 지닌다는 의미다. 설령 실패가 발생하더라도 처리 가능하고 개선할 수 있다고 믿기 때문이다. 이러한 요인들을 한데 모으면 당신이 배운 것을 나누고 싶은 마음이 들게 될 것이다. 선거유세꾼이나 원칙주의자 같은 방식이 아니라 조용하고 차분하며 신뢰할 수 있는 조언자의 모습으로 말이다.

가장 중요하게는 머니 마인드의 조각들이 하나로 합쳐지면 스스로 새로운 길을 걷고 있다는 사실을 인정하게 될 것이다. 그 길은 덕목과 신중한 행동, 정의감, 그리고 생각과 행동에 있어서의 강인함 위에 놓여있다. 이 길을 걷는 것이 당신을 부자로 만들어줄 것이라고 장담할 수 없지만 당신의 삶이 풍부해질 것이라는 점만은 약속할 수 있다.

이 책은 투자에 대한 책이다. 나는 당신에게 삶에 대한 조언을 건넬 자격이 없다. 설령 자격이 있다고 하더라도 그런 생각은 해본 적조차 없다. 하지만 내가 확실하게 아는 것은 우리가 이 세상을 인내와 자비로 살아갈 때, 자기패배적 감정을 내려놓고 합리적으로 문제들에 맞설 때, 깊숙이 간직하고 있는 가치들은 소중히 여기되 새로운 생각들은 열정적으로 포용할 때, 우리의 인생이 보다 수월해지고 보다 많은 것들을 이루게 될 것이라는 점이다. 그렇게 되면 배우자, 부모, 동료, 친구, 이웃, 교사, 시민 등 당신이 맡고 있는 모든 역할을 통해 당신의 삶은 더욱 풍성해질 것이다. 이 점만은 확실하게 이야기할 수 있다.

워런 버핏 머니 마인드

초판 1쇄 인쇄 2022년 12월 14일
초판 1쇄 발행 2023년 1월 2일

지은이 로버트 해그스트롬
옮긴이 오은미
펴낸이 유정연

이사 김귀분
책임편집 서옥수 **기획편집** 신성식 조현주 심설아 유리슬아 이가람 **디자인** 안수진 기경란
마케팅 이승헌 반지영 박중혁 **제작** 임정호 **경영지원** 박소영

펴낸곳 흐름출판(주) **출판등록** 제313-2003-199호(2003년 5월 28일)
주소 서울시 마포구 월드컵북로5길 48-9(서교동)
전화 (02)325-4944 **팩스** (02)325-4945 **이메일** book@hbooks.co.kr
홈페이지 http://www.hbooks.co.kr **블로그** blog.naver.com/nextwave7
출력·인쇄·제본 (주)성광인쇄 **용지** 월드페이퍼(주) **후가공** (주)이지앤비(특허 제10-1081185호)

ISBN 978-89-6596-548-0 03320